优美
是否离我们远去

社会文化评论精选

许纪霖 著

三联书店

图书在版编目（CIP）数据

优美是否离我们远去：社会文化评论精选／许纪霖著. —北京：
生活·读书·新知三联书店，2018.1
（许纪霖作品集）
ISBN 978 – 7 – 108 – 05991 – 8

Ⅰ.①优…　Ⅱ.①许…　Ⅲ.①文化研究－世界
Ⅳ.① G112

中国版本图书馆 CIP 数据核字（2017）第 188150 号

责任编辑　龚黔兰
装帧设计　刘　洋
责任印制　徐　方
出版发行　生活·讀書·新知 三联书店
　　　　　（北京市东城区美术馆东街 22 号 100010）
网　　址　www.sdxjpc.com
经　　销　新华书店
印　　刷　北京铭传印刷有限公司
版　　次　2018 年 1 月北京第 1 版
　　　　　2018 年 1 月北京第 1 次印刷
开　　本　635 毫米 × 965 毫米　1/16　印张 16.25
字　　数　210 千字
印　　数　0,001 – 6,000 册
定　　价　39.00 元
（印装查询：01064002715；邮购查询：01084010542）

总序：狐狸的自白

假如一个人的学术生涯，可以从考大学那一年算起的话，那么，从1977年到今年，恰好是40年。今年我又刚好年满花甲，似乎到了为自己的学术研究做一个阶段性盘点的时候了。感谢三联书店，给了我一个出版系列作品集的机会。本系列分为三册，第一册《无穷的困惑》，是1988年出版的处女作，是我最早研究中国知识分子的专著；第二册《民间与庙堂》，是对当代中国思潮与知识分子的思考；第三册《优美是否离我们远去》，是我的社会文化评论集精选。这三册作品集，跨度从历史到当下，从思想到政治，从文史到哲学，见证了我作为一个学者的狐狸性格。

这一狐狸性格，从我入学的第一天起，就奠定了某种基因。在中学时期，我原本是一枚文学青年。20世纪70年代"文革"期间，上海有两本著名的刊物，一本是文学刊物《朝霞》，另一本是时论刊物《学习与批判》。能够在上面发文章的人，在一个中学生眼里，都是不得了的大人物。相比较而言，我更喜欢《朝霞》，也曾经将自己稚嫩到不堪的小说向杂志社投过稿。当1977年恢复高考的消息传来时，我毫不犹豫填上的第一志愿，便是中文系，梦想当一个作家。可惜命运阴差阳错，将我录取到了华东师范大学政治教育系。当时的政治教育系，囊括后来

的五个一级学科：哲学、经济学、政治学、法学、社会学。学的课程颇
为庞杂，从马克思、恩格斯、列宁、斯大林的经典著作，到上述五大学
科的基本知识，皆一一涉猎。我的广泛兴趣和跨学科视野，就是在本科
学习时播下的种子。

1982 年大学毕业后留系任教，组织上分配我从事中国民主党派史的
教学和研究。我对民主党派兴趣不大，而民主党派中那些大知识分子的
历史命运却强烈地吸引了我，于是五年时间埋首图书馆，坐冷板凳，研
读史料。不过，我的个性，犹如梁漱溟先生所言，乃"问题中人"，而
非"学问中人"。"学问中人"，关心的只是历史真实，将"是什么"搞
清楚，便了一心愿。但"问题中人"却不满足于此，非要刨根追底，在
史料背后寻找终极的动因，追问"为什么"或"何以如此"？假如只是
满足于"是什么"，专业的知识足矣，有一套史料的收集、考证和比勘
功夫，便能成为一个不错的专家，但要能够从"是什么"深入到"何以
如此"，专业的功夫就远远不够，需要更广博的知识背景和综合眼光，
才能对复杂的历史成因有一个深入的分析。历史学不仅在于"求真"，
而且也在于"求解"。史实总是支离破碎的，只有置于一定的理解图景
之下，镶嵌在各种文化、政治和社会网络之中，整体的真相才会浮现出
来，从这个意义上说，没有理解，就没有真相。

20 世纪 80 年代我对民国时期知识分子群体和个案的研究，借助当
时的中西文化比较的时代大背景，将知识分子的心路历程和人格变迁置
于新旧文化的矛盾冲突之中，围绕为何中国知识分子缺乏独立人格这一
中心问题写了几篇文章。这些文章的发表，不期而然地引起了学界的广
泛反响。与其说是这些少作在学术上写得多么好，不如说切中了若干时
代的大问题。

十年之后，待我读到张灏教授以及他的老师史华慈教授的思想史研
究，突然有一种被照亮之感，我才明白，我在 80 年代完全不自觉的尝

试，其实是一种"以问题意识为导向"的研究方法。没有问题意识，就等于一篇文章失去了灵魂，看上去规范完整、条理清晰，其实只有一种编年史式的表层真实性，有时候还会形成一种作者意识不到的虚假的因果关系。有明确的问题意识，研究者才会紧紧围绕问题核心，筛选（而不是铺排）史料，步步分析，最后对核心问题作出自己有创见的回答。史华慈教授和张灏教授在这方面作出了典范性研究，我将之称为"以问题为中心的思想史研究"。

在我遭遇史华慈和张灏之前，我的研究其实是没有家法的"野路子"。所谓"野路子"，乃是类似今日所谓的"民科"，天马行空，独来独往，没有明确的学术传统，也不遵守一定的家规家法。大凡"民科"，都有不凡的天分，但仅仅凭一己之聪明与勤奋，能够解决的问题终究有限，往往是最得意之处，前人其实早就有了很好的论述。学术的进步是累积的，总是在一定的研究范式下的点滴进步，即使发生范式革命，也是在原有范式基础上的突破，而非像孙悟空那样从无到有地从石头里蹦出来。对自己的学术传承越早有认同，就越能有一种学术自觉。我在20世纪90年代中期从知识分子研究转向思想史研究，将知识分子研究与思想史研究结合起来，接上的正是这一"以问题意识为中心"的研究家法，至今受益良多。当然，任何一种家法，既是赐福，也是限制。遵循传统，又不拘泥于传统；在家法之中，又超越家法。这是更高境界的突破。

大凡一个成功的研究延续一段时间，便会产生路径依赖，研究者驾轻就熟，不断重复自己，即使想有所变化，也感觉身不由己，就如孙悟空跳不出如来佛的手掌心。我在20世纪80年代末、90年代初就经历了一场类似的危机，虽然约稿不断，但感觉自己已经江郎才尽，而我最讨厌的，乃是同一个模式的生产与再生产。怎么办？在这个时候，最好是"后退一步，远眺彼方"。我在90年代初，邀集一批学术上志同道合者，如贾新民、孙立平、高华、杨念群、严搏非等，一起撰写《中国现代化史》。我负责"总论"和"战后国民党"两章，借此机会，从知识分子的研究走向更广阔的历史与政治舞台，鸟瞰 20 世纪的中国。有了这段登上山巅的经历，当我 90 年代末重新回到知识分子研究领域，视野和格局比之前开阔了许多，不仅从文化的维度，而且从思想与政治的互动来思考知识分子在中国的历史命运。一个学者在研究过程当中遭遇瓶颈是经常的事，在"山重水复疑无路"的困境时刻，与其苦思冥想，钻牛角尖，不如暂时放下，跳出来"远眺彼方"。当你将镜头拉开，拓宽视野之后，只要心中存着问题，往往会不期而然地发现"那人却在灯火阑珊处"，有"柳暗花明又一村"的意外惊喜。

　　一篇文章的灵魂是问题意识，问题意识究竟何来？一个源头是对历史本身的观察与了解，你所知越多，便越加能够如胡适所说"在不疑处有疑"。然而，历史是上几代人的经历，对研究者而言皆是"所闻之世"，缺乏亲身的感受，倘若仅仅阅读资料，很难还原出活生生的历史真相。经常会碰到这样的情形，有些研究共和国史的年轻学者，掌握的都是真实的档案资料，但描述的整体图景却似是而非，让经历过那个年代的老一代学者感到啼笑皆非。历史学如同文学、科学一样，都需要想象力。想象力的一部分真实性来自历史，另一部分却来源于对当下的感受。一个学者越是对当下的语境有深刻的感受和真切的情怀，他对历史的理解就越具有穿透力。历史之于现实，是借鉴之镜；现实之于历史，又何尝不是如此？我这些年的研究，经常游走于历史与当下之间，当下的社会文化观察与近代的历史研究，并非互不相干的两张皮，而是有其内在的历史脉络，倘若你对历史与现实只知其一，必定找不到二者的隐秘逻辑。从历史思考现实，从当下返观过去，不啻是我的研究特色，个中的经验可以为年轻学者参考借鉴。

　　刺猬有一知，狐狸有多知。当以赛亚·伯林以刺猬和狐狸形容学者的不同气质的时候，只是说明刺猬为学严谨专一，热衷于建立体系，而狐狸治学潇洒广博，对什么都有兴趣而已。刺猬更多的是收敛性思维，而狐狸的特长是发散性思维。刺猬与狐狸，各有短长，无高低之分。少年时代的作家梦想和大学时代的多学科训练，虽然让我兴趣广泛，在气质上更接近狐狸，但这些学科与传统的文史不同，多是概念性、体系性的哲学社会科学，它们又让我在思维和表达上接近刺猬。在 90 年代末，为了思想史研究的严谨性，我曾经苦读过政治哲学，一度迷恋于约翰·罗尔斯，体系之于我，不是完全没有吸引力的。然而，我最欣赏的，依然是以赛亚·伯林那样的挥洒自如、散而不"散"的为学风格。刺猬对于我，只是"用"，而狐狸，才是"体"，可谓狐狸为体，刺猬为用。因而读者可以理解，我的作品集表面看起来散漫无边，但在我看来，应该是形散神不散，背后所指向的是同一个目标，即知识分子的家国天下关怀。

　　是为序。

作者谨识
2017 年酷暑于沪上樱园

目　录

俗世社会的

内在紧张

大众文化的冷峻反省

在台湾学者同行之中，我一向比较喜欢杭之的文字。他的社会文化评论，不似有些人写得那般潇洒、飘逸，见灵性，但看得出是下过苦功、苦力、苦思，凭借这些年自学累积的深厚思想资源，慢慢琢磨出来的。因此他的文字要比一般人厚实、深邃，也格外耐读。1991年生活·读书·新知三联书店出版的《一苇集》，收集了杭之在20世纪80年代陆陆续续撰写的二十多篇评论，乍看上去，内容似乎很散，从学术、教育、文化到公害，无所不谈。通览之后，便会凸现出一个清晰的主题：在现代化四面凯歌的社会中，如何对现代性本身保持冷峻的反省？

一

自欧美国家成功地实现了现代化以来，西方社会的发展道路似乎成为广大发展中国家无可置疑的参照示范。第二次世界大战之后在美国崛起的现代化理论，就是试图为不发达地区移植西方经验建构一套目标——行动系统。这一理论的基本预设建立在"传统"与"现代"的二分法上，尽管在理论表述上具有结构功能主义的种种"价值中立"的表征，但在其整个分析系统的背后却包含着明确的价值取向，即将"传统"等同于落后，将"现代"理解为发展这样的二元化思路；将整个世界分为"中心"（欧美）与"边缘"（亚非拉）两个等级，人类历史的发展趋势就是朝着西方世界已经显现的若干"现代性"变量（如城市化、契约化、科层化、理性化、民主化等）靠拢接近的过程。

杭之在序论中指出，这是帕森斯之流对韦伯思想的最大误读。马克斯·韦伯是最早对现代社会做出深刻、精微分析的思想家之一，也是现代化理论的主要思想渊源。然而帕森斯这些美国社会学家却将韦伯丰富复杂的思想庸俗化、简单化了。从哲学的角度而言，现代化真正的思想启动点是笛卡儿的理性主义。"我思故我在"为人类奠定了一个全新的自我确证基础，不再是冥冥中的上帝或任何不可知的神秘之物，而是人自身的"自我意识"。根据这种革命性的解释，人与世界的关系发生了颠覆与裂变，人不再是世界的一部分或世界的产物，而成为以自我量度世界、征服世界的独立主体。世界对于人类来说也不再是一个充满迷魅或巫术的存在，而只不过是一个人的理性完全可以把握的因果机制。现代人日益从迷魅中解放出来，获得自己理解世界、控制世界的立体性地位，这就是韦伯所说的"世界的祛除迷魅"（Die Entzauberung der Welt）。人类可以通过系统的、有目的的、持续的理性化过程，一步步地支配世界，转换世界，"整个现代性的历史就是在立体性优位的新导向下，完成塑造现代文明价值与制度结构的历史"[1]。正如美国社会学家 E. 希尔斯所说："达到理性化理想的那个过程的名称本身就相当重要；人们给它起了'现代化'的名称。"[2]

对这种高度理性化的现代化过程怀有什么样的期待，构成了韦伯与后来的现代化理论家的重大区别。现代化理论家以一种浅薄的乐观主义姿

---

[1] 杭之：《一苇集》，序论，10 页，北京，生活·读书·新知三联书店，1991。
[2] （美）爱德华·希尔斯：《论传统》，傅铿、吕乐译，8 页，上海，上海人民出版社，1991。

态，将人类的发展视作一个绝对进步的过程，相信人类的理性能够构造出一个合理、高效、幸福的社会。然而韦伯对现代化发展前景的估计却复杂、深邃得多。韦伯将理性分为价值理性与工具理性两种。从历史的发生学过程来看，新教伦理这一价值理性在世俗生活中现实展开的结果，产生了相当工具理性化的资本主义精神。但是，一旦工具理性化过程展开了，其形式结构就依循自身的内在逻辑发展演进，日益摆脱价值理性的制约、驾驭，成为凌驾一切的自在目的。这种成为资本主义普遍精神的工具理性，从功能、效率、手段和程序来说是充分合理的，这也是为现代化理论家所经常津津乐道之处。但在韦伯看来，这种纯粹的工具合理性背后却掩盖着实质不合理的一面。由于其失却了终极价值的依托，失却了对生命存在意义的反思，因此工具理性最终走向了"理性的暴政"。商品经济、科层制、理性主义全面发达了，人从自然界和宗教的蒙昧中解放出来，却又为理性的自身创造物所奴役，成为机器的、商品的和官僚制的奴隶。韦伯对这一前景深感忧虑，他毕生都在为如何走出现代化过程中价值合理性与工具合理性二律背反的迷宫而殚思竭虑。韦伯的这种思想与马克思早年的异化理论多有共鸣之处，其后的卢卡奇以及法兰克福学派就承继了"二马"的这一思路，构建了资本主义工业社会的批判理论。

由于现代化理论片面简化了韦伯的理性概念，只在工具理性的范畴中做文章，因而它几乎失却了反省、批判现代化的思想资源。杭之痛感于此，他重新回到韦伯，对台湾工商社会，尤其是它的大众文化作出了全方位的检讨和清算。

二

在《一苇集》中，杭之将较多的篇幅留给了对大众文化的批判。他对战后台湾文化主潮的变迁有一个十分精辟的概括：50年代政治保守主义君临一切，文化价值普遍染有以政治为中心的意识形态色彩；60年代西化派平地崛起，在思想、学术、文学、艺术等领域对传统与权威发动全面攻击；70 年代台湾在国际政治上成为孤岛，种种困境使知识分子产生了回归、认同文化本土的自觉运动；到 80 年代，随着工商社会的最后奠定，消费性的大众文化涤荡一切，成为方兴未艾的文化主潮。

关于大众文化（mass culture），一般人在使用此概念时常常将它同通俗文化（popular culture）、民俗文化（folk culture）混同，杭之对此作了严格区分。他指出：通俗文化源生于大多数人的实际生活，具有人类学内涵；民俗文化则是指处于社会边缘的少数群体所有的文化；而大众文化，则特指"一种都市工业社会或大众消费社会的特殊产物，是大众消费社会中透过印刷媒介和电子媒介等大众传播媒介所承载、传递的文化产品，这是一种合成的（synthetic）、加工的（processed）文化产品，其明显的特征是'它主要是为大众消费而制造出来的'，因而它有着标准化和拟似个性（pseudo-individuality）的特色"[1]。

在现代工业社会里，大众文化成为霍克海默和阿多尔诺所指出的"文化工业"现象。大众文化的产品像工业社会的其他商品一样，可以借助大众传媒以标准化的模式批量生产，用于满足大众的精神消费，愉悦、刺激大众平庸的日常生活。像畅销小说、热门影视、流行音乐、时装表演、卡拉 OK、广告艺术这类消费文化，通过与商业的强有力联姻，迅速弥漫到社会生活的每一角落，建立起自己的文化霸权，主宰着城市生活的节奏和色彩，左右着大众游移不定的消费取向和审美情趣，甚至成为一部分都市青年赖以生存的日常宗教和世俗信仰。

大众文化日益成为工业社会的意识形态。大众文化是人类自身创造的文化客体，然而一旦人们置身于这种意识形态，就丧失了自己的主体性地位，为自己的创造物所摆布、奴役，成为它所操纵、控制的客体，

---

[1] 杭之：《一苇集》，141 页。

大众沦为"文化工业"的"受众"。

从表面来看，工业社会的人们是充分自由的，面对令人眼花缭乱的文化商品，他可以做自主的选择。实际上，早在他做出选择之前，他已经被选择了。工业社会的人们已经失却了自己的内心自由，失却了真正属于自己的信念，失却了自主选择所必需的最起码的思想资源。他如同美国社会学家理斯曼所描绘的，已经成为一个"他人引导"型的人。各种各样显性的、隐性的广告原型预设性地摆布着他的思绪，操纵着他的抉择，他已全然失落了仅仅属于他自身的那份价值与信念，一味地追逐流行和时髦，注意公众形象和社会评价；人被角色异化，形象代替了自我，人的个性和内在的灵魂已被剥夺殆尽，成为一个内心已被掏空的、非真实化的蜡像。甚至当他试图说出几句个性化的语言时，语言也被"文化工业"标准化、一律化了。美国的新马克思主义学者詹姆逊说得很好："我们的头脑塞满了五花八门的程式化的语言。逐渐地，当我们自己以为是在表达自己的感情时，我们只不过是在使用些陈词滥调罢了……我们只不过被一堆语言垃圾所充斥。我们自以为在思维，在表达，其实只不过是模仿那些早已被我们接受了的思想和语言。"[1]

这一切都是大众文化活生生的杰作。在商品社会里，"权威并非消失了，而只是转变为看不到的、我们叫他'匿名'的权威，他伪装成一般常识、科学、心理健康、正常状态、公众舆论等，再也发现不了命令与压迫，代之而起的是温和的说服"[2]。谁要是不服从，或表现出自己独特的个性，虽然没有杀身之祸，却面临着被排斥于大众社会之外的威胁，"落伍""怪诞""精神不正常"之类指责会悄悄包围你，让你孤独，让你

---

〔1〕（美）弗·詹姆逊：《后现代主义与文化理论》，唐小兵译，161 页，西安，陕西师范大学出版社，1986。

〔2〕（德）埃里希·弗洛姆：《逃避自由》，陈学明译，102 页，哈尔滨，北方文艺出版社，1987。

无依无靠，最后以温馨的微笑召唤你，拉你回到千人一面的大众社会。

杭之尖锐地指出，大众文化在台湾正在吞噬精英艺术，"一向被知识分子视为高级文化之精致文化、精致艺术……也像通俗文化般追求'大众性'与'普遍性'，追求作为一种商品之展示价值（exhibition value）与交换价值（exchange value），而失却了文化、艺术之许诺的、乌托邦的功能，也就是说，文化、艺术不再是为了人类未来生活之新的可能性的一切留出空间，以高出、超越于一种在现存之现实事态中被动的默认情形，而变成一种制造娱乐效果（这是大众文化最主要的功能）的高级商品"[1]。资产阶级的文化，无论是古典主义、现实主义，还是浪漫主义、现代主义，本来都是双向度的，尽管它们有肯定现实的一面，但仍有否定、批判、超越现实的另一面，以自己独特的符号系统，营造人类未来的乌托邦，对人类精神的超越升华做出艺术的许诺。然而到了大众文化时代，由于无所不在的工具理性和消费至上的盛行，对终极价值的追求消失了，借助于个人审美的乌托邦也被戏剧化了，代之而起的是满足即刻感官冲动、寻求现实心理满足、愉悦日常生活的文化消费。文化失却了本能升华和指向未来的超越意义，被完全整合于现实秩序之中，成为缺乏否定性力量的单向度文化。由于大众文化以快乐愉悦为第一原则，因此日常生活被廉价的、不兑现的承诺粉饰得如同天国一般，"摆脱和逃避日常生活就像私奔出走一样，从一开始就决定了，一定会回到原先的出发点，享乐促进了看破红尘和听天由命的思想"[2]。一切"跟着感觉走"，久而久之，感官对外界的刺激反应愈来愈敏感，而人们的心智却在衰退，不再有理性的思考，不再有深层的思想

---

〔1〕 杭之：《一苇集》，75 页。
〔2〕 （德）马克斯·霍克海默、西奥多·阿多尔诺：《启蒙辩证法》，洪佩郁等译，133 页，重庆，重庆出版社，1990。

或宗教体验，独独剩下动物般的本能反应，杭之指出的台湾文化市场被一种"看图片"的趋势所笼罩就是明显的一例。当"图片族"愈来愈多时，眼睛就代替了大脑，视觉代替了思考，人被自己创造的文化非人化了，以另一种形式重新回到动物的水平。

在文化工业意识形态笼罩下的大众社会里，各种公共领域普遍衰落了。杭之引用米尔斯的观点，深刻分析了大众传媒在其间的堕落过程。他认为，在文化领域尚未被资本逻辑、商品逻辑彻底渗透之前，大众传媒多少发挥着让社会成员参与讨论公共事务的功能，因而扮演着社会公共领域的公共论坛角色。然而，在文化彻底商品化之后，大众传媒为少数人所垄断操纵，广大社会成员仅仅成为被动的、接受型的、消费的受众，失却了意见回馈、平等交流的机会，大众传媒成为"理性的暴政"得心应手的工具。一个大众社会只是一个"个人的抽象堆集"，彼此孤立的成员丧失了沟通交往的公共空间，唯一起沟通作用的大众传媒则为少数人的意见所把持，并以一种软性的、高科技的手段将这一意识形态打扮成广告、信息、时髦物，内化到大众的心里。现代化愈是发展，理性和科学技术就愈是丧失其解放的功能，而为社会的控制和人性的压抑提供依据和手段，社会的公共领域不断被意识形态系统殖民化。

人性在文明中沉沦，又有什么救赎的力量可以挽狂澜于既倒呢？

三

关于如何拯救资本主义工业文明的堕落，西方思想家们从各自的理论体系出发，指出了各种各样的途径。法兰克福学派的哈贝马斯希望扩大社会的公共领域，实现人与人之间的真实沟通；马尔库塞则寄托于个人的艺术审美活动，打通走向人类本能解放的无压抑之境；而持文化保守主义立场的丹尼尔·贝尔幻想在后工业社会建立"公众家庭"的新的文化宗教。杭之在《一苇集》中没有正面回应这一问题，但他从主体的角度探讨了在大众文化压迫下知识分子应作什么样的努力。

令人感兴趣的是，杭之着重揭露和批判两种类型的"知识分子"。第一种类型是所谓"技术专家"。在分工愈来愈细、专业化程度愈来愈高的工业社会里，在工业理性精神导向下，一切社会问题都被化约为专业技术问题，"专家治国"论于是就应运而生。这些担负着社会重大责任的技术专家，在专业领域堪称权威，但只要越出雷池一步，便会显得惊人的茫然无知。他们沉醉于琐碎的技术或事务处理之中，不关心价值、意义、规范等符号系统的重建，人文气息日益稀薄，超越性思考荡然无存，在理性系统世界里只是一个非人格化的既定角色而已。韦伯当年对官僚科层制度所可能产生的新人种的忧虑竟然不幸验证了："没有精神的专家，没有心灵的享乐人，这样的凡骨竟自负登上人类未曾达到的文明阶段。"

第二种类型的"知识分子"，杭之称之为"学术、文化明星"。这类明星，能言善道，似乎无所不晓，对五花八门的各种问题都"能"发言，"敢"发言，具有高度市场价值之"急智问答"才赋。他们像其他影星、歌星、球星一样频频在大众媒介曝光亮相，招来公众舆论的注目。这种"学术、文化明星"内心并无一己定见，也缺乏足够的思想学术资源，更谈不上坚守如一的信仰。他们在文化工业的商品逻辑支配下，关心的只是自己煞有介事的公众形象，像一个演员一样在文化市场上制作和推销流行和时髦，以追求最大的"明星轰动效应"。这种商品社会的"知识分子"形象实在令人深恶痛绝，正如杭之在书中一再引用的瞿海源教授所说："在我们这个社会里，学者专家的数量在实际上有着严重匮乏的现象，但传播媒体却制造了过量的学者专家，进而更大量地生产泛滥成灾的社会噪音。"[1]

---

[1] 杭之：《一苇集》，150页。

　　在上述"技术专家"和"学术、文化明星"的主宰下，资本主义的文化工业呈现出两种根本特征。一是整体的消解：无论是客观世界，还是人类主体精神，一切都零散化、片断化，彼此之间再也没有固定的、有机的或有意义的联系，世界呈现出支离破碎、光怪陆离的"万花筒"景象。二是深度感的消失：无论是空间的深度，还是时间的维度，一切都不存在了，只留下当下的、即刻的平面感。失去了文化、历史、生命之根，大众文化就成为浅薄的、没有存在依据的文化，"技术专家"或"学术、文化明星"也就成为全然匮乏思想资源和内在信念的"知识职员"。

　　那么，真正的知识分子在哪里？或者说，怎样才算严格意义上的知识分子？杭之引用卡尔·曼海姆的观点指出：每一社会都有可称之为"知识阶层"的社会群体，其特殊的职务是为那个社会提供一种对世界的解释，并垄断该社会的世界观、圣灵知识、宗教仪式等的构筑、解释、传播、教化等权力。在古代和中世纪，这一阶层是封闭的社会群体，如各部落社会的巫师，印度的婆罗门，西欧中世纪的教士，等等。到近代，一种新的、开放的、自由知识阶层崛起，作为一个非正式的社会群体，虽然不再有固定的、统一的思想模式，但其共同特征却是相对地与市场相分离，从事社会之原创性、批判性思考，或者传播、解释这些思考的结果。在西方，无论是俄国意义上的 intelligentsia，还是法国意义上的 intellectuals，知识分子这一概念，都与传统的意识形态或社会秩序有一定的疏离感，试图从人文主义的价值立场，关心与他直接利益无涉的社会规范和意义符号问题，并做出批判性的、富有原创力的回应。

　　在现代化的进程之中，科技理性的发达与文化工业的商品逻辑，分头从两面包围吞噬着知识分子，力图将他们驱入狭隘的专业领域和庸俗的文化市场，剥夺、吞噬他们的超越追求和内心资源，使知识分子蜕变为"技术专家"或"学术、文化明星"，蜕变为丧失个性的"单面人"。要想冲破这重重无形的罗网，在现代社会中实属不易。但作为知识分子，又不得不在罗网中挣扎超脱，力图回复、展示自己的人文本性。杭之在书中援用了韦伯在其著名演讲《政治作为一种志业》中的一段话，说明有资格将手放在历史舵轮上的人，必须具备三种素质：一是对事业炽烈的热情；二是对实现目标的神圣使命感和现实责任感；三是冷静理智的判断力和洞察力。只有这种情、意、知平衡地结合在一起的人才有资格做政治家。我们同样可以说，这也是知识分子所必须具备的三种素质。知识分子应该像韦伯盛赞的清教徒那样，"既在世俗"又"不为世俗"，在世俗的专业活动中追求超越性的"天职"，实现人性的升华。在现代化发展过程中，信念伦理与责任伦理、价值理性与工具理性被撕裂成对立的两半，甚至后者压倒了前者。只有通过知识分子自觉的文化追求和精神超越，才有可能走出历史的二律背反，重新整合价值与工具、信念与责任两种合理性，使人类文明的发展少一点异化，多一点人文意味。

（1992 年）

大众文化时代的青年性格

当代中国正以毫不迟疑的步伐走向工商社会。每个时代都有自己的时代特征，也会铸造相应的社会性格。而新时代的社会性格往往是通过刚刚成人化的最年轻一代人表现出来的。那么，当代中国青年一代的社会性格又是什么呢？不少文学家、社会学家对此已经作了一些初步的描述，认为他们是中国历史上从未有过的"新人类"，不重玄想讲究实用，消费至上追求潇洒灵活，相对不那么固执己见，等等。这些描述大体是准确的，问题是还必须从整体上把握这代人的社会性格，并发掘其与这个时代的若干关联。

当代青年社会性格的两度转变

1950 年，美国著名的社会学家大卫·理斯曼（David Riesman）出版了《孤独的人群》（另有版本译为《寂寞的群众》）。该书一问世就风靡全美国，前后发行达 150 多万册。理斯曼在书中大胆预测一个后现代社会已经降临，这一预言给后来的社会学家如玛格里特·米德、丹尼尔·贝尔以很大的启示。理斯曼着重研究的是变化中的美国社会性格。他认为性格类型并不是与历史变迁无关的国民性格，而是在特定文化形态下的社会性格。一个国家的社会文化形态变迁了，国民的社会性格也会相应发生变化。理斯曼指出，社会性格可以归结为"顺从方式"，他根据人们的行为是顺从传统、自我还是他人，划分了三种社会性格：一、传统导向；二、自我导向；三、他人导向。这三种社会性格分别对应于三种不同的社会：一、传统社会；二、现代工业社会；三、后现代社会。[1]

随着社会文化的变迁，国民的社会性格会从传统导向型转向自我导向型，并进而发展成为他人导向型。在前工业化的传统社会，传统导向型人格接受的是古老的规范和仪式，人们的行为都被文化传统限制了，几乎没有什么选择余地。进入工业化社会之后，发展出一批自我导向型人格。这些人内心具有一些明确的奋斗目标和自我意识，从表面看他们是极端个人主义的，但又能按社会规范生活，因为他们已经将社会理想内化了。以后随物质生活愈来愈丰富，消费主义代替了禁欲主义，如何对待他人成为问题的焦点，这样就产生了他人导向型人格。这些人为了更好地适应环境，不得不以他人的所作所为作为行动的导向。他们没有自己固定的价值和见解，能够容忍和容纳不同的意见和价值，一切随着时尚和流行意见而转移。

理斯曼的上述观点尽管自观察美国社会而来，然而由于他是从现代化进程中社会性格普遍演化的角度来研究这一问题的，因而其结论就具有一定的涵盖性。也就是说，随着现代化的发生、发展和深入，每个国家的社会性格多多少少都会发生类似上述的变迁，尽管受各自民族历史文化的影响，其表现的方式和典型的程度有所差别。

近十几年的中国几乎浓缩性地走过了这一过程。20世纪80年代之前，几亿中国人，从青年到老人都遵循同一的价值规范和行为模式，这些价值和模式被认为具有无可辩驳的客观必然性。在这样的"万众一

---

[1] （美）黎士曼（理斯曼）：《寂寞的群众》，蔡源煌译，台北，桂冠图书股份有限公司，1984。

心"背景下，自然没有给个人留下多少选择性的空间。从某种抽象的意义上说，当时中国人的社会性格具有传统导向型人格的若干特征。

80年代以后，中国社会的现代化进程加速，社会变化首先通过青年价值观念和行为模式的转变折射出来。青年的社会性格经历了两次重大的变化。也就是说，青年一代开始转向自我导向型人格，然而没过多少时间，比他们更年轻的一代人已经显现出他人导向人格的特征。

关于这两个转变，我们可以在80年代初和90年代初的两场人生观大讨论中得到证实。1980年第5期的《中国青年》杂志发表了潘晓的来信《人生的路呵，怎么越走越窄……》，由此引发了一场全国性的青年人生观大讨论。这场处于社会主义建设新时期和思想解放运动背景下的讨论，围绕的一个中心议题就是如何在合理的自我价值和个人本位上重新阐释人生的意义。讨论中提出的最著名的命题"主观为自己，客观为别人"就是试图在肯定个人本位的前提下，通过建立与社会、与群体的普遍联系从而最终确立自我的真正价值和人生的终极意义。80年代初的这场讨论具有重大的转折性意义，在这之后青年一代的人生观、价值观和行为模式开始多元化，从自己的知识结构和人生阅历重新探求充满个性色彩的人生道路。其间，除了在个别人身上发展出中国传统的自私自利的"个人主义"之外，大多数青年自觉或不自觉地将社会公认的基本道德规范内化为个人的价值准则，只不过各自的哲学内蕴与表现形式不再划一而已。应该说，这批经历过"文革"，从传统导向型人格蜕变而来的较为成熟的一代青年，已经重新确立了一种全新的自我导向人格。

到了80年代后期，在"文革"后成长起来的一代人成为青年的主体，他们在人生价值和行为模式上也有自己的困惑，但已全然不同于前一代人。1992年1月，上海《青年报》发表了大学生梅玲的来信《我该怎样选择生活？》，再度发起了一场青年人生观的讨论。这场90年代的人生观讨论，从一开始其主题就与80年代那一场迥然不同。80年代的青年虽然对过去的理想和信仰幻灭，但是仍然相信人生应该是有意义的，其全部困惑和苦恼是："人为什么要活着？"一旦自信找到了生命和存在的意义，他们的内心就重新得到充实。然而，对 90 年代青年来说，"人为什么要活着？"这个形而上的问题已被全然消解，代之以一个更具操作性、实际性的疑惑："人究竟怎样生活？"女大学生梅玲在信中坦然承认，自己的平凡不足以探寻生命的形而上的本质意义，只是不得不问：我该怎样生活下去？面对充满双重标准的复杂社会，她既不愿太卑鄙又不愿太吃亏。她承认文化的创造有其非功利的精神意义，但却更愿意追问，这种创造活动本身的世俗化快乐究竟在哪里？总而言之，梅玲不再像潘晓那样苦苦追求一个能够使自己安身立命的个人之道，她更看重的是从技术层面安置自己在这个纷繁复杂社会中的适当位置：既受人尊重又不失生活之乐。可以说，梅玲所代表的正是与她年龄相仿的那代青年人的社会性格，即理斯曼所描绘的他人导向人格。

大众文化背景下的他人导向人格

一个国家社会性格的变迁取决于整个时代环境的改变，更主要的是取决于社会文化的变迁。理斯曼指出：塑造人们性格的代理机构在不同时代是不同的。在传统的前工业化社会主要是扩大家庭及周围的氏族群体；到工业化社会主要是家长、教师和书本；而在后工业社会，塑造他人导向人格的主要机构已变为同龄群体及大众传媒（报纸、杂志、广播和电视）。因此，要研究当代青年的社会性格，首先必须分析当代的主流文化，并从中找出两者的内在关联。

20 世纪 80 年代之前，在中国占统治地位的是带有浓厚理想主义、浪漫主义和意识形态色彩的革命文化。进入 80 年代，以张扬艺术个性、承担社会批判使命的启蒙文化大潮涌起。然而到了 80 年代末、90 年代初，随着工商社会在城市中奠定基础，一种全新的、消费性的大众文化涤荡一切，成为主潮。

　　大众文化的第一个特征是消费至上、愉悦至上。在以往的精英文化中，无论是古典主义、现实主义，还是浪漫主义、现代主义，本来都是双向度的，既有肯定现实的一面，又有否定、批判、超越现实的另一面，以自己独特的符号系统，营造人类未来的乌托邦，对人类精神的超越升华做出艺术的许诺。然而到了大众文化时代，由于无所不在的工具理性和消费至上的盛行，对终极价值的追求消失了，借助于个人审美的乌托邦也被戏剧化了，代之而起的是满足即刻感官冲动、寻求现实心理满足、愉悦日常生活的文化消费。文化失却了本能升华和指向未来的超越意义，被整合于现实秩序之中，成为缺乏否定性力量的单向度文化。于是，90 年代青年以更加宽容、更加潇洒的姿态对待生活环境，与其与环境对抗，按某种理想改造客观世界，还不如更加现实地适应环境，与现实妥协。他们对周围的人与事不再认真，娱乐成为生活的第一准则。以往生产性的行为转变为消费性行为，对什么都可以无所谓，唯独对物质和精神性消费极其讲究。当代青年力图通过娱乐般的消费在不圆满的世界里保持身心的愉悦。

　　大众文化的第二个特征是整体性的消解。在大众文化里面，无论是客观世界还是人类主体精神，一切都零散化、片断化，成为光怪陆离的"万花筒"景象。广告已经失去了完整的真实感受，灿烂夺目的片断形象主宰着一切，成为萨特所说的"非真实化"的存在。大众文化的这种性质也影响了 90 年代青年的认知，在他们的认知世界已失去了时间和空间的普遍联系，只有孤零零的当下存在。因此他们的行为也常常显得即兴和冲动，不一定按照某种逻辑生活，而是一切跟着感觉走。与其用理智，不如凭直觉。追随、表现市场上流行的某种形象，这形象是外界需要的，但不一定是自我固有的，因而并不能真正地体现自我的真实存在。

　　大众文化的第三个特征是深度感的消失。由于大众文化既排斥了时间的维度，也拒斥空间的深度，因此只留下时空的平面感，失去其文化的、历史的、生命的资源。更重要的，在那些令人眼花缭乱的表现手法背后，已经没有更多的思想或现实意义。在这种文化的笼罩下，90年代青年也普遍失却了终极关怀，他们中的大多数人都认为自己没有信仰，其中不少人认为根本不需要信仰。在他们的眼里，没有绝对的真善美，一切都是相对的，因而也就没有什么确信不疑的东西。只要在感觉上有用处、有魅力，他们就会相信它、迷恋它，但又绝不意味着永恒。这一方面使得90年代青年较为宽容大度；另一方面也使其思想常常游移不定，难以形成成熟的自我。更重要的是，由于没有终极价值的支撑，他们在社会中一遇到挫折，就会显得缺乏自信，怀疑过去的自己，产生普遍的精神焦虑症。

　　大众文化的第四个特征是普遍化的广告效应。无所不在的广告侵入当代城市人生活的每一个角落，以潜移默化的方式影响当代人的思维、决策和行动。90年代青年由于失却了自己内心的终极信仰，最容易受到各种各样显性或隐性的广告文化的摆布。他们担心周围的人对自己的评价，唯恐自己跟不上潮流而脱离时尚，在思想方式、消费行为上落后于时代。他们虽然反对一切思想、行政的权威，声称什么也不信仰、不盲从，实际上他们却不自觉地受到了"匿名权威"的全面摆布。正如弗洛姆在《逃避自由》中所说，在现代社会中，"权威并非消失了，而只是转变为看不到的、我们叫他'匿名'的权威，他伪装成一般常识、科学、心理健康、正常状态、公众舆论等，再也发现不了命令与压迫，代之而起的是温和的说服"。当代青年受到各种各样的诱惑，因而也给自己平添了许多不满足的烦恼，但又不知道自己真正需要的是什么。弗洛姆称这种他人导向人格为"市场导向型"，在含义上更确切。他们表面看来似乎很自由，什么都可以选择，实际上是处于最大的内心不自由状态，因为他们没有自己的信念，没有足以形成独立判断的思想资源，只能随波逐流，成为时尚的奴隶。在一片追求时尚的风气中，自我的个性也就不复存在，又以另一种形式重新回到千人一面的时代。

以上只是对大众文化背景下 90 年代青年的一些基本社会性格的客观分析，并不涉及对其的价值评价。在中国走向社会主义市场经济的今日，当代青年所表现的这些社会性格将会愈来愈鲜明，它对 21 世纪的中国将产生深远的影响。因此加强对青年社会性格及其文化和社会背景的研究是学术界越来越紧迫的课题。

（1993 年）

终极关怀与现代化

托克维尔这个名字对于中国许多人文学科工作者来说，至今仍是相当陌生的，然而当代法国最负盛名的哲学家和社会学家雷蒙·阿隆却将他视作18世纪与孟德斯鸠同样重要的社会学大师。2003年商务印书馆翻译出版了托氏洋洋七十万余言的名著《论美国的民主》，细细拜读，果然是一座庞大的思想库。托氏撰写此书时不过三十岁上下，但其年轻头脑中迸发出的精彩思想，两个世纪以后读来仍是很有嚼头。

一

1831年，托克维尔在美国就新大陆的民主制度进行了为期九个月的考察，他发现，在决定美国社会政治结构的诸因素中，宗教、风俗习惯比地理环境和法律起着更重要的作用，尤其是从欧洲带去的基督新教，在美国与自由精神"紧密配合，共同统治着同一国家"，"基督教不只是作为一门经过论证而被接受的哲学在发生支配作用，而且是作为一种无须论证就被信仰的宗教在发生支配作用"[1]。托氏十分肯定地指出：

---

[1]（法）托克维尔：《论美国的民主》，董果良译，342、522页，北京，商务印书馆，1988。

"一个社会要是没有这样的信仰，就不会欣欣向荣；甚至可以说，一个没有共同信仰的社会，就根本无法存在。"[1]

托克维尔的话触及了一个常常为人忽视的重要问题，即现代化进程中的终极关怀问题。现代化是一个世俗化的过程，当人们刚刚从神话、宗教和英雄崇拜中解放出来的时候，以为现代化本身就意味着终极意义，于是将自己的终极关怀寄托在自由、理性、进步、富强这些世俗价值之上。然而，随着世俗疆域的扩展，人们却日益感到这些价值本身并不能构成人类真正的终极关怀，并不能提供一个完整的意义世界。正如存在主义神学家蒂里希所说，像这些自称无限而并不具备无限性的有限事物（例如一个国家或者一种成就），是不可能超越于主客体图式之外的，尽管信者把它当作主体，它仍然是个客体[2]，对它们的信仰只是一种偶像崇拜，只是将次要的、有限的实体提升到终极地位，而非真正的终极关怀。人们一旦领悟到世俗领域的有限意义时，就会重新回到神圣的领域，在此基础上重建自己的终极关怀。

在西方现代化早期，这一重建是通过路德、加尔文的新教伦理实现的。新教直接从中世纪的基督教神学转换而来，但与中世纪神学不同，新教已经与世俗世界沟通，一方面适应现代化，为理性、自由、法治诸现代化要求提供价值上的合法性；另一方面又超越现代化，为社会的未来发展提供批判性源头，这也正是现代社会终极关怀系统区别于前现代社会终极关怀的基本特征。

首先让我们来看看适应现代化的一面，终极关怀如何为理性、自由、法治提供价值上的合法性。

现代社会是理性的时代。人的理性一度被认为是无所不能、主宰一

[1]（法）托克维尔：《论美国的民主》，524页。
[2] 参见蒂里希：《信仰的动力》。

切的，理性批判的利剑指向一切神圣的领域。然而，理性自身是否承受得了理性的批判？世界的终极原因果真能被受因果律支配的科学理性破译？人的理性认识愈是深入，就愈是发现理性本身的局限，而理性无法填补的认识空间就只能由对终极价值的信仰予以填补。不仅托克维尔时代的科学家虔诚地相信上帝的存在，即便是 20 世纪的大科学家、大思想家（诸如爱因斯坦、汤因比等）的内心，也无不激荡着宗教的情怀。理性的本质是批判怀疑，但怀疑推向极致会导致普遍的虚无感，甚至怀疑理性本身。而对终极价值的信仰一方面确定了理性的限度，同时也拯救了理性本身，肯定了其存在的合理性。许多大科学家、大思想家正是怀着探索宇宙和人类终极原因的价值关怀，并坚信这一终极原因存在的虔诚信念，才能在自身的学术研究中超脱世俗的、功利的追求，以求知（也就是接近上帝）为最高目的，保证了思想探索和学术研究趣味的纯正性、神圣性，也保证了理性运用的合理性、合法性。

现代社会也是一个自由的时代。一般认为，近代意义上的自由起源于新教改革，路德的"因信称义"说赋予人的内心信仰以神圣的、独立于外界的性质，使人具有一种不承认《圣经》以外任何外在权威的自主力量，从而使人的精神在信仰领域获得最大限度的自由。以后随着启蒙运动中理性的高扬，宗教的权威日见式微，人变得越来越自由。然而，自由发展到了极致，反而会陷入不自由的境地。因为完整意义上的自由不仅包括外在自由，还包括内心自由，一个人要达到内心自由的境界，实现真正的意志自律、理性自决，必须具有经过内心自觉体认的信念，有充足的"支援意识"。倘若没有这些自觉，表面看起来似乎很自由，实际上恰恰为"匿名的权威"所摆布，成为最不自由的"舆论奴隶"。个中原因除了理性自决能力不发达之外，更重要的原因在于失却了终极关怀，无所信仰，在价值世界中陷入了虚无的境地。一旦不再相信绝对律令的存在，就只能听任自己受偶然性的摆布，被世俗和时尚牵着鼻子走。托克维尔说："人对上帝、对自己的灵魂、对造物主和自己同类应负的各种一般义务，都渴望形成一种确定不移的观念。因为如对这些基本问题持有怀疑态度，就将使自己的行动听凭偶然因素的支配，也可以说是任其混乱和无力。"[1]"一个民族沦于这种状态后，不仅会任凭自己的自由被人夺走，而且往往会自愿献出自由"，"人要是没有信仰，就必然受人奴役；而要想有自由，就必须信奉宗教"。[2]由此可见，对终极价值的信仰是内心自由的重要资源之一，失去了终极关怀，也就失去了内心自由。

现代社会又是一个法治的社会。在实现社会一体化的过程中，法治固然发挥着很大的功能，但公民们之所以普遍守法，与其说是怕惩罚，倒不如说认可这些法代表着普遍的律令，反映了上帝的意志；人的基本权利是天赋的、不证自明的，也就是说，法的合法性在于它与终极价值的关联，在于人对终极价值的普遍认同。另一方面，与法共同承担社会整合功能的道德规范的合法性，也同样源自宗教信仰。正如托克维尔所说："教条性信仰，因时代不同而有多有少。这种信仰的产生方式不尽相同，而且它们的形式和对象也可能改变。但是，教条性信仰，即人们不加论证而接受的某种信念，是人们无法使其不存在的……如果每个人都力图各自形成自己的观点，并独自沿着自己开辟的道路去寻求真理，则绝不会有很多人肯于团结在一个共同的信仰之下。"[3]现代社会的整合纽带是由法与道德来维系的，它们背后的价值资源都来自同一个终极存在，倘若这一终极价值日益受到亵渎，社会就不复有共同的终极信仰，所有的法律规范与道德体系都将无所依托，无所凭借，最终会失却宗教

---

〔1〕（法）托克维尔：《论美国的民主》，537 页。
〔2〕 同上书，539 页。
〔3〕 同上书，524 页。

赋予它们的神圣性和合法性。

终极关怀不仅具有上述为现代化提供价值合法性的功能，同时也承担着从超越的层面批判现代化的使命。马克斯·韦伯早在一个世纪以前就揭示了现代工业社会形式合理性而实质非合理性的性质。当人们为工具理性所摆布，无限追求效率、功利、成功时，他们也就消解了人的行为的价值意义，而陷入了目的迷失的境地。终极关怀的提出，意味着在形式合理性的社会为重建实质合理性指点迷津，让人克服物化的异化状态，重新回到人本身。意义世界的发掘反复提醒人们在世俗活动中必须考虑其价值是否具有合理性，所创造的世界是属人的世界，还是与人疏离的世界。自从文艺复兴之后，人摆脱了神的羁绊，人的主体性被高扬到无以复加的程度，人的欲望、理性和创造性呈几何级数膨胀。但是人毕竟不同于神，人性的潘多拉盒子一旦打开，不仅会放出天使，也会跳出魔鬼。终极价值的提出使人回到人在自然界应有的位置，一方面继续鼓励人的创造性；另一方面也使人产生敬畏感，注意与大自然的和睦相处，合理开发地球资源，保护生态环境。汤因比说，世界上所有宗教都有一个长处，"就是把自然的力量视为神圣的东西。通过灌输对自然的畏惧思想，在某种程度上抑制了人们利用自然的贪婪冲动"[1]。如果没有终极价值和神圣世界对现代化起着平衡的张力，现代化本身将演变为对人类的一次大浩劫，这已经为愈来愈多的思想家所认识。

总而言之，适应现代化又超越现代化，这是现代社会终极关怀不可或缺的两大特质。托克维尔在著作中一再赞誉的美国新教，就是这样一种经过现代价值转换了的终极意义系统，它不仅维系了现代化早期美国社会的整合，而且也为现代化的发展提供了价值资源。

---

〔1〕（英）汤因比、（日）池田大作：《展望二十一世纪：汤因比与池田大作对话录》，荀春生等译，381页，北京，国际文化出版公司，1985。

二

与托克维尔所注意的美国情形相反，在中国走向现代化的历史过程中，却异乎寻常地出现了"意义危机"。这一"意义危机"，在中国人的心智结构中，按照美籍华裔中国思想史学者张灏所分析的，表现为三个层面的"精神迷失"。第一是"道德迷失"，原先行之有效的儒家伦理已经失范，那么新的人际规范和道德律令又是什么？第二是"存在迷失"，内圣外王的人生境界已被认为不合时宜，那么个人安身立命又系于何方？存在的意义究竟落实在哪里？第三是"形上迷失"，西方科学的睿智成功地回答了外部世界的"什么"与"如何"的问题，然而对"终极原因"只能表示令人难堪的沉默，那么世界的终极究竟是什么？这些在传统价值系统中本来属于不言而喻的东西，却在现代化变迁的过程中统统发生了问题，失去了原有的价值取向象征。[1]

终极关怀的失落严格说起来是辛亥革命以后的事，在此之前，尽管西学在科技、制度层面上猛烈冲击了中国文化，然而在价值层面上儒学却远远没有崩溃，辛亥革命前的知识分子基本是用一个"中体西用"的思想模式调整变化了的经世观念，维护儒学的基本意义。但是，当1911年以后清廷作为中国历史上最后一个王权在政治上解体，绵延几千年的宗法血缘社会结构也在社会流动的加速中濒临崩溃，遂引起了文化系统的连锁反应：以儒学为核心的传统价值系统日益失去了其存在的合法性。

近年来在华人学术圈中流传着一种观点，认为中国文化系统之所以在近代断裂，主要责任在于"五四"时代文化激进主义者的全盘反传统。这一观点在检讨"五四"知识分子对待传统的偏颇态度上有一定的合理性，但概括为中国文化价值系统崩溃的原因时就未免有点倒果为

---

〔1〕　张灏：《张灏自选集》，86～88 页，上海，上海教育出版社，2002。

因。事实是，儒家价值框架之所以解构，不是因为"五四"知识分子全盘否定了它，而是因为它所赖以生存的社会政治秩序被革命摧毁了，进一步言之，儒学在近代中国的命运是其自身性质造成的。

众所周知，中国文化的特征是一个包罗自然、社会、政治、伦理、宗教于一体的"天人合一""天人合德"图式，其中的价值信仰系统与社会政治系统未经分化、高度连锁，此乃所谓的政教合一。这与西方的政教分离传统大异其趣。在西方，由于政权与教权分别来自希腊罗马和希伯来两种文化源头，因而无论政权统制教权，或教权统制政权，都不具文化上的合法性，"上帝的事归上帝管，恺撒的事归恺撒管"，此乃西方的公理。但中国的公理却是"道德政治化，政治道德化"，儒家的伦理价值只有借助王权的国家意志才能实现，而王权的世俗合法性又只能通过儒家的道德标准才得以估量。换而言之，只有在王权为核心的社会政治秩序中，儒家的价值才能显示出它实际的意义，才为人们信仰接受。

事实上，辛亥革命以后，在一般人们感觉中的传统价值危机，并不是反映在它受到了《新青年》排浪般的批判，而是表现在传统道德秩序的实际解体上：男人剪去长辫，女子放开小脚，自由恋爱蔚然成风，忠、孝、礼、义日益式微……然而，一方面是传统伦理秩序已经失范，另一方面又尚未形成新的人际关系和道德规范；一方面是老权威已失去了信仰的有效性，另一方面又找不到足以替代的新的信仰共识，人的精神就处于某种无所依托的流浪状态。当西方人处于文化转折关头，由于新教伦理为他们提供了世俗生活的超验意义，他们的内心是充实的；当日本人跨入现代的门槛，大和魂的精神及时召唤了他们，对天皇的狂热效忠使他们的精神关怀有了某种可安置的实处。然而，"五四"时代的中国人却失去了生命的实处。一大批"五四"知识分子笼罩在苦闷感、虚无感、孤独感之中，没有终极关切的人生实在太轻飘，轻飘得让人无法承受。这就形成了中国思想史上一次深刻的"意义危机"。

三

在中国"五四"的知识群中，在虚无中沉沦下去的人毕竟不多，大部分人仍在积极寻找新的信仰，渴慕着重新安置自己的终极关怀。由此分化出了两极：一极走向意识形态，另一极回归儒学传统，他们是否能够真正拯救失落了的终极关怀呢？

先看一看走向意识形态的那部分"五四"知识分子。在他们对旧信仰表示绝望的时候，果断地将希望的目光投向西方，从众多的西学中抓住了两面旗帜：民主与科学，认定"德先生"与"赛先生""可以救治中国政治上、道德上、学术上、思想上一切的黑暗"[1]。也就是说，他们是在信仰的层面和全能的价值意义上来理解与接受民主与科学的，"德先生"与"赛先生"在他们的心目中无异于变成了"德菩萨"与"赛菩萨"，成为具有终极价值意义的新偶像。

众所周知，民主与科学皆是舶来品，民主在西方作为一种意识形态，不过是实现公民权利和个人权利的工具，科学的真实底蕴也只是一种解释客观世界的方法，属于知识层面的工具理性，二者本身皆不含有任何价值的意义。然而民主与科学一来到终极关怀失落的中国，就立即被如饥似渴求新信仰的浪漫主义知识分子附会上全能的意义，民主成为关切的终极所在，科学成为无所不能的价值尺度。意识形态在功能上代替了终极关怀。然而，正如传统儒学是一个熔自然、社会、政治、伦理、宗教于一炉的有机价值体一般，"五四"知识分子创造的意识形态在功能上也是未分化的，科学既是观察世界的方法，又是揭示人类历史

---

[1] 陈独秀：《〈新青年〉罪案之答辩书》，见《陈独秀著作选》第1卷，442页，上海，上海人民出版社，1993。

发展规律的工具，既是宇宙论，又是人生观。而民主既是政治社会的理想王国，又是伦理秩序的完善体现。科学与民主既是知识的对象，也是信仰的对象，又是审美的对象，集真善美三位于一体。

这大概是"五四"知识分子最传统的地方，他们的"传统性"不是表现在"以传统反传统"，即所谓以"一元论思想模式"批判传统（因为传统确实是一元的），而是沿用"一元论思想模式"塑造新文化。中国在现代化过程中文化的分殊化始终没有完成。知识系统道德化、政治化，不能严守"价值中立"的立场；伦理系统又政治化，而意识形态又道德化，往往以善恶标准替代历史或政治的合理性尺度。

在这样的背景下，由意识形态锻造的"终极关怀"由于它的"终极"落实于种种世俗形态，也就在精神上不能与现实拉开距离，从而匮乏批判和超越现代化的价值资源。而且，将世俗社会的有限之物提升到终极价值的位置，一旦这种"偶像崇拜"幻灭，就会引起全社会深刻的存在性失望，由社会动荡引发新的"意义危机"。

与意识形态重建的途径相对照，文化保守主义者探寻的是另一条回归儒学传统的路。当文化激进主义者热情地宣传民主与科学的时候，他们却深刻地注意到民主与科学并不能解决"形而上"的终极关怀问题，在科学与玄学大论战中，张君劢等集中阐述的就是这个道理。然而，他们与文化激进主义者犯有同样一个错误，即在观照西洋文明时，仅仅承认产生民主与科学的希腊罗马文化这一源头，而拒斥真正提供了西方文明价值意义的希伯来文化那一源头，双方都拒绝与基督教的价值系统对话，激进主义者将"形而下"的希腊罗马文化提升为终极关怀，而保守主义者则"反求诸己"，重新在中国文化的源头上重建现代终极关怀，这就是后来熊十力、牟宗三等一批新儒家所做的工作。

新儒家第一次将儒学的道德价值体系与社会政治体系剥离开来，在道德本体的基础上构建独立的意义系统，他们以陆王心学为价值源头，重建中国的道德本体形而上学。应该说，他们在开掘人的内心世界、重建人的终极关怀上作出了独特的学术贡献，而且身体力行，以自己的道德人格实践学问理想，其意义实为悲壮。但唯其如此，也暴露出他们理论框架中致命的缺陷。撇开其重建人的内部世界时遭遇的困境不言，仅就其应对外部世界来说，如果意识形态论者是拙于超越现代化的话，那么新儒家的失足则在于不能适应现代化，难以为现代社会诸要素提供价值上的合法性。

就一种抽象的意义系统而言，无论儒学还是基督教，都适应各自民族的心理需求，相互之间无所谓高低可言。然而一旦进入现代化过程，每种意义系统都必须回应现代化的挑战，实现价值的现代转换。在此过程中，儒学却一直开掘不出现代的民主、科学精神，因而也就难以应对变迁了的外部世界。新儒家在沟通儒学与现代化方面确实做了不少努力，但比较起"内圣"之学来，这些"外王"功夫仍然十分勉强，至今开掘不出一个新境界，一旦"内圣"打不通与"外王"的关联，新儒家就难免重蹈空谈性灵的覆辙，自然无法支撑起现代中国人的价值世界。

"五四"之后的中国人承受着重大的痛苦。然而我们绝不悲观。当一个民族在生存上面临严峻挑战时，却有可能在精神上放出文明的异彩。古代希伯来人在家园受到罗马人洗劫、流离四散的时候，以深刻的忧患意识创造了犹太教和基督教，为世界文明留下了不熄的火种。那么，有着深邃智慧的中华民族也一定能在物质匮乏的环境下实现精神超越，为21世纪可能来临的新轴心时代贡献一份睿智。

这绝不是梦！

（2003 年）

世俗化与超越世界的解体

  当代世界的核心问题之一，是超越世界的衰落。超越世界是轴心文明的产物。在轴心文明之前，人类的原始神话、史诗和文献是人与神的世界混沌一片，未曾分化的。轴心文明诞生了人的自觉意识，同时也出现了一个超越世界。按照张灏先生的观点，这个超越世界是指人们相信在经验世界之外，还有一个与此在世界不同的世界。这个世界更真实，更本质，拥有三重性质：一是终极感，认为超越世界是经验世界中万事万物的终极源头；二是无限感，经验世界的万事万物都是具体有限的，但超越世界是无限的；三是神圣感，当人们想到超越的时候，总是带有崇高敬畏的感觉。古希腊、犹太基督教、伊斯兰教、印度教和中国古代的儒家道家这些轴心文明虽然超越的方式不同，但都有这样一个超越世界的存在，它与现实世界构成了紧张和冲突，现代性之前的人类文明都充满了二重世界的紧张性，也使得古代世界显得非常有张力、有节制和有意义。

  然而，随着现代性的发生和展开，这一起源于轴心文明的超越世界开始衰落和解体了。马克斯·韦伯讲，现代性是一个祛除神魅的过程。这一神魅就是超越世界。艾森斯塔特进一步引申韦伯的话说："现代性的局限在于宇宙为神意注定的合法性逐渐失效了，只有当已经设定的宇宙的合法性不再被视为理所当然、无可非议时，才会有现代性。"现代性是超越世界的坟墓，一个祛除神魅的世界就是世俗化社会，所谓的世俗化，不是说不再有宗教或者任何超越世界，而是说在这个世俗的社会中，人们的价值、信念和制度规范的正当性不再来自超越世界，来自另一个世界，而是此时此地的人们自我立法，自我决定。人是自由的，有自由的意志和理性，可以自由选择自己的命运，运用理性设计理想的未来。

一   世俗化带来的物质救赎主义

现代性是人的自主性的体现，但每个人都自主，都自主决定好的价值和好的生活方式，那么社会如何可能？价值的普遍性如何可能？欧洲启蒙时代早期有自然法，有理性主义，试图以理性的法则取代宗教自我立法。一个理性的世界虽然不具有超越性，但依然是客观的、普世性的，这是启蒙的基本法则。但是，启蒙的理性到 19 世纪以后却发展出各种各样现世的乌托邦，各种各样全权性的意识形态，理性，特别是工具理性反而成了新的压迫性机制。于是从启蒙内部发生的浪漫主义运动发展到尼采，走入反理性一途，到 20 世纪后半叶，随着后现代大潮席卷思想界，本来替代超越世界的那个客观的、普世化的理性被判定为是虚妄的宏大叙事，理性世界也崩溃了，剩下一个价值相对主义和虚无主义的世界。这乃是超越世界解体之后所引发的系列连锁震荡。

世俗社会的另一个含义，乃是承认人的现世欲望的合理性，承认快乐主义与功利主义是人生的基本法则。轴心文明所遗留的思想遗产，乃是"两个世界"的基本预设，各种轴心文明虽然表述不一，但都将人分为"精神的自我"与"欲望的自我"，超越世界所代表的"精神的自我"是现实世界中"欲望的自我"的主宰。近代的世俗化将"欲望的自我"从超越世界中解放出来，赋予其价值上的合法化。人的欲望从潘多拉盒子中跳出，从此再也无法收回，到了今天，已经激荡为全球性的物质主义和消费主义意识形态。史华慈非常敏锐地指出：世纪之末出现的物质主义与19世纪的物质主义进步观不同，后者还联系着伦理关怀，现在携着全球化所出现的，乃是一种彻头彻尾的唯物主义末世救赎论，这种新的千禧年主义以科技经济进步为基础，非常乐观地相信人的各种欲望乃至精神的快乐，都可以通过技术的进步和物质的丰富得以满足，就像"百忧解"这种药片一样，人们不再需要宗教，不再需要人文和伦理关怀，就可以在现实的世俗之中获得物质的救赎。[1]

　　史华慈这位对人类文明命运有深切关切的大思想家，临终前最忧虑的，就是超越世界崩溃之后，席卷全球的物质主义和消费主义对人类的未来所带来的巨大威胁。启蒙主义本来以为，世俗化的生活会逐渐消解超越世界所残留的问题。但是，随着全球化的深入，世俗化在整个世界急遽扩张，宗教、人文价值这些超越性的问题，不仅没有被克服，反而更加尖锐。轴心文明本来被认为是需要克服的"传统"，但是在社会"现代"之后，轴心文明对当代世界的影响，不是在削弱，反而更加深刻。亨廷顿在冷战结束之后，敏锐地注意到"文明的冲突"的问题，这个文明的冲突便是轴心文明的冲突，是各种超越世界之间的紧张。"9·11"事件以后，哈贝马斯讲了一句最深刻的话："'9·11'触动了世俗社会中最敏感的宗教神经。"当基督教文明将世俗化带给伊斯兰世界，在伊斯兰世界引起强烈的反弹和抵触，在其他地区也是这样，从而引发了全球性的宗教与世俗之间的紧张。

　　世俗化与超越世界的问题，过去我们总是以为是人家的问题，是伊斯兰世界与基督教世界的冲突，但2008年春天发生的西藏事件，令我

---

[1] 史华慈：《中国与当今千禧年主义——太阳底下的一桩新鲜事》，载《世界汉学》，2003（2）。

们发现，原来这也是中国内部的问题。关于西藏事件的各种舆论，包括
国内或国外的，表面看起来很对抗，是统独之争，或者简单地化约为人
权问题。但在我看来，西藏问题背后的核心是一个文化问题，即与伊斯
兰世界相似的传统宗教与世俗化的冲突。新中国成立以后，特别是改革
开放这三十年来，中央政府在西藏投入了大量的资金，给了西藏非常多
的经济援助，铁路也通了，商业也发达了，给藏民们带来了与汉人一样
的世俗化生活，使得过去政教合一、以藏传佛教为精神信仰核心的西藏
社会文化生活发生了很大的变化。这一世俗性的变化所引起的反弹以及
带来的一系列问题，我发现研究得非常不够，太多的舆论只是简单地停
留在独/统或人权的立场，而没有从世俗化与超越世界失落这个层面去
思考西藏的问题。

简单地说，西藏问题是一个现代性的内在困境。藏族要不要现代
化？当然要。墨西哥诗人、诺贝尔文学奖获得者帕斯说，现代化是一个
不可逃避的宿命。问题在于，在现代化过程之中，如何处理超越世界的
位置？作为生活在高原地区的藏族人民，对待宗教信仰的态度与汉人是
不一样的，汉族的宗教感不强，我们受到儒家文化的影响，是以人文代
宗教，虽然许多人相信佛教、道教以及外来的基督教、天主教，但中国
人对宗教的态度正如杨庆堃先生所研究的那样，是一种非常功利和现实
的人神互惠态度。到了近代以后，科学主义、理性主义思潮涌进中国，
中国人以为科学、理性再加人文，可以完全安顿人的灵魂，解决信仰世
界的问题，甚至片面理解马克思的"宗教是人民的鸦片"，以为世界上
那些宗教信仰像中国民间信仰一样，都是愚昧的产物。殊不知在古代轴
心文明之中，除了中国文明和古希腊文明之外，其他文明都采取了宗教
的形式。犹太—基督教、伊斯兰教和印度教—佛教，都是高级文明，历
史已经证明，它们不会随着现代性的到来而消解，在当今世界里面，反
而以另外一种方式重新复兴。哈贝马斯说，今天是一个后世俗化社会，

这个"后"，指的就是在世俗化的同时所出现的宗教复兴现象。

藏传佛教作为一种高级文明，这些年已经走出西藏地区，走出中国。今天的西藏虽然已经世俗化，但对大部分藏人来说，宗教信仰依然是他们灵魂的支柱，这是由他们的历史文化传统和地理环境所决定的。今天的汉族人已经高度世俗化了，甚至比世界上其他民族都要世俗，相信物欲主义和消费主义，将占有多少物质、拥有多少名牌，看作人生快乐和人生成功的标志。但我们切不要以为其他民族也会这样理解人生，不要以为我们给西藏带来了经济的发展和物质的繁荣，这也就是他们的"好"。不同文化传统下对什么是"好"、什么是"好的人生""好的生活"的理解是不一样的，特别是高级宗教和高级文明，尤其是轴心文明，其中所内涵的人生和宗教哲理拥有对现代性负面因素的反思和批判的资源，尤其值得我们重视。丹尼尔·贝尔也好，史华慈也好，他们对当今世界出现的物质救赎主义都深怀忧虑，都从轴心时代的文明和宗教中寻求解药。

二　超越世界解体之后

启蒙运动因为盲目相信人的理性力量，有一种简单的历史的乐观主义和向善主义，以为随着科技的进步和经济的繁荣，人的各种物质欲望会得到充分的满足，在这样一个充分满足的未来世界里，在全球一体化的"物质大同社会"之中，轴心文明所思考的那些宗教、人文和信仰的问题，统统会迎刃而解。经济学对人性有一个基本的假设，认为人都是"经济理性人"，都是在不损害他人利益的前提下，合理地、理性地追求自身利益的最大化，这种庸俗经济学对人性的假设，与消费主义和物欲主义内在地呼应，已经成为日常生活的意识形态。问题在于，人性就这么单面吗？人就是一个"经济理性人"吗？除了物欲的满足，是否还有德行的自我肯定和精神的安顿？人毕竟不是动物，孟子说，"人之所以异于禽兽者，几希"。那一点点差别，不因为他是"经济理性人"——动物的本能也能实现自我利益的最大化，甚至以理性的合作方式——乃是因为人是伦理的动物、有道德的动物、有价值追求的高级动物。而这样的价值和道德追求，集中体现在轴心时代的高级宗教和高级文明之中。

儒家文化作为轴心时代的高级文明，内在资源是非常丰富的。儒家对待世俗生活的态度具有两面，一面是修身，另一面是经世。修身一面所代表的是重义轻利，这个传统是主流；但儒家也有功利主义的一面，即那个经世的传统，从荀子到陈亮、叶适、王安石、张居正。修身和经世这两面在儒家内部可以说一方面互补，另一方面也有紧张。在古代，重义轻利是主流。但到晚清以后，儒家的功利主义一面被西方传来的进化论、富强说和唯物主义诱发和刺激，从洋务运动伊始，逐渐成为主流。由于儒家不是宗教，当其内部的修身一面在世俗化的冲击面前抵挡不住，其人文传统便走向衰落，功利主义在华人世界逐渐弥漫。对什么是好的生活、好的人生，如今处于非常同质化、同一化的状态，那就是为各种各样幸福指标所确定的"好"，物欲性的"好"。今天中国的城市和乡镇，走到哪里，都一个面貌，愈来愈趋同，生活方式、价值观也愈来愈同质化，这非常可悲。传统社会中多元的文化、多元的宗教、多元的信仰和多元的生活世界，正在流失。

本来，作为轴心文明，中国文化也有其超越世界，如果说在西方文明之中神圣和世俗是二元的话，那么对于中国文明传统来说，天命、天道、天理等超越世界与世俗世界并不是二元的，而是内在镶嵌、彼此相通的。天人相通的方式有两种，一种是汉儒所说的"天人感应"，另外一种是宋儒论证的"天人合一"。中国人很有现实感，很世俗，我很赞成汪晖的一个分析，他说，古代中国有世俗，但没有世俗化。中国人的世俗世界背后有超越，社会政治秩序和人心秩序背后有一个超越的世界，那就是天命、天道和天理的世界，这个超越的世界为现实世界提供了价值的终极源头和存在的正当性。但中国的超越世界又不同于西方的宗教，又与人心、与现实秩序内在沟通，神圣在世俗之中，世俗之中有神圣。

那么中国的现代性是如何发生的？过去总是讲是鸦片战争以后西方冲击的结果，是一种所谓的"后发现代化"。这一说法现在看来大有问题。张灏先生有一个非常好的说法，叫作"刺激"与"发酵"。意思是说，从思想层面而言，中国的现代性是在西方思潮的刺激之下，中国轴心文明中的另外一些非主流因素开始发酵，为中国的现代化提供了内在的正当性和历史资源，比如儒家经世传统的重新激活，佛教、墨家等诸子百家的复兴，等等，这些都是现代性的现象，是中国思想内在变动的结果。张灏先生认为：从 1895 年到 1925 年，也就是从清末维新到"五四"是中国思想史上的转型时代。这个观点很有道理。不过，假如我们从更大的历史背景来看，现代性转型的起源可能更早，以日本京都学派的看法来说，宋明的中国已经进入经世，已经发生了早期的近代化。我个人的看法是，至少从明代的阳明学开始，中国已经有了类似欧洲的文艺复兴和宗教改革。

为什么这样说？现代性的发生和世俗化的开展，从思想史的角度来说，是宇宙观的变化。传统世界的宇宙观是一个有机论的世界观，神或自然居于整个世界的终极或顶端，整个世界是一个存在之链，因而是一个有意义的世界。人虽然是万物之灵，但只是这有机世界中最有灵性的一部分，依然要服从神或天意的法则。欧洲 15 世纪的文艺复兴和 16 世纪的新教改革虽然将人从神性中解放出来，赋予其世俗生活和意志自由的价值和意义，但整个宇宙观还是中世纪的。欧洲一直要到 17 世纪的科学革命和理性主义的出现，宇宙观才发生一个大变动，从传统的有机论宇宙观变为现代的机械论宇宙观，因而才有 18 世纪的启蒙运动，从而完全进入了"现代"。

中国的现代性变迁也同样如此。之所以说明代的阳明学是中国的文艺复兴和新教改革，乃是"个人"通过良知已经在阳明学之中获得了解放，虽然良知还在天理的世界观之中，但重心已经不在普世的天理，而是个人的良知。王学之后王心斋和李卓吾分别从"意志的个人"和"私欲的个人"两个层面，肯定了"个人"的内在价值。中国式的科学革命和理性主义运动发生在晚清，公理世界观的出现标志着传统宇宙观的解体和现代宇宙观的诞生，因而才有"五四"那样激烈的启蒙运动。回顾这段历史，可以清晰地看到，中国的世俗化乃是从明代到晚清再到"五四"逐步变迁而来，这是中国思想内部地壳运动的结果，而不仅仅是对西方的被动反应。到了"五四"运动之后，甚至连公理也不提了，思想界只讲公意（general will），乃至民意。从天理到公理，再到公意，最后到民意，我们可以看到，中国的世俗化和超越世界的解体，不是一个突变，而是经历了相当漫长的内在演化。天理的超越世界在明代阳明学那里，从良知和人欲两个方面被打开缺口，到晚清天理世界观被公理世界观替代，公理世界观虽然不具有超越性，但仍然具有天理世界观的世俗特征，具有客观性和普世性。到"五四"时期公意逐渐替代公理，公意作为民族国家政治共同体的公共意志，是人自我立法的产物，但多少还有稳定性和客观性。然而，到1925年之后，连公意也被民意颠覆，只看此时此地大多数民众的愿望意志的时候，民意便完全成为主观的、变动不居的东西。由于缺乏相应的民主制度，民意无法通过制度的程序呈现，各种政治势力皆宣称自己代表民意，成为"被代表的民意"。由于超越世界的消失，神圣性被解魅，现实世界中冒出各种意识形态，冒充神圣性，从国家、公意到神魅人物，都在自我神化，冒充神圣性。从18世纪末的法国大革命，到20世纪的极权主义，都与凡人凡物冒充神圣有关。这些神圣之物、神魅人物由于不具有超越性，都在历史的实践里面暴露出凡俗的一面，最后——以历史的悲剧收场。

　　当超越世界逐渐衰落，而且连超越世界的世俗形态也衰落之后，这个世界便变成完全是人造的世界，一个不是"自然的"，而是"被建构的"世界。这个世界既然是人的自由意志建构起来的，那么传统世界中那些有意味的部分便消解了，你的意义不是我的意义，我的"好"也不是你的"好"，甚至各有各的民意。价值失去了超越世界的基础，失去了客观性和普世性。人们相信，可以按照自己的理想乌托邦，创造一个新世界，制造时代所需要的新人。如今"制造"和"想象"大为流行，"制造中国""想象共同体"等，这些都是超越世界崩盘之后世俗社会的特征。然而，超越世界难道真的消失了吗？世俗社会中社会政治秩序的正当性何在？人心中的价值源头何在？这个问题今天已经是伦理学、宗教学、政治哲学和思想史中非常核心的问题。现在的问题是，由于世俗化社会本身的内在限制，超越世界不是被完全消解了，而是正在以某种方式复活，后世俗社会中宗教的复兴、道德的政治化、伦理秩序的重建，乃至人文价值的重提，都是这一问题的体现。任何一种有价值意义的生活，都具有某些超越的性质。查尔斯·泰勒在《现代社会想象》中最后这样说："在当地世界的世俗性里，上帝或宗教并非真的在公共空间里缺席，而是成为个体或群体的个人认同的核心成分……这里的'世俗'并不是人们惯用的松散意义下的'世俗'（意味着宗教的缺席），而是意味着宗教占据一种不同的位置，与所有的社会行动都发生于凡俗时间里的意识并行不悖。"世俗社会中的宗教、超越与神圣，不仅是西方的问题，也同样是中国的问题，更确切地说，是全人类所面临的共同境遇。

（2009 年）

21 世纪的世界：世俗化与宗教的永恒冲突

英国脱欧、特朗普逼近总统宝座、安倍向"正常国家"冲刺、土耳其加速逆世俗化、极端的"IS 国"[1] 在中东猖獗、欧洲各国层出不穷的恐怖事件……自"9·11"事件之后，正呈现出一个越来越清晰的图景：右翼保守主义在 21 世纪的崛起。

三大本位性保守主义的崛起

20 世纪曾经是左翼激进革命的世纪，两次世界大战触发了世界社会主义运动汹涌澎湃。90 年代初苏联的解体，为全球左翼革命画上了休止符，福山乐观地宣布：历史已经终结，从此人类将往西方为典范的自由民主方向演进。20 多年前的福山毕竟年少单纯，不及他的老师来得目光老辣，亨廷顿敏锐地指出：冷战终结的 21 世纪，是一个文明冲突的时代，全球战场的轴心将从政治意识形态转向轴心文明的竞争，首当其冲的，将是基督教与伊斯兰教这对老冤家永恒的战争。亨廷顿余音未落，2001 年纽约世贸双子星座被攻塌，虽然是恐怖主义者所为，但背后的成因与文明的冲突不无关系，诚如哈贝马斯所言："'9·11'事

---

[1] Islamic State 的缩写，即"伊斯兰国"。

件触动了世俗社会的一根宗教神经。"

历经美国政府几朝努力，终于将罪魁祸首本·拉登击毙，本以为世界从此太平，没料到恐怖主义只是表象，其背后的深层问题一个也没有解决。随着新自由主义主导的经济、贸易、资讯全球化的深入，民族与民族、国家与国家之间的不平等在扩大，而且在民族国家内部，精英与大众之间的分化也在加剧，整个世界分裂成在全球化中获得利益与受到伤害的两大阵营。全球化将世界压缩为一个小小的地球村，大量的第三世界移民进入发达国家，"逆殖民化"使得本来互不相扰的种族、民族和宗教发生了近距离的接触和碰撞，民族矛盾、宗教冲突与阶级分化三者交叠，互相激荡。在左翼社会主义运动式微的今天，右翼保守主义竟然破门而出，对自由民主体制构成了尖锐的挑战。

21世纪全球性的右翼保守主义，乃是由三股势力会合而成：宗教保守主义、民粹保守主义和民族保守主义。

首先是宗教保守主义。20世纪80年代以来，是全球化发展最快的三十年，也是宗教复兴最迅猛的三十年，基督教徒、佛教徒人口增长迅速，传统儒家文化也在中国呈复兴趋势。最引人瞩目的，是全球穆斯林人口的高速增长。美国著名的独立智库皮尤研究中心（Pew Research Center）去年（2015）发布的一份宗教调查报告说：在2010年，基督教信众人数为22亿，占全球人口的1/3，伊斯兰教列第二，拥有16亿信众，占全球人口的23%。按照目前的发展势头，到2050年，全球穆斯林人口数将与基督徒拉平，到2070年，伊斯兰教将超过基督教，成为全球最大的宗教。在世界各大轴心文明当中，儒家本来就是世俗化的人文信仰，基督教经历文艺复兴、新教改革和启蒙运动早已经世俗化，佛教也已经与世俗化和解，唯独政教合一的伊斯兰教在世俗化进程中步履艰难，而且这几十年有倒退的趋势。"茉莉花革命"实现了普遍的公民参与，但民主不仅没有促进世俗化的进步，反而释放了社会底层伊斯兰原教旨的保守主义势能。而大量穆斯林移民涌入西欧，也使得以基督教价值为核心的欧洲与外来的伊斯兰教发生了面对面的冲突，关系紧张。自罗马帝国晚期拜占庭被穆斯林攻陷和1683年维也纳保卫战之后，欧洲正遭到第四次大规模的"蛮族"入侵，而这一次由中东移民大军所带来的，是与世俗化的欧洲格格不入的伊斯兰文明。

其次是民粹保守主义。全球化加剧了世界各国内部收入分配的不平等，代表未来高科技发展方向的跨国企业、年轻的技术精英是全球化的得益阶层，而传统行业上年纪的工人阶级沦落为新的贫民。据统计，1%的超级富豪拥有世界50%的财富，而剩下的50%的财富并非由剩下的99%的人平分，世界上50%的人只拥有不到1%的财富。世界各国的中产阶级在萎缩，贫民阶层在扩大，社会分层出现了固态化趋势，用福山的话说，美国出现了精英阶层的"再世袭化"。社会的断裂不仅来自上下阶层，而且体现在拥有不同专业技能的代际之间。年轻人普遍拥抱全球化，而中老年人对此怨气冲冲。英国的脱欧全民公投，就是老一代人对年轻世代的胜利。面对外来劳工、技术转移和穆斯林文化的威胁，在欧美各国流行的民粹主义具有典型的右翼特征，其主要的社会基础是社会底层信仰基督教的白人民众，这些内部的"无产者"与外来的"无产者"相互仇视。当全球的富人与精英阶层携手联合，共同分享全球化红利的时候，各国的"无产者"却彼此对抗，欲将对方拒之于门外。

随之而来的则是民族保守主义。反对全球化经济、非法移民和外来异教的特朗普，打的最核心的牌，就是"美国优先"。他在共和党代表大会上公开宣布：我与希拉里最大的区别在于："我们采取了'美国优先'的政策。美利坚主义，而不是全球主义，才是我们的信条。"所谓的美国梦本来并非民族之梦，而是上帝所启示的全人类梦想，作为新教徒的美国人相信自己处于"山巅之城"，有责任拯救整个世界。然而，特朗普将美国梦篡改为民族之梦。面对"蛮族"和"异教"的入侵，他要建立一座封闭的长城，重新回到孤立主义时代的美国。时势造英雄，宗教的、民粹的、民族的三股保守主义潮流，将一个有争议的人物推到了前台，成为意欲问鼎白宫的保守主义人格化身。岂止美国，在当今世界，无论是东、西大西洋，还是太平洋两岸，逆全球化的民族保守主义情绪普遍高涨，在世界经济前景暗淡、风险随时降临的今天，各个国家纷纷扎紧篱笆，守住自己的防线。

被全球化抛离的各国民众，会聚在宗教原教旨主义、民粹主义和民族主义的大旗下，三者之间的关系非常吊诡，有的时候是互相渗透，你中有我，我中有你；有的时候是互相对抗，利益冲突。白人的右翼保守主义既是宗教的（比如美国南方的福音主义），又是民粹的（反精英的），也是民族的（"美国优先"论），自各种恐怖袭击事件之后，他们与穆斯林移民的伊斯兰宗教保守主义产生了强烈的对抗，但又互为前提，形成了一个道高一尺、魔高一丈的吊诡的互生共谋关系。而在土耳其，世俗的民族主义和伊斯兰宗教保守主义长期处于拉锯战，埃尔多安上台之后，伊斯兰宗教保守主义逐渐占了上风。

保守主义的本质就是一种本位论，自我利益、自我价值绝对优先，它的最大对手是与其对位的另一种保守主义，本位对本位，绝对价值对绝对价值，自我利益对自我利益。当各种本位论的保守主义逐渐衍生为各国主流意识形态和政府决策理念的时候，这个世界将进入一轮新的冲突与战争周期。

21世纪不太平，新自由主义主导的全球化时代，将会被一个本位论的保守主义新时代取代吗？

世俗与宗教：现代性文明的困境

宗教保守主义的兴起，其核心问题是宗教与世俗的关系。亨廷顿提出的文明冲突论，不能从字面上理解，确切地说，是由基督教演变而来的、世俗化的现代文明与逆世俗化的伊斯兰文明之间的冲突。

　　在公元前 600 至前 400 年，几大轴心文明犹太教—基督教文明、古希腊罗马文明、印度教—佛教文明和中国文明在欧亚大陆诞生，伊斯兰教文明虽然要迟至公元 7 世纪才出现，但后来者居上，诚如《剑桥伊斯兰世界史》所言：全球穆斯林曾有过一段辉煌的过去，"在 8—18 世纪的这段时间，从势力范围和创造力来看，伊斯兰文明都是全球的主导文明"。伊斯兰教的科学、哲学、艺术、数学、耕种、金融、海陆贸易和城市发展，都曾经傲视欧亚大陆。从唐代到元朝的中国都深受伊斯兰文明的影响，而中世纪的欧洲挣扎于恐怖的黑死病，远远落后于中东的阿拉伯世界。直到 1500 年以后，随着葡萄牙、西班牙、荷兰和英国这些海洋民族的崛起，文明领跑者的火炬才逐渐从中东转移到西欧，18世纪的启蒙运动和 19 世纪的工业革命，奠定了西方在全球的领先地位。按照艾森斯塔特的观点，第二次轴心文明出现了，那就是首先在基督教文明内部发生突破、随后传播到全世界各大文明和民族的现代性文明。

　　第二次轴心文明的重要特点之一就是世俗化。世俗化这一概念本身来自于基督教，其核心原则乃是祛魅，将世俗社会的政治与人生，与特定的终极价值分离开来，查尔斯·泰勒将之理解为一场"大脱嵌"（great disembedding）。个人、法律和国家逐渐从神意的宇宙世界中游离出来，获得了独立的自主性，这就是"大脱嵌"。祛除神魅化之后，人生价值与政治生活具有了自主性，幸福快乐与政教分离成为世俗社会的两大特征。人生的意义不再与神圣的终极价值关联，工具理性替代了价值理性，世俗的快乐与幸福成为祛魅化人生的追求目标。公共生活也与特定的宗教价值脱钩，国家在各种宗教信仰之中保持中立，每个公民可以按照自己的自由意志选择自己的信仰、群体归属和个人偏好。不过，我们要注意，一个祛魅化的世俗社会，不是说没有了神，而是不再有国教，不再有一个国民共同信仰的独一无二的神。世俗化是一个众神喧哗的时代，各种宗教多元并存。人们可以在私人领域选择自己的信仰，并按照其宗教戒律而生活，但在社会与政治公共领域，遵从的是世俗化的公共理性和法律道德，宪法取代了神祇成为国家公共生活的最高意志。

然而，以现代性为特征的第二次轴心文明，由于其非超越的世俗性质，仍然留下了一些问题是其无法回应和解决的，比如人的存在，关于如何面对生命的苦难、死亡，如何在来世中获得永恒，等等。启蒙对人性的预设乃是"理性人"，即每个人都是有世俗理性的，但人性远比启蒙想象的要复杂得多，人不仅有理性，还有情感和意志，同时有可能还是一个"宗教人"，不管如何追求世俗的成功和快乐，最终总是要面对世俗理性无法解答，而宗教所面对的诸如生命中的苦难、死亡、超度、永恒等这些与终极性相关的重要问题。现代性世俗文明只是创建了新的科学、法律和政治的上层结构，而在社会、道德与心灵的下层结构，依然是轴心文明主宰的空间，虽然二者有相互融合的趋势。

哈贝马斯之前一直坚守启蒙的理性传统，坚信人的交往理性，但"9·11"事件之后越来越注意到世俗理性的有限性，越来越重视宗教在当代"后世俗社会"不可替代的力量，他与后来成为罗马教宗的拉辛格大主教多次对话，讨论理性与宗教各种的局限与互补性，达成了一个共识：西方的两大文化，无论是基督教的信仰文化，还是世俗理性文化，在事实上都没有普遍性，都有其内在的限制，因而需要对话和互相监督。

这就意味着，以世俗理性为核心的现代性文明，并不能取代基督教、伊斯兰教、佛教和儒家这些古老的轴心文明。世俗化越是发展，对终极意义追求的心灵饥渴就越迫切，而这些问题都不是世俗理性能够回应的，反过来会激发起古老的轴心文明的反弹。这就可以解释20世纪80年代以来全球化如此深入，无论在发达国家，还是后发展国家，都不约而同地出现了一波强有力的宗教复兴的现象。人性中有对终极价值渴望的宗教维度，即使在世俗社会，"理性人"也永远替代不了"宗教人"，横扫全球的现代性世俗文明永远不能彻底战胜那些似乎是神秘的、落后的古老轴心文明。

既然无法替代和战胜，那么剩下的只是世俗与宗教的兼容问题了。现代文明包容各大宗教，这不成问题，因为世俗现代性在"何为善"的问题上是中立的，它容许多神竞争、自由选择。问题在于各大宗教是否接受得了世俗化。儒家、基督教和佛教都不成问题，唯独伊斯兰教至今依然与世俗化格格不入。因为穆斯林的人生属于真主，是整全性的，无论是个人生活还是政治生活，都要顺从真主的意志，这与世俗社会的祛魅化无法兼容。对于穆斯林来说，世俗的快乐不能取代对真主的虔诚，政教分离也非伊斯兰律法可以接受。20 世纪的伊斯兰世界之中，土耳其、伊朗和埃及都实行过比较彻底的世俗化，但依然改变不了社会底层的伊斯兰面貌。从霍梅尼的伊斯兰革命、"茉莉花革命"中埃及穆斯林兄弟会的一度掌权，到近年来土耳其在埃尔多安掌权之后"逆世俗化"的加速，以及极端的"IS 国"在中东的猖獗，这一切都非偶然发生，而是意味着一轮新的"绿色革命"（伊斯兰保守主义）在全球的兴起。

对于西方世界来说，更要命的是这场绿色的保守主义革命已经内在化了，打进了自家世俗社会的内部。现代文明的诞生，起源于 1500 年之后的地理大发现，西欧各海洋民族对美洲、亚洲和非洲的殖民扩张。在基督教看来，这是一场文明对野蛮的征服。然而，近半个世纪以来的全球人口流动，发生了"逆向殖民化"，全世界的"蛮族"纷纷向欧美发达国家移民。对于不同种族，欧美发达国家一开始相当自信，相信自己是现代文明的大熔炉，足以驯服这些来自第三世界的"蛮族"，让他们变得世俗化，变成与自己一样的美国人、英国人或法国人。基督教世界可以与东方多神教传统的儒家和佛教徒和平相处，却偏偏遇上了一个与自己本源同根的另类一神教：拒绝归化的穆斯林。来到基督教世界的穆斯林，就像在他们的母国一样，可以在物质层面接受世俗化，但在精神领域和群体生活当中，哪怕是经历了二代、三代的移民，依然顽强地保持着自己的伊斯兰特性。在西方世界的穆斯林，无论是成功的中产阶级，还是生活于社会底层的贫民，许多人至今无法融入主流社会，精神上有某种屈辱感，这反过来激发起对自身文化的强烈认同。而伊斯兰教相对封闭的宗教仪式、生活方式，比如一天 5 次地向真主礼拜，一衣白素齐刷刷地跪下祷告、一年一度的封斋月，女性出门戴头巾，甚至以纱巾遮脸，都让世俗社会的人们惊愕不已，甚至心存恐惧。"9·11"事件以后，特别是近两年在欧洲频繁爆发的恐怖袭击事件，都有极端伊斯兰教的背景，更让许多人对穆斯林心怀偏见，将恐怖主义与伊斯兰教画上了等号，患上了"伊斯兰恐惧症"。新近翻译成中文出版的西方右翼保守主义者马克·斯坦恩的著作《美国独行：西方世界的末日》，耸人听闻地说："真正的大问题在于，秩序的变化或许仅仅是一个征兆，一个更深程度上文明衰落与精神崩溃的不祥征兆——在西方陨落之后，我们的未来将彻底毁于非西方文明之手。"

事实上，恐怖主义与穆斯林并不能直接画上等号。穆斯林、伊斯兰原教旨主义与恐怖主义这三者有明确的区分。穆斯林世界内部教派和民族千差万别，中世纪不同时期的伊斯兰帝国、奥斯曼帝国和莫卧儿帝国，因为其强大，对帝国内部的异教徒如犹太教、基督教相当宽容，伊斯兰教对异教的敏感和警惕，那是到了 18 世纪现代文明崛起之后。处于弱势的穆斯林为了守护自己宗教信仰和生活方式的纯真性，变得封闭和保守。即便如此，一般穆斯林依然能够在世俗社会与其他人和平相处，他们温和、安宁，是一个好人，甚至好公民。苏菲派穆斯林反对扩张性的圣战，他们更愿意过个人灵修性的隐居生活。但近年来逊尼派内部激进的瓦哈比派发展迅猛，这一伊斯兰原教旨主义与世俗化有很大的冲突，信奉极端的一神论，不准抽烟、不准喝酒，男子要留胡须，女子全身要披黑袍，只能露出双眼。虽然瓦哈比派是恐怖主义的温床，但其本身毕竟是非政治性的，不能简单地等同于恐怖主义。只有那些具有强烈伊斯兰复国主义倾向（比如"IS国"）、对异教和世俗化有强烈仇恨并付诸行动的，才能算是恐怖主义。

恐怖主义不仅是人类之敌，也是伊斯兰教之敌，为一般的穆斯林所不齿。而强调绝对禁欲、男子留大胡子、女子出门穿黑袍的原教旨主义，也未必为其他比较世俗化的穆斯林所认同和接受。穆斯林世界，是一个从激进到温和都有的复杂谱系，内部不同教派的冲突，甚至超过了与外部世界的紧张关系；将其视为铁板一块加以防范，显然是像法国的极右翼领袖勒庞那样的保守民族主义的无知偏见。

其实真正发生冲突的，并非是世俗化与伊斯兰教，迪拜的成功证明了伊斯兰教可以与世俗化相安无事，而且可以创造出伊斯兰世界的金融和经济奇迹。真正的冲突往往发生在极端的世俗主义（激进左翼与极端民族主义右翼）与极端的原教旨主义之间。去年《查理周刊》的恐怖袭击事件，证明了这一点。在欧洲，极端虚无主义的激进左翼与极端民族主义的保守右翼在反对穆斯林上形成了统一战线，构成了奇异的"同谋"；极端的世俗主义与极端的伊斯兰原教旨主义相互冲突、震荡，一个诉诸语言的暴力，另一个还之以肉体的暴力，批评的武器对武器的批判，世俗的虚无主义与宗教的原教旨主义以各自极端的方式，让今天的欧美动荡不安，演化成冷战结束以来最严重的内部冲突。

如果世俗与宗教之间没有彼此的尊重与和解，这场战争将永无止境。所谓的和解之道，对进入欧洲社会的穆斯林而言，需要更多地世俗化，遵循文明社会的正义法则；而对作为主流的欧洲世俗社会而言，则应承认与尊重伊斯兰教的神灵与先知，他们不代表野蛮，在历史和现实中都是人类伟大文明的一部分。世俗对宗教可以有批评、有研究、有讨论，但不能用无聊的亵渎冒犯他者。

在一个祛魅的世俗社会，现代人视自己的生命、财产、自由和个人之尊严为最高价值，但在许多教徒看来，比这些世俗之物拥有更高价值与无上尊严的，是自己的信仰。人的生命与财产可以毁弃，但内心的神灵不容遭到猥亵，在他们的眼里，个人的幸福与神的尊严无法分离，你可以不喜欢甚至讨厌这些虔诚的宗教徒，但在现代的多元社会，一个具有宽容精神的世俗人，不得不承认与尊重这些宗教信仰，只要它不像极端的原教旨主义那样，侵犯到世俗社会的公共正义。

政治正确是否正确、如何正确？

接连不断的恐怖主义活动，让欧美各国反对外来移民、讨厌穆斯林的情绪日趋高涨，转向表面化，政治正确的防线开始被突破。特朗普再三公开宣称："政治正确，我们再也承受不起！"

政治正确，是对言论自由的一种限制，它要求公众、特别是有权势的公众人物在表达言论的时候，不得以歧视或贬低性语言指称对象，特别是对弱势群体、少数族裔以及非主流的宗教与文化，以避免伤害他们的利益与尊严。比如，不得以"黑鬼"描述黑人、以"弱智"形容智力障碍者、以"疯子"指称精神病患者、以"蕃人"称呼原住民，等等。自20世纪美国平权运动以来，政治正确成为美国和欧洲舆论界的第一原则，许多政客、大学校长、脱口秀明星、节目主持人因为一不小心发表了对少数族裔、弱势群体的歧视性语言，被迫下台、辞职或道歉。

政治正确原是为了保护少数族裔的集体权利和边缘社群的文化特殊性，适当限制主体族群和主流文化的言论自由，以便让不同族裔、不同宗教和不同文化的人群相互容忍、和平共处。然而，政治正确从一开始就备受争议，随着以极端伊斯兰原教旨主义为背景的恐怖活动的升级、外来穆斯林和墨西哥移民犯罪率的上升，这让许多白人更加心怀不满，觉得自己的意志受到了压抑，失去了自由批评的权利。当口无遮拦的特朗普横空出世，公然嘲笑穆斯林、批评墨西哥移民，让许多白人选民暗自叫好，觉得他说出了自己不敢说出口的心里话。

政治正确是世俗的多元社会对诸神之争的调停，旨在防止因歧视性言论而爆发的文化冲突。但如今却引发了更深刻的文化冲突：政治正确本身正确吗？这里所涉及的，是一个更深层的认同问题：何为美国？何为欧洲？

欧洲和北美在历史上都是基督教文明的天下，从基督教内化而来的现代性文明成为美国和欧洲的立国之本。美国和欧洲原来都是以"文化大熔炉"自豪，不管外来移民来自什么民族、有什么样的文化背景，到了这里都要接受更先进、更文明的美国价值和欧洲价值。然而，20世纪60年代之后，文化多元主义席卷欧美，成为主流，而"大熔炉"理论被视为"政治不正确"，受到唾弃。美国不再是盎格鲁－撒克逊的美国，欧洲也不再是基督教的欧洲，它们成为不同族裔、宗教和文化的共栖之地。然而，美国价值和欧洲价值的陨落，让文化保守主义者们忧心忡忡。亨廷顿在20世纪末出版的《我们是谁：美国国家认同的挑战》一书中惊呼：在今天的新大陆，已经找不到美国了——那个盎格鲁－撒克逊精神的美国！在他看来，文化多元主义销蚀了美国的灵魂，让美国的国家认同变得暧昧，美国将不成美国，在各种"异教"的入侵之下，美国总有一天会像罗马帝国那样，因为失去了自己的独特精神而灭亡。

在亨廷顿看来，文明的冲突不仅发生在国际社会，而且根植于美国社会内部。基督教面临着与其他轴心文明的冲突，"蛮族"的入侵改变的不仅是人口的构成，更是美国的灵魂。亨廷顿虽然已经去世，但他的盛世危言依然余音绕梁，而特朗普，不过是亨廷顿的通俗版或粗鄙版而已。

基督教中心主义还是文化多元主义？关于政治正确争议的背后，是越来越尖锐的国家认同分歧。许多美国人和欧洲人，特别是社会底层的白人，不满汹涌而来的移民潮、高居不下的犯罪率和令人恐惧的恐怖袭击，希望回到原初的美国、原初的欧洲，那个有着独特文化的基督教世界。

然而，回归已经是不切实际的幻想，问题是世俗化的现代性文明如何面对那些拒绝世俗化的极端穆斯林？对他们究竟是宽容呢，还是斗争？

西方人陷入了一个哈姆雷特式的困境：宽容还是斗争？这的确是一个问题。任何文明，都有自己的敌人，一旦外来的异教威胁到自身文明的核心价值，唯有斗争一途。坚决打击伊斯兰恐怖主义，与世俗化的温和穆斯林和平相处，这些都没有分歧，真正的分歧在于如何对待那些非政治性的伊斯兰原教旨主义。

可以公开批评伊斯兰教吗？如今越来越多的西方人开始抱怨，因为有了政治正确的紧箍咒，对伊斯兰教的历史、风俗和文化变得不可触碰，甚至连严肃的学术批评都变得不可能。美国学者卡森认为，如今有一种新的宽容观取代了旧的宽容观。这种新宽容是以一种不在乎或者漠然（indifference）的宽容取代了批评的宽容。宽容并非意味着取消批评，没有批评的宽容是一种冷漠，而只有包含批评的宽容，才是真正的宽容。而文化多元主义那些压抑批评的所谓宽容，实际上是以宽容为名的不宽容。过度的政治正确以宽容为名禁止了对某些价值与行为的批评。上海的学者崇明指出："宽容的原意是对不能认同和接受的价值和行为予以容忍，因此宽容的前提是对被宽容的对象的某种不满和批评，没有批评不构成宽容，或者说没有批评就无所谓宽容或不宽容。这是宽容的悖论，也是宽容的困难所在。"

宽容的确不意味着冷漠，宽容有消极宽容与积极宽容两种。消极的宽容乃是倾听与理解，以平等的姿态倾听他者的声音，以同情性的理解看待他者的行为。倾听与理解并不意味着接受，只是一种大度的包容，从制度与态度上包容不同的宗教与文化。而积极的宽容则是理性的对话与交流，其中有理解，也有批评，但一定是建立在正确理解的前提下的批评，也就是说，不是以自身文化的逻辑，而是以对方文化的内在理路去理解它、批评它；而且是理性的、善意的，并非是嘲笑的、恶意的，这就是宽容式的批评，或者说批评式的宽容。宽容不是取消批评，而是对批评的一种自我限定。

　　然而，如今对穆斯林的许多批评，特别是在网络上，经常出现的是各种语言的暴力，即所谓的软伤害，这种伤害有时候比肉体伤害更大，因为它冒犯的不是其肉身，而是其心灵、人格与尊严，以及穆斯林内心当中认为最神圣的那部分东西，就像《查理周刊》那种低级无聊的嘲讽、各种右翼民族保守主义充满偏见的言论那样。其冒犯的不仅是伊斯兰原教旨主义，而且是一般穆斯林的情感与心灵，逼迫他们从温和走向极端。肉体的伤害在法律上需要严惩，但语言的伤害同样在政治上需要有明确的红线。政治正确这条红线不是实质性的，不是规定了什么不能批评，而是程序性、规范性的，即不能用冒犯和亵渎的方式展开批评——只要批评的对象不是人类公认的邪恶。政治正确不能被滥用，但倘若没有政治正确，这个世界将变得更加野蛮——自以为绝对正确的语言邪恶。世俗与宗教之间，各自都有偏见。相比较而言，世俗对宗教的偏见更深，往往以文明自居，以为前现代社会"残留"的古老宗教、文化和习俗都是野蛮的、落后的和不可理喻的。这是萨义德所批评的西方人的"东方主义"知识偏见，而背后正是一种以自我为中心的意识形态。

　　一个现代的文明社会，既要坚定地捍卫自己的核心价值，反对文明的敌人，同时也要有对少数族群的宗教有足够的包容，其界限正如约翰·罗尔斯所说的正当（right）与善（good）的区别。在涉及何为正义的政治正当层面，不允许任何的文化相对主义，不管哪个宗教和哲学学说，都要服从文明社会的公共理性、世俗化的核心价值。但在涉及何为善的层面，容许不同的宗教、文化和生活方式的多元存在，而且通过制度性的安排，让它们有各自的发展空间。

现代世俗社会的政教分离原则，在公共政治领域和纯粹的私人领域，界限还比较清晰，最模糊的中间地带乃是在社会公共领域，这是公领域与私领域的断层，是公私接合部，问题也最复杂。在公共场合是否要禁止穆斯林妇女戴面纱？海滩上是否要严禁她们穿遮蔽全身的比基尼泳衣？在欧洲大国中，最世俗化的法国对此有严格的禁令，严禁在公共场合穿着和佩戴有明显宗教标志的衣服和物饰，不仅是穆斯林的面纱、罩袍，而且犹太教徒的小礼帽、基督徒的十字架、佛教徒的佛珠等等，都在禁止之列。欧洲人权法院对此予以通过，理由是确保民主社会对人与人之间自由交流的尊重。但这一禁令也引起了广泛的争议，比如国际特赦组织就认为这严重妨碍了宗教自由与表达自由。在非私人空间和非特定空间的宗教祷告与宗教标志，这究竟是属于个人的宗教自由或集体权利，还是必须遵循政教分离原则，服从世俗国家的同一性？这是启蒙以来悬而未决的问题，公与私、世俗与宗教在现实生活的边界，未必在理论上那样清晰。

启蒙带给现代人最大的精神遗产和核心价值是尊重人，不仅是人的生命与肉体，而且是人的精神与尊严。人性是复杂的，既有世俗的一面，也有超越的一面，世俗社会中的大多数人总是徘徊于世俗与超越之间。世俗社会充分释放了人的欲望、情感和权力意志，这使得当今世界物欲横流、精神萎靡，许多人得到了世俗的快乐，却因过度的纵欲而感到内心空虚，反过来要从古老的轴心文明当中寻找自己的安身立命之本。人性中的欲望过度释放了，人性中的另一面神性就会强烈反弹。而至今还在顽强抵御过度世俗化的伊斯兰教，因此吸引了许多在世俗社会有精神失落感的人们——这些人不仅有阿拉伯移民、突厥人的后代，也有众多的白人、黑人和东南亚黄种人。于是，伊斯兰教被符号化了，蜕变为一种抗拒世俗化的意识形态。而这种符号化，恰恰是由极端的世俗主义（右翼民族保守主义）和极端的伊斯兰原教旨主义共同完成的。那是一场吊诡的合谋，一场各为其本位的民族保守主义与宗教保守主义的冲突性默契。

极端的世俗主义与极端的宗教原教旨主义是我们这个世界的真正威胁，他们彼此斗争，同时又携手毁灭世界。世俗社会不惧怕神，恐惧的是无法容纳其他神的一神——不管这个独一无二的神以什么面目出现：上帝、真主、佛陀、圣人，还是科学、文明、国家或民族。各种各样的右翼保守主义正在主宰 21 世纪的世界，如何将人类从保守主义的魔咒中解救出来？假如我们真正对人性的双重性格有所理解的话，应该在世俗与宗教的永恒战争中，去寻找一条平衡的"中道"，只有温和的世俗主义者与温和的穆斯林教徒（以及其他轴心宗教和轴心文明的信仰者）彼此理解、良性互动，由他们来把握历史发展的船舵，才有可能避免人类在 21 世纪因各种右翼保守主义的彼此冲突而翻船。

（2016 年）

家国天下的关怀

信仰、专业和卓越：从文化角度解读"工匠精神"

最近对"工匠精神"有一些讨论。究竟什么是"工匠精神"呢？怎么理解呢？当然从技术的角度可以有很多的解释，但"工匠精神"不能被简单地理解为只与技术、经济有关。既然谈到了"精神"，它就不只是一个技术的问题，实际上它是一种文化，精神一定是文化。所以我今天重点要从文化的角度谈一谈何为"工匠精神"，怎么能培育出"工匠精神"，"工匠精神"意味着什么？

"工匠精神"是一种专业精神

什么叫专业精神？德国思想家马克斯·韦伯最早发现了现代资本主义的秘密。他的《新教伦理与资本主义精神》是讲资本主义是怎么产生的，是到今天世界影响都非常大的名著。不要以为资本主义和商业有关，商业文明古已有之，几个有影响的大的民族，商业都是很古老的一个现象，中国也是这样。在西欧，最早商业、最发达的是地中海国家，威尼斯是当时的地中海乃至整个商业的中心。但是现在所熟悉的这套现代企业管理制度，竟然没有最早发生在商业最发达的地中海沿岸，特别是威尼斯，而是发生在荷兰，然后是英国，那是什么原因？

韦伯做了一个宗教和文化的分析，他发现这和宗教有关，意大利是天主教国家，天主教的宗教伦理当中，人是有罪的，在现实世界是一个黑暗之城，上帝之城才是光明之城。所以人活在现实生活中是没有意义的，最重要的是要赎罪，最后进入天堂。所以你在现实生活当中成就越高，越说明你是罪人。"富人要进天堂，要比骆驼穿过针眼还难"。在这种背景里面谁愿意去赚钱？

　　但是17世纪新教出现以后把这些都改了，因为在新教看来谁能进天堂这是命定的，命定以后你怎么来显示你是上帝最好的选民呢？就看你在现实生活中的成就，成就越高越能证明是上帝最好的选民，你有可能进天堂。所以新教国家的人开始改变了，为了进天堂拼命地工作、拼命地赚钱。

　　现在的人赚钱是为了享受，为了积累财富，甚至非理性地积累财富。但是最早在清教徒看来，赚钱仅仅是为了进天堂，所以韦伯用了一句话"入世禁欲"。清教徒们积极地工作，但是在生活上非常节俭，是对于自己的欲望极其克制的人。美国最早的福特汽车公司的老板老福特，已经是亿万富翁了，还是穿着一双破皮鞋，一身旧西装，每天早上喝清咖啡、吃黑面包，这是他的清教徒式的生活，他赚钱主要是为了证明"我是上帝最好的选民"。今天的中国有点像19世纪的英国，就是工业革命后经济高速增长的阶段。当时维多利亚时代是很保守的，还有一套宗教观念。《有信仰的资本》是英国的一本书，介绍了19世纪英国十几个著名的企业，比如说今天大家很熟悉的联合利华。这些企业拼命地赚钱，赚了这么多钱又不消费，就做公益慈善。因为公益慈善是按照上帝的意志要求做。所以这是"有信仰的资本"。早期那种拼命地赚钱，但是有一个宗教伦理在制约着，这和后来不一样，后来当然西方也"入世纵欲"了。宗教已经退潮，更多的人进入消费主义，特别是1929年资本主义危机之后消费主义成为主流，如果消费疲乏，经济就要出问题。

　　但是早期有一个东西留下来了，就是所谓的"志业精神"，我前面说"工匠精神"就是一种专业精神，也叫"志业精神"。这种精神是什么呢？我们讲一个"天职"（calling），就是最早一代资本家、企业家，他们是为了上帝而投身于工作的，所以他们赚钱是内心有一种呼唤，上帝声音的呼唤就是 calling，叫天职。后来社会慢慢世俗化了，很多人不信教，不可能都是为上帝工作，很多人不再有宗教信仰。支撑你拼命工作的这种精神从哪里来呢？很多人认为"这就是一个饭碗，这是一个职业"，这是大部分人对自己工作的态度，但是工匠精神的背后不是一种职业，而是另外的东西——vacation，即"志业"。与你内心的志向有关，志业可以说是天职的世俗版本，你不是为了混口饭，为稻粱谋而从事自己的工作，你是为了自己内心的一种声音、一种召唤在从事自己的职业，这个职业就叫作志业，工匠精神就和志业有关。

　　什么叫志业？美国有一位著名的伦理学家麦金太尔，他有本名著《追寻美德》，麦金太尔在这本书里面有一个很重要的精彩观点，他说虽然人都追求利益，但是有两种不同的利益，一种叫外在利益。外在利益是对权力、财富、知识的追求，用我们现在的话叫作"身外之物"，这些追求是对外在利益的追求。外在利益的特点是可以替换的，比如最初追求知识，做学问，后来发现做了半天的学问没什么回报，工资很低，社会也看不起我们，算了，下海经商吧，转而追求财富了。追求了半天财富，觉得商人的地位也不高，还是做官吧，又去追求权力了。这都是可以转换的，这都是外在利益的追求。我们今天很多年轻人不断跳槽，从这个行业跳到那个行业，这背后驱使的都是一种对外在利益的追求。哪个利益能够有更大的回报感，我就去追求哪一个。

　　但是麦金太尔讲，还有一种利益是内在利益。内在利益就是"金不换"，就是你所追求的那个利益是不可替代的，"非此不可"，是你内心渴望的。不是为了换取一些很具体的身外之物，而是为了满足内心觉得好的生活，我觉得只有从事这个，才是我内心所渴望的。这就是内在利益。

志业就是一个能够满足你内在利益的职业。聪明人通常能够从事好多工作、好多行业，干什么都出色，但是往往有一些人觉得他有自己内心独特的追求，觉得只有干这个他才过瘾，这就是他的志业。"工匠精神"的动力恰恰来自这样一种志业，这种志业用今天的话说就是专业精神。

今天我们有各个行业，每个行业里面都有自己独特的专业品位和专业价值，你不从事这个行业你是体会不到的。你进入其中，你能够对你从事的这个专业的内在品位有深刻的理解，而且愿意去钻研它、体会它、追求它，把它作为自己的梦想，愿意不计功利地投入，把它做到完美，因为这是我的内在利益，这就叫作专业精神。

我们不要以为只有高精专的行业才有专业精神。二十年前，上海当时提倡要学习一位劳动模范，叫徐虎，他是修马桶的。那个时候修马桶还不是一个社会职业，他是房管所里面专职修马桶的，徐虎师傅很不错，不辞辛苦，帮居民们解决了一个个的具体困难，这种精神也被提倡为"徐虎精神"。他是共产党员，当然觉悟一定很高。当时我写过文章，我说徐虎整天为人民服务，如果觉得自己很痛苦，那么肯定是支撑不了多久的。他一定有专业精神，他把修马桶作为自己的志业，而且从中得到了快乐。人家都搞不定的，他搞定了，居民们都很感谢他，他从中得到了一种满足感、尊严感，他一定有这样的专业精神。各行各业都有专业精神，在中国很多行业里面大部分人是很难体会专业精神的，甚至很难从这个专业里面得到一种内在的享受和快乐，这就是问题所在。

今天的问题在哪里？今天崇拜的是财富，而不是有特殊技艺的工匠。今天有各种各样的排行榜，都是财富的排行榜，好像谁拥有最多的财富谁就是这个时代的英雄。但是我们缺的是什么？如果我们需要有一种普遍的工匠精神，我们今天缺的是专业技术的排行榜。比如手机，现在说华为压倒小米了，为什么压倒？销量压倒了，销量成了标准。很少说从专业技术角度，从行业声望角度，来制定一个排行榜。要说销售量，苹果不是第一，但是专业技术方面的行业声望，目前为止没有哪一家可以和苹果叫板。现在太重视财富了，各种各样的排行榜都以财富作为标准，我称为"外在价值"，但是缺乏的是一种"工匠精神"所体现出来的"内在标准"：专业技术排行榜、行业声望的排行榜，都没有。假如深圳创新发展研究院搞一个这样的排行出来，肯定影响很大，特别是在深圳这个地方，深圳在行业技术、专业声望很多地方都领先了，这种排行榜的推出才会有可观的意义。

我们都知道有一句话叫"会笑的人是最后笑的人"，各行各业的竞争背后谁能笑到最后？真正能够脱颖而出的是具有这种工匠精神的人，最看重的不是财富、金钱，而是最后能够在自己行业里面领先。华为不上市我觉得是对的，一上市就要受到股东的压力，各种各样的利润报表，就受到了各种各样外在因素的影响。如果不上市，压力会小得多，会专心致志地来追求自己的专业技术在那个行业里的内在价值。

"工匠精神"是一种信仰

工匠精神不仅是一种精神，而且在我看来还是一种信仰。我前面讲，现在的这套企业制度竟然是从新教伦理里面脱胎而出的，就和宗教有关，宗教是一种信仰。这里我要引用 20 世纪大作家沈从文先生的一句名言："文学之于我，不仅是兴趣，而且是信仰。"这句话我看到以后，有一种触电一样的感觉，要支撑你从事一个专业，乐此不疲地受到各种挫折还愿意钻研下去，与它终身为伴，有时候仅仅靠兴趣是不够的，兴趣是可以发生转移的，但是一旦兴趣成为你的信仰了，那就是真正金不换了。"工匠精神"对于工匠们来说，实际上是一种信仰。

我们都非常喜欢苹果手机，乔布斯把苹果的产品，无论是电脑还是手机，做到了极致。这个产品不仅在技术上是极致，而且还是一个艺术品。有一个词叫作"技艺"，这个词我非常喜欢，既是技术又是艺术。苹果在技艺的层面做到了完美和极致。

一个产品要做到完美，到了很高的阶段之后，每提高1%，它的投入可能就不是1%，而是10%，甚至更多，是以几何级数增长的。一般人如果只追求市场的价值，会觉得得不偿失，但是乔布斯的逻辑不是商业逻辑，他就是一种工匠逻辑，他的动力就是对内在利益的追求，我要把我的产品从技术到艺术都做到完美和极致，所以今天才有一个无人可挑战的苹果，才有那个永远都让人怀念的乔布斯。中国媒体有一句神评论，说中国人"老是想着job，所以永远出不了Jobs"。因为乔布斯有一种工匠精神，这是我们欠缺的。

大家都说年轻人要有理想，世俗时代的理想主义精神是什么呢？我们不必提得太高，一讲到理想主义好像一定要是道德上的圣人、有家国天下情怀。理想主义在我看来就是从你脚下这块地方做起，就是把你所从事的工作做到完美、做到极致，而不是把它看成一个养家糊口的饭碗。理想主义的精神恰恰是你有一种专业精神、志业精神。

要有这样一种东西，当然你要对自己的领域和从事的具体工作有敬畏感，当然要有竞争，但是仅仅有竞争是不行的。我们以前很相信市场，觉得市场有一只看不见的手，通过市场自由竞争，自然会产生优质的产品。但是，如果缺乏一种工匠精神，在野蛮生长的市场早期阶段，胜出的可能不是那些工艺最好的，而往往是那些粗制滥造的，这就是所谓"劣币驱逐良币"。

市场经济时代，有一种伦理叫作"工作伦理"，或者叫"职业伦理"，这就是对自己的专业有责任感，是把自己的专业看成一种信仰，这就可以培养出一种伦理的精神。

马克斯·韦伯有另外一个著名的看法，他说人都是有理性的，但是人的理性有两种，第一种理性叫价值理性，第二种理性叫作工具理性。价值理性就是一个人在实施自己行动的时候，只为自己的动机负责，为自己的目的负责。对于一个宗教徒来说就是"做到尽可能地完美，把结果交给上帝"。这就是一种价值理性，只问耕耘不问收获，这当然是一种信仰。

但是现代社会是一个世俗社会，大部分的人是不按照这种价值理性来行动的。大部分的人不问这个选择、这个行动终极目的是否合理，是否有意义，他只设定很具体的目标，只问要达到这个目标我该如何行动，采取一个什么样的方案，又通过什么样的一种工具我来实现这个目标，这就叫作工具理性。

韦伯就讲，现代资本主义、现代企业制度，实际上就是工具理性所支配的。只生产，不问最后生产出来的东西对人类有利还是有害。现代人普遍的行动方式都是工具理性，当然这也没什么好指责的，如果没有工具理性，今天的财富、今天的技术不可能有这样一种爆发性的增长。

但是在今天我们这个社会里，我们会发现由于资本主义产生以后，包括 18 世纪启蒙运动以后，人的理性方式只用到一种工具理性的话，最后我们的生产目的、我们追求财富的最终目的，被忘记了。人类现在拥有了能够征服自然、改造自然的能力，但是忘记了我们为什么要征服自然、改造自然，是否要有一个限度，人与自然、与生态环境是否要有一个和谐、平衡的问题。我们这样拼命地促进财富增长的目的到底是什么，这个终极的意义到底是什么，这些东西今天都忘记了。似乎追求财富、追求欲望的满足成为我们唯一的生活目的。但是，随着人类财富的增长，随着我们所拥有物质的增加，人类的幸福感并没有因此而增加，反而在减少。这是价值理性会问的问题，而工具理性不会问这个终极的目的为何。

涉及各个具体行业，当我们仅仅是为了盈利，为了赚快钱，为了市场的需求而进行生产，这仅仅是一种工具理性的态度。但是，我们究竟是为了实现一个什么样的价值，这个终极性的目标今天却被淡化了。一旦一个行业自身的行业内在价值被淡化了，这种工匠精神也就衰落了。

前不久放映的吴天明导演最后的作品《百鸟朝凤》，是一个唢呐匠的故事。我看了以后很震撼，这个"匠"特别好，他追求的就是那种唢呐自身的精神。老唢呐匠说：吹唢呐不是吹给别人听的，那是吹给自己听的。《百鸟朝凤》在我看来是一曲挽歌，是一曲中国古代匠人精神的挽歌。吴天明触及了我们这个时代的大问题，即工匠精神的匮乏。

现在各地都在提倡创业，你仅仅有工具理性可以创业，但是创不了大业。创不了像华为、腾讯、阿里巴巴这种真正的大业。为什么？创大业的人是要有梦想的，马云有一句名言："梦想总是要有的，万一它实现了呢？"这句话是对年轻人讲的。但是我们对梦想的理解不要狭窄，在我看来梦想和目标是不一样的，目标每个人都有，现在凡是自我理性能力很强的人都有一套人生规划，但是这个东西叫"目标"，目标是具体的，但是梦想是抽象的。

马云的梦想是什么？一开始搞黄页，他的梦想是要为中小企业服务，这是他的梦想。他不是仅仅为了赚钱，他有他的梦想所在。以这样一个梦想作为一个价值理性，然后一步一步往前，最后做大、做强。

前不久发生了一个大事，阿尔法狗在人与机器的围棋大战中打败了人类，这个事情轰动了全世界。这家公司后来被谷歌收购了，谷歌是一家什么公司？谷歌竟然是一家"10%的人负责赚钱，90%的人负责胡思乱想和科技创新"的公司。这家公司不是赚快钱，不是把所有的精力都用于赚钱，它造就的是人类的梦想。它关注以前人类都难以想象的、连科幻作品也只是依稀猜想到的那些梦想，它要努力地实现它。过程中可能经历了很多我们所不知道的失败，但是实现的那部分却震撼了整个世界，可能会改变人类。这就是有梦想的公司，有梦想的创业者，最后是创造了大事业的。

所以从这一点而言，创业需要什么样的禀赋呢？韦伯曾经讨论过政治家，他说一个真正的政治家需要三方面的禀赋：

第一，价值理性。即对自己认定的价值目标的生命关切和献身热忱。就是一个大政治家必须有信仰、有梦想，这种梦想是伴随他的政治生涯的。像奥巴马就是一个有政治信仰的人，他在位期间要推行全民医疗改革，这个差点让他下台了，但后来竟然成功了。他说"哪怕我因此下台，我也要追求全民医疗保险"，因为美国和欧洲比，在全民医疗保险方面实在太落后了。一个真正的政治家一定要有自己的一套信仰，并愿意为这个信仰献身。

第二，要有现实的使命感，并有为实现这一使命所必需的责任伦理。政治家不是教徒，他还要有现实感。当他在实践自己的目标的时候，要对结果负责，一旦发现这个结果伤害到了自己的信仰，就要为此负责。比如说我是为人类思考的、我是为人类服务的，结果我最后的行动伤害了我的这种信仰，危害了人类，我就要因此承担责任，这就叫责任伦理。

美国原子弹之父奥本海默，他到了20世纪五六十年代，积极反对美国政府的原子能政策，他觉得这个原子能技术若不加以束缚会毁灭人类。现在全世界的原子弹可以毁灭地球二十次，他就站出来激烈地批判美国政府和不加约束的原子能技术，这就是他所担当的责任伦理。

第三，对现实具有超越感情的冷静判断和深刻理智的洞察能力。这个当然是更稀贵的素质，韦伯讨论的是政治家，在我看来一个好的创业者，一个有工匠精神的创业者，不仅仅靠一种献身精神、责任伦理，而且需要第三条，那种冷静的判断和洞察能力。这三种禀赋和气质，才构成了一种全面的创业能力。

　　这个时代聪明人很多，聪明人干什么都行，转行特别快，今天发现这个潮流领先了，我立马转行做这个，那都是聪明人，聪明人是没有自我的，他不断地在变。虽然他够聪明，跟得很快，他也小有成就，立马就跟上了。但是你会发现不断转行的人未必是能够做成大事业的人。从这一点而言，有时候不是比谁更聪明，而是比谁更傻。"傻"是指他就认一个死理，就认准了干一件事。当然这个也不能是一个夕阳产业，他还是认定这个行业是有前途的，只是由于各种原因处于萧条期而已，但是只要做下去，依然有可能死而复生。这是一种傻子精神。

　　往往一个行业的大事是傻子来做成的，而不是那些外面来的随时准备开溜的聪明人做成的。傻子是什么？有时候就是一种游戏精神，游戏就是好玩，没有太功利的目的，也不追求成功，没什么道理，就是喜欢，于是沉湎于其中。工匠精神有时候也是这样，不是为了钱，只是喜欢。工匠精神讲到最后也就是一种游戏精神。

　　如今教育界都很崇拜"学霸"，崇拜成绩出类拔萃的学生。实际上教育史上最成功的人都不是学霸。有机构做了一个统计，发现从 1978 年恢复高考到现在，中国出了上千名各省市的"状元"，上千名"状元"里面，几乎没有人出名，几乎没有人成为那个行业的领军人物，而都成了平庸的人。他们可能也不错，但是他们成不了大业。什么道理？学霸太看重分数了。但是教育史上却有一个现象叫"第十名现象"，一个班级如果是四十到五十个人，跟踪调查发现，后来能够有出息的人，通常在班级里面是成绩在十名左右，这第十名不是他拼死拼活考到了第十名，而是他够聪明，用了 70% 的精力考到了第十名，学霸用 100% 的精力冲前五、冲第一，而他不干，用剩下的 30% 的精力去玩自己感兴趣的事情，因为他够聪明，基础也够好，后来就靠这 30% 的精力所形成的兴趣，有了大成就，这就是"第十名现象"。

　　工匠的最高境界就是游戏，因为游戏就是像工匠那样，用一种喜悦的方式来欣赏自己的努力。游戏这个东西要么不成功，一旦成功就是大成功。工匠精神不要内含牺牲和痛苦，而是快乐。有一年我在香港看到香港电视记者采访当年获得诺贝尔奖的美国普林斯顿大学华裔学者崔琦教授，记者傻乎乎地问他："崔教授，你每天在实验室，一定很辛苦吧？"崔琦教授淡淡一笑："我每天都是怀着好奇的心情进实验室，不知道每天的实验结果是怎样的，像小孩子一样期待实验的结果，每天进实验室都像过节一样快乐。"就像我们看欧洲杯一样，假如知道结果是什么，还会看吗？不会了。你每天像过节一样期待着结果，那个结果是未知的。玩实验也是一样的，你不知道最后玩出一个什么东西来。哪里像现在的各种课题，非常奇怪，让你事先规划好，哪一年干什么，最后结果怎么样，好像一个实验是一个最终规划的结果，连第一年买什么、第二年买什么，都要报得清清楚楚。实验是未知的，所以这才好玩，这才有动力。

美国著名的知识分子萨义德，是哥伦比亚大学教授，他有一本很有名的书《知识分子论》，讲了一句名言："知识分子就是一种业余精神。"现在大量的知识分子成了专家，做研究、著书只是为了稻粱谋，对自己从事的专业一点兴趣都没有，就是为了换来职称、收益、课题。但萨义德说知识分子就是一种业余精神，以此推广，工匠精神也是一种业余精神，你要把专业的事情当业余的来做，因为专业一定有某种功利的目的在里面的，但是你一旦把它看成业余，那就没有上班下班之分、业余与专业之分了，因为这就是你喜欢做的事，有可能干出一番大事业。

著名的创业导师李开复，当年辞去了微软的高薪，自己出来创业，他的老板想不通：我给你的高薪是任何人都抵挡不住的，为什么你竟然说"No"，为什么？李开复后来说，他的梦想，就是要帮助更多的年轻人创业，最重要的，是要听从内心的声音。什么叫成功？一个真正的创业者，一个具有工匠精神的人，他成功的标准不是外在的、市场的、世俗的标准，不是多少财富、多大的公司，他的成功是一个自在的、自我的标准——"最大的成功就是做最好的自己"。所以李开复教导很多的创业者说，最大的成功就是成为最好的自己。问题是很多人不知道最好的自己是什么，所以盲从，跟着大潮流走，大部分人只能"跟"，无非是"跟得上"和"跟不上"的区别。但是最优秀的人就像孟子所说的"虽千万人，吾往矣"，他认准的目标一般人是不在意的，但是他能够看到这个目标代表了未来。就像当时谁都不看好马云，不肯贷款给他，只有日本软银的孙正义独具慧眼，给了他投资，让马云成就了"最好的自己"。

今年上海电影节期间，李安的一场讲座爆满，三百人的会场涌进了六百人，他的一番话，第二天媒体纷纷报道，我的微信也被刷屏。很多人问他中国电影什么时候赶上美国，因为中国的电影票房马上要超过美国了。李安给大家泼了冷水，他说："我希望大家慢速成长，我就是一个三十六岁才晚熟的艺术家。"李安真的是大器晚成，虽然他从小喜欢艺术，他读了纽约大学的电影学院。这是美国最好的电影学院，但是这个行业一毕业就是失业，没有人找你拍片。他整整六年时间在家里带孩子，靠太太养。李安熬得住，连短片、广告片都不接，最后熬出了头，踏入了好莱坞的顶尖导演行列。他身上是有一种傻子精神。李安说现在中国人都在想着赚快钱，各种资金都涌入了电影行业，但是都是要求你几年里面达到多少收益。这样的急功近利是出不了李安的。今天中国各种各样的人才培养工程，各种各样的课题、项目、创新孵化器，都是速成式的，要求你立马成功。比如很多课题要求三年、最多五年必须完成。谁都不是傻子，当然不会报一个风险大的项目，所以就弄一个保险系数比较高的，好像有创新，实际上是一个保证不失败的平庸项目。今天中国对科研的投资，在全世界也是数一数二，但收获甚少。玩出大成就的都是有工匠精神的傻子，但中国的"傻子"太稀罕了，"聪明人"

太多了！

工匠精神中很重要的一点，是要有品位，你要做出优质的产品，首先你要知道何为卓越，何为平庸，要有专业的品位。但是今天这个时代只讲多快好省，是不讲品位、只讲市场价值的。比如在大学里面，急功近利地要求老师和学生发表成果，但很多学者连基本的专业品位都不具备，你还指望他能够出什么卓越的成果，还能带出怎样优秀的学生呢？在我看来，这种以发表为核心的培养工程应该降降温了，在本科教育和研究生教育阶段，更多地应该放在培养和提升学生的专业品位上。

"工匠精神"追求的是卓越

品位最重要的是细节，细节决定成败，我们与日本的差距，不在格局，而在细节。中国人格局很大，但细节粗糙。工匠精神是精益求精，在细节上下功夫。

细节的功夫所追求的是卓越，卓越的产品未必有最好的市场价值，特别在一个急功近利、野蛮生长的市场里面，假货打败真货，平庸战胜卓越，比比皆是。因此，追求卓越的工匠精神，实际是一种贵族品质，贵族虽然也在意财富，但不将财富作为终极的价值，贵族的终极价值是对卓越、对品位的追求。

无论是卓越的产品还是创新的产品，最后都离不开工匠，需要有一批在专业行业里面孜孜不倦地追求自己独特性的工匠来努力，而这种努力需要很多改变，首先要从教育入手。

中国今天的教育是一条羊肠小道——高考，但是在德国、日本这些工艺大国，教育是双轨制，你读书读得好可以高考，但是如果你不是读书的料，喜欢当工匠，没关系，他们有非常发达的职业教育，乃至高等职业教育，让你有足够的发展空间。在德国、日本，一个工匠、一个高级的蓝领技术工人，同样受到社会的尊重。

我们很多人都去过日本，会发现他们连一个小小的糕点都做得那么精致，在东京吉祥寺有一家卖羊羹的小店，小小三个平方米门面，一年的营业额竟然高达三亿日元，将近二千三百万元人民币。他们每天只卖一百五十个羊羹，每人限购五个，要早上四五点钟去排队才买得到，至今四十六年，天天如此。羊羹源于中国，后来传到日本，这家小店所生产的羊羹，既是食品，又是艺术品，有顾客如此赞美："美貌到舍不得吃，美味到忍不住不吃。"这就是传了几代人的工匠精神，追求极致、追求完美的工匠精神。整个日本社会对这些匠人非常尊敬，甚至崇拜，一点也不亚于对科学家、企业家的敬意。

在欧洲，很多国家也非常尊敬匠人，所以德国的工艺世界第一，瑞士的钟表至今无人匹敌。这些国家有非常发达的职业教育，世界上还有一个竞赛，叫作"奥林匹克世界技能大赛"。德国在世界技能大赛里面囊括过所有的金牌，遥遥领先。这个技能大赛到去年已经四十三届了，这几届中国选手也拿了几块奖牌，但中国的媒体很少报道，可能觉得"这玩意儿，蓝领的活嘛"。我们所崇拜的英雄都是坐办公室的，或者在实验室的、在商务大楼里面的。在现场的电焊工，再怎么伟大，也没有人看得起。

前不久山东的蓝翔高级技工学校爆得大名，因为他们的校长对学生说："你们要有出息，如果你们不好好学本事，我们就和北大清华没什么区别了。"虽然蓝翔培养的开挖掘机的毕业生收入未必比清华北大的毕业生低，但依然赢来社会一片嘲笑，蓝翔出名，似乎是一个笑话，但是，中国缺乏的，恰恰是像蓝翔这样的培养高级技术工人的职业学校。高级蓝领的市场需求缺口很大，而一般白领严重过剩，但是人们还是争先恐后要考大学，不愿进入职校。这里面有一个"丈母娘价值"：宁愿将女儿嫁给穷白领，而不嫁给富蓝领。为什么？因为从孔夫子开始，就把人分成两种，"劳心者治人，劳力者治于人"，哪怕再穷，白领也是

"治人"者，是管理者；而再富的蓝领，也是"治于人"，是被管的。另外一方面，我们又是一个文凭社会，有大学和研究生文凭的白领以后有希望升迁，而没有大学文凭的蓝领永远是打工的。这是一个非常无奈的现实，形成了中国人非常顽固的职业价值观。从这一点而言，我们需要很多制度的改变，特别是教育制度的改变，也需要一个文化的改变，整个社会要尊重工艺人、还工艺人以精神的尊严，同时提供给他符合其身份的社会报酬。

职业价值观的改变，要从教育制度开始。要尊重工匠，尊重手艺人，尊重工人阶级，首先要给他们的劳动以合理的、体面的报酬，尊重他们对社会的独特贡献。这不仅是政府的责任，也是全社会的责任。我举一个例子，苏州的双面刺绣很出名，但前几年找不到好的绣娘，因为绣娘都面向市场，拼命提高产量赚快钱。现在有一些收藏家，就将苏州最好的绣娘养起来，不给她定指标，每年给她固定的收入，让她按照专业的内在标准，不惜工本绣出最好的作品。在中国，已经有一些令人可喜的变化，也正在形成新的趋势，注重专业、注重内在品质的工匠精神正在市场的夹缝里面慢慢生长出来。有了工匠精神的复苏，中国才有可能从一个"山寨大国"慢慢转型为一个工艺大国和创新大国。当然，这是一个非常缓慢的过程，我们要有耐心，更重要的，是从自己做起，形成尊重工艺、尊重工匠、追求专业品位的好风气。

（2016 年）

市民社会与日常生活中传统礼仪的传承

中国的文化传统到处在式微、在衰落，这是一个趋势。在日常生活中，在很多地方，现在越来越找不到"中国"。我们不妨把中国分成两个区域，一个是经济最发达、媒体最集中的区域——沿海以及交通比较发达的城市——这是受到全球化深刻影响的地方。这些地方的人们，特别是年轻人，生活方式已经与西方人越来越接近，共享着好莱坞电影、玩 F1 赛车、说英语、吃西餐，过圣诞节、复活节、情人节。他们中的很多人，讲起西方的习俗头头是道，说起中国的却不甚了了，已经渐渐成为地球村的成员。与之相对，中国还有一些没有被全球化波及的区域，比如说农村、少数民族地区，依然保留着一些民俗化的传统，但是在现代化、全球化中，这样的地方正越来越少。

一 日常生活中传统礼仪的崩溃

文化这个东西很复杂，它是一套价值、是一些观念、是一系列的生活方式，同时也是一套具有公众性的仪式。对文化的感受和传承都需要一套礼仪，现在中国文化这套礼仪可以说已经崩溃了。在我小的时候，春节有春节的样子，一家人在一起包饺子、包汤圆，这些东西都是自己动手做的。问题不在于做的结果，在于做的过程，正是这个做的过程给人一种节日的氛围，但现在这些东西已经被快餐化、社会化了。今年虽然开始恢复几个传统节日作为公众假期，然而这些节日也就被看成是不用上班的休闲假期，节日与假期是不一样的，假期是私人的，而节日是公众的，公众的节日都有其独特的价值和意义。然而，在今天，中国的节日，无论是国庆，还是春节、中秋，都被私人化了，节日假期化。它不再具有民俗节日应有的一套文化仪式，而恰恰这套仪式在过去是非常丰富的。物换星移，人的内心与宇宙、与自然、与文化相通的一套规则被破坏，人与人之间的纽带出现了断裂。

是否现代化、全球化必然如此？不尽然。同样的东方，如果过春节的时候在香港，你就可以看到每年初一有国泰公司组织的花车巡展、年初二晚上维（多利亚）港有烟花会演，这都是公众的仪式。与之相对，现在中国大陆这些仪式已经没有了，如果有的话也仅仅是私人的、家庭的，而非社区的、地方的、公众的仪式，这是一个很大的衰落。当韩国人将"端午祭"申报为世界非物质文化遗产的时候，真是"礼失求诸野"——这个节日仪式是由中国流传到韩国去的，韩国迄今保存得很完整，得到了世界的肯定。而在中国，这套东西却完全消解了，这就是日常生活中礼仪的崩溃。没有了这套礼仪，要把中国文化的价值继承下来，很难。

这套礼仪为什么会没有呢？最早是受到政治运动的打击，人们认为这都是封建的、迷信的；全球化之后又受到了西方的冲击。更为重要的是，中国现在是有市民，没有市民社会。如果有社会的话，一定会创造出一些仪式来巩固这个社会。现在中国的农村里面可能有些家族在复兴，他们还有可能通过宗族的仪式来恢复逝去的礼仪。在城市，都是陌生人，人们搬进新的社区，这些社区完全是功能性的，不具有文化性。人与人之间没有宗族、乡里的联系，很远很疏离，我把它称为非人格化的关系，或者说是契约关系、市场关系，很少有非市场的、人格化的交流。这套礼仪的消失导致我们在日常生活中看不到中国，导致年轻人把西方的东西拿过来作为自己的日常生活仪式。即使是洋节，无论圣诞节、情人节，在中国也都是私人性的，与公共生活没有关系。在今天的中国，缺乏的恰恰是公共生活，是公共生活中的文化礼仪。现有的祭黄帝、祭孔子、祭大禹，活动背后都充满着商业的色彩、经济利益的冲动，与日常生活没有关系，甚至是反日常生活的。

二　镜子：台湾地区、新加坡

礼仪的衰落是可悲的。在儒家文化的核心区域中国大陆，这套礼仪衰落非常严重，而同为儒家文化圈的中国香港、台湾地区和新加坡与韩国，传统文化都远比中国大陆保存得好。

我曾在新加坡度过当地的中元节，感触很深。中元节源于佛教《大藏经》中目莲救母的故事，自古就是中国传统节日中拜祭亡魂的"鬼节"。体验新加坡的中元节，就不难看出传统文化在一个社区、一个群体中发挥的重要作用。新加坡同样处在全球化之中，由于昔日的甘榜（马来语音译，也就是故乡、家乡的意思）都变成了新的城镇，当年守望相助的"厝边"（"邻居"的闽南语发音）各分东西，平日难得一聚，每年农历七月十五的中元节宴会就给他们提供了一个欢聚叙旧的机会。同住一个组屋区的居民，新老"厝边"齐联欢，借此机会联络感情。中元节集会还让在同一商业区做生意的商家小贩加强联系，让同公司、同工厂的员工增进感情。许多大企业、大酒店的华裔员工欢庆中元节，洋老板、洋主管都会来凑热闹，他们显然不是为拜"好兄弟"（老百姓在中元节期间为避讳，将亡魂称为"好兄弟"），而是为了入乡随俗，与属下融洽关系。不同种族与不同宗教信仰的同事、工友一同参加中元宴会，这已经成为一种风气，体现了中元节的多元性。同时，中元节也给慈善福利团体、社区组织提供了筹募善款的大好机会，许多民间福利机构、宗教福利团体、民众联络所，都可以在中元节筹募到大量的善款。中元节歌台，每晚演出二三十场，表演通俗歌舞和连场谐剧，新加坡本土的俗文化奇观，也只有在中元节才看得到。

我曾六次到过台湾，深感台湾在保护、传承传统文化方面比大陆做得好。最近开放大陆游客赴台旅游，我建议大家不要把重点放在欣赏山水风光上面。就景观而言，无论是城市时尚还是自然风光，台湾都无法与大陆相比，但台湾在保护草根文化方面，令人惊叹。中国大陆的自然景观世界一流，但到处都被商业开发破坏，乡村与城市都失去特色，走到哪里，县城基本是一个模样。台湾是一个小小的岛屿，但每个县市都有自己的特色，同样是台东，花莲、屏东、宜兰，就很不一样。如今在北京、上海，还吃得到地道的小吃吗？没有了。我们现在推崇的是连锁餐饮，风味小吃都被摧残殆尽，而在台湾街头，到处都是价廉物美的小吃，草根文化保存得非常完整。我小时候最喜欢吃一种咸豆浆，在每一条街道的小饮食店都有卖的，真是妙不可言。如今在上海只有永和豆浆连锁店在卖，但味道已经不纯正，全球化就是平庸化。前几年我去花莲，竟然在东华大学旁边一家非常"土"的早餐店里再次喝到童年的美味，台湾的真正魅力就在这里，在于这种草根文化，在于到处都洋溢着的人情味，文化人像文化人，儒雅有礼，民众像民众，纯朴大方。大多中国传统文化在哪里保存得比较完整？不是大陆，而是宝岛台湾。

三　社会的衰落会使文化成为孤魂

在历史上，新加坡和中国的香港没有经历过类似"五四"那样的启蒙运动，古老的文化传统一直延续；中国台湾、日本、韩国经历过类似的启蒙运动，但是并未像中国大陆这样有过全盘反传统的历史。

在这些地区，传统文化能够被相对完整地保存下来。但是在中国大陆，从"五四"到"文化大革命"一直到 20 世纪 80 年代，传统受到一次又一次的冲击，如今已经支离破碎，不再具有完整性。从晚清开始，中国人落后挨了打，就要"迎头赶上"，学习最新的东西，学习现代化。中国人一方面很保守，另一方面又非常逐新，这是中国人性格中非常矛盾的两面。传统与现代似乎势不两立，日本、韩国、新加坡就没有中国这般泾渭分明。

很重要的是，日本、韩国和中国的台湾、香港在整个现代化进程当中，传统社会没有解体，得以相对完整地保持下来。地方自治、传统族群的保持乃至新社区的出现，都是这些地区现代化之中的一部分。文化是一个"魂"，这个"魂"一定要依附于某一个"体"上。这个"体"应该是社会。这里说的文化是一种民俗意义上的文化，是能够把社会整合起来的一套礼仪和价值观念，中国的现代化过程是一个社会不断被解体的过程，不仅表现为传统的家族、宗教的解体，也表现为新的社会团体迟迟没有产生。即使产生了，也缺乏制度化和合法化。从 1949 年到 1978 年，差不多三十年的时间里，中国只有国家，没有个人，更没有社会。20 世纪 80 年代以后，开始提倡"小政府大社会"，提出建立新型的社会，传统文化有了振兴的希望。但是这几年，"小政府大社会"似乎不提了，变成了"加强政府的执政能力"，很多本应该由社会发挥的功能，又重新回到政府身上。社会的衰落使得文化成为一个孤魂，只能在观念的形态里飘荡，无法落实到日常生活的层面；而由政府意志推动的文化背后，似乎都有其不足之处；而由商业推动的文化，更充满了铜臭味。中国文化在哪里？

四　脱离社会的士绅使传承失去依托

知识分子在传统中国叫作"士绅"。士绅在文化上承担着两种功能：第一种是大传统的传承，士绅们通过对经典的书写、阐释和宣讲，为天地立心，为社会确定基本的价值，这被称为精英文化。第二种功能是在小传统之中，士绅作为地方特别是社区与乡村的领袖，通过言传身教，教化天下，形成一代风气，感染天下百姓。传统中国的士绅是社区中的核心人物，没有士绅就没有社会，因为他们在社区中是最有影响的人，最具有道德权威的人。通过士绅肩负的这两种功能，社会与国家之间才得以相互沟通。

晚清以后，情况发生了变化。现代知识分子继续发挥着传承和创造大传统的功能，其中一些人成为学院精英，一些人成为媒体的意见领袖。但是在小传统领域，在地方上，知识分子的影响越来越弱。为什么会出现这种情况？究其原因，是相当一批知识精英被学院化、专业化了。他们逐步脱离农村，脱离社会。即便身处大城市中，也与这个城市没什么关系。他们长期生活在学院里面，不知民间疾苦，即使是那些激烈的左派，发出的抗议之声也只是道义上的想象，无法像过去生活在社区的乡绅那样，对百姓的疾苦有深切的体会。这种断裂产生之后，今天的知识精英就与社会越来越没有联系，不再像传统士绅那样在基层社会里扮演一个精英的角色。所以在小传统方面，当今的知识分子已经不再是社会精英。基层精英的角色现在由另外一些人来扮演——商界领袖、退伍军人以及其他地方势力。

在城市知识分子们离社会渐趋遥远，只是通过媒体这样一个"想象的共同体"参与社会的情况下，希望或许在乡村知识分子身上。那些在乡镇基层的中小学教师，能否扮演过去乡绅的角色？能否在社区的重建、乡村的重建方面，成为新的社会精英？还是知识分子注定只能边缘化，其角色已经让位给商业精英和政治精英？然而，那些商业精英和政治精英对文化有多大的兴趣呢？

现代社会的特点是多元，可以有多种多样的选择。文化的特点也是多元，和谐的真正意义是和而不同，如果都是"同"，就不成其为和谐了。人们可以在不同的文化取向——西方和本土不同的趣味里面作出自己的选择，这是现代人自由的地方。全盘西化与全盘守旧都很可怕，我们需要的是一个缤纷灿烂的世界。在今天这样一个全球化时代，民俗文化实在太微弱了，每天、每小时、每一分钟都在流失。假古董的修缮不代表中国文化的复兴，时尚式的读经也未必找得到中国。重要的是珍惜中国文化的"魂"，并为这个魂重建现代社会之"体"。

（2008 年）

"9·11"事件与全球正义

"9·11"事件过去一周年了。这一事件对我个人来说具有很特殊的意义,去年那个时候我正在美国哈佛大学做访问学者,我和美国人民一起经历了那个惊心动魄的时刻。当时我就在波士顿,甚至存在一种可能,成为恐怖事件的牺牲品。因为在9月初的时候,我想去黄石公园旅游,打算参加秋季闭园前的最后一班旅行团。如果这样的话,我就会在9月11日这天坐飞机从波士顿到洛杉矶,很有可能坐上那架撞上世贸大楼的联合航空公司的航班。真是阴差阳错,在最后办理时那班旅行团名额满了,于是就提前一班出发。正是在黄石公园的时候,我听到了这一震惊世界的恐怖事件。

之后,我从洛杉矶回波士顿的时候,又恰巧搭上"9·11"之后波士顿洛根国际机场恢复开放的第一个航班。回到波士顿,正是早上6点多钟,机场举行了一个盛大的欢迎仪式,当地的电视台全部出动,前来采访。我突然感觉到,"9·11"之后,一切都改变了,在美国坐飞机,就像英雄一样。

感恩节的时候我去纽约,尽管离"9·11"惨案已有两个月,但现场仍是十分恐怖。这种冲击感是无法在电视和照片中感受得到的。你会真切感受到,人类遭遇了一次巨大的创伤。这个创伤的伤口到今天还在继续作痛。

如今全世界都在反思"9·11"，大家都在思考这样一个问题——"9·11"对整个世界究竟意味着什么？这使我想起了香港《二十一世纪》杂志在21世纪开始的时候（2000年）曾经刊载的一组专题文章。其中，香港中文大学金观涛教授在其文章中谈道：一个新世纪的来临，并不是以一个自然的时间为开始的，而是以某一个重大的事件为标志的。在他看来，20世纪开始的标志是第一次世界大战。那么21世纪开端的标志是什么？他当时没有说。"9·11"以后，金教授给我打电话，对我说："21世纪开始了。"听了这句话，我同样感到一种强烈的震撼。是否新的世纪并不会给人类带来繁荣、和平、发展、富强，而是会带来一种新的自相残杀的恐怖？是否"9·11"意味着一个新世纪的恶兆？

的确，环顾四周我们可以看到，"9·11"以后的这一年世界并没有变得太平，反是变得更加动荡不安。阿富汗的战争、巴勒斯坦和以色列之间无休止的冲突，以及令人毛骨悚然的"人肉炸弹"……"9·11"的阴影继续笼罩着整个人类。我们不得不从"9·11"事件的本身来反思，我们这个世界到底出了什么问题？为什么会发生这样连绵不绝的恐怖主义事件和战争？这是我们今天需要讨论与深思的问题。

一 "文明与野蛮的冲突"？

"9·11"以后，网上有一群中国知识分子发表宣言，宣称"9·11"不是文明之间的冲突，而是文明与反文明、文明与野蛮的冲突，他们把"9·11"事件定性为对现代文明的挑战。从谴责恐怖主义的角度来说，这样一种思路是可以理解的。谁都不会同情恐怖主义，都赞同恐怖主义是对现代文明基本规则的一个挑战。但是，对于以理性反思为职志的知识分子来说，不能仅仅局限在这样一种政治家式的政治表态，我们不得不追问：为什么恐怖主义在21世纪的世界，在一个所谓全球化、文明普世化的世界里，依然能够大行其道，这究竟是为什么？为什么随着人类文明的不断进步，野蛮的本性却随着现代性在继续蔓延，又是为什么？难道真的是"道高一尺，魔高一丈"，恶总是与善在并行发展，同步增长？艾森斯塔特专门有一篇文章讨论野蛮主义与现代性的关系，中文翻译发表在《二十一世纪》2001年8月号上，他深刻地指出：野蛮主义不是前现代的遗迹和黑暗时代的残余，而是现代性的内在品质，体现了现代性的阴暗面。野蛮主义有多种：暴力、侵略、战争和种族灭绝。恐怖主义不过是其中的一种极端形式而已。

为什么会出现恐怖主义？是不是我们简单把它定性为"野蛮"，问题就能解决？当时布什政府觉得恐怖主义的根源在本·拉登，在阿富汗。现在我们可以看到，本·拉登所指挥的这个恐怖组织"al Qaeda"基本上已经被打得无还手之力，阿富汗也已改朝换代，不再成为恐怖主义的大本营。但是这个世界并不因此而太平，类似"9·11"的惨案继续发生在中东，发生在耶路撒冷。显然，对付恐怖主义，并不是简单地用战争、武力或道义谴责的方式就可以改变的，在当今世界有它深刻的渊源与温床。如果温床继续存在，不管你道义或武力再强大，恐怖主义依然是杀不光、灭不绝的。因此，我们不得不从现代性的角度来讨论恐怖主义的渊源。虽然从文明与反文明的角度来说，恐怖主义和现代性是一对冲突。然而正如艾森斯塔特所分析的，恐怖主义恰恰是现代性的产物，或者说是对现代性、全球化的一个绝望的反应。

在我看到的所有关于"9·11"的分析中，哈贝马斯对"9·11"事件的判断是最发人深省的。"9·11"事件发生之后不久，哈贝马斯在接受"德国书业和平奖"的演讲词里深刻地指出，"9·11"事件"触动了世俗社会深处一根宗教的神经"。也就是说，这个世俗社会意味着全球化，整个现代化发展到了任何一个角落，不管你是什么民族、什么国家、什么部落，你是什么文化，你相信什么宗教，是一个什么样的经济水准，现代化都极大地改变了你原来的社会生活、经济生活；它把资本主义化的消费主义意识形态、资本主义化的生产关系以及现代的人际关系带到了世界各个角落，这与很多地区原有的宗教、生活方式发生了极大的冲突。现代化的拥护者原以为现代化可以解决一切问题，但是，现代化无法解决一个很重要的人生问题"人生的意义在哪里"，这是现代性无法解决的。这一问题的答案，本来是宗教所提供的。另一方面，现代性也无法回应人们的一个集体认同的问题。整个全球化使得世界变得越来越单一化：大家看的是同一部好莱坞电影，享受的都是同一种生活，吃的是麦当劳，穿的是同一个名牌，但是这些东西并不能解决人的心灵深处的信仰问题，也无法解决他自身的认同问题。这些信仰、认同显然无法从这样一种普世化的世俗意识形态中寻找答案，它还得回到原来自身的文化传统或者宗教传统里寻找。在世俗化社会里，宗教问题不仅没有被消解，而且越来越尖锐化。

韦伯曾说过："现代化的过程就是一个祛魅的过程。"这话不能简单地理解为在一个现代性社会里，宗教、信仰不再成为一个问题，而应理解为在现代生活里，这些问题已经被剔除到公共生活之外，完全成为私人的问题。你个人信仰什么，完全是你私人的选择，公共生活并不给你提供标准的答案，问题在于，人生的意义个人是无法解决的，宗教的问题永远是一个与公共生活有关的问题，但是现代性却完全把它剔除在公共生活之外，这使得个人更处于某种孤独、彷徨之中。他们要在公共生活、集体生活中重新寻找他们的依归，所以，在世俗生活里宗教问题重新以另外一种形式日益尖锐起来。亨廷顿在《文明的冲突与世界秩序的重建》一书里专门讲道：这几十年来，整个世界宗教问题越来越突出，教徒在增长，其中，增长最快的是基督教徒和伊斯兰教徒。确实，当今世界的很多冲突，背后都如哈贝马斯所说——有一根"宗教的神经"。

正是在这个意义上，我们需要回过头来看：为什么这些年来的冲突，特别是"9·11"事件，恐怖主义事件很多是源自于阿拉伯，有伊斯兰文化背景的？当然我很不赞成本·拉登把"9·11"的攻击渲染为一场所谓伊斯兰教对基督教的"圣战"，布什一度与拉登同一腔调，把对阿富汗的战争宣称为一场新的"十字军东征"。我们无法把"9·11"对抗说成是两种不同宗教之间或者两种文明——基督教文明与伊斯兰文明之间的对抗。因为我们知道，即使在伊斯兰文明内部也很复杂，他们中绝大部分，除极端派、原教旨主义者外，都不赞成这样一种恐怖主义方式。显然恐怖主义并不能代表伊斯兰文明。但是，恐怖主义的出现又与文明冲突有着密切关系。

这方面我看到的最好的文章，是今年《二十一世纪》杂志2月号发表的法国籍伊朗学者霍斯罗哈瓦尔的《殉道者的新形式》一文。为什么在伊斯兰文化中出现这样一种"殉道"精神？为什么这么多人愿意以自己的肉身来完成一桩恐怖事件？为什么有这么多人甘当"人肉炸弹"？我们发现，制造"9·11"的恐怖分子中的主要成员，很多是富家出身，不是因为贫穷而起来"革命"。他们长期居住在欧洲或美国，都受过良好的西方教育，与西方人一样享受着世界上最好的生活和安全和平的制度。这批按照世俗的理解都是很幸福、很幸运甚至很有成就感的年轻人，为什么会受到本·拉登的诱惑去干一件按照理性来说不可思议的事情呢？显然，我们无法用"疯狂""失去理性"这些现代精神病学的简单词汇来描述他们。这位伊朗裔的学者分析说：对于很多绝望的"殉道者"来说，在现代性发生以前，他们的生活是很圆满、充分的，他们生活在一个真主所庇护的世界。也许那时的生活不像现在这么富足，但是在真主的世界之中，他们能够获得一种有意义的生活。在阿拉伯世界被迫世俗化以后，原来的神圣的生活与世俗化的生活之间产生了很大的断裂。尤其在整个世界范围、在强势的西方文明笼罩下，伊斯兰文化有意或无意地被描绘成一种传统的或落后的生活方式。他们在这个世俗的世界里，不再有神圣感。富裕的生活并没有使他们因此获得自身精神的尊严，在面对外部世界的时候，不仅没有享受到尊严，反而备受屈辱。而且，原来神圣的宗教世界在世俗化冲击之下，逐渐解体，变得异常复杂，无法支撑其个人的完整信念。在他们看来，之所以如此，主要是美国或以色列这些"恶魔"给伊斯兰世界带来了灾难。在一种孤独、无助、绝望的情境下，最后他们只能采用一种最传统、最激烈的方式——"殉道"。"殉道"作为一种报复，其所获得的结果是十分有限的，然而，他们无非是通过这样一种极端的方式，通过自己有限的肉身，向真主证明自身的价值。所以，在这样一种恐怖行为的背后有着某种神圣性。神圣性在世俗社会里对一部分有宗教情怀的人来说，反而愈加显得重要，这是维系他们在现代世俗生活中最重要的生活元素。对于这一点我们中国人很难体会。但是，在中东这样一个有几千年宗教传统的地区来说，你很难想象一种没有宗教的生活是多么不能忍受，即使这种生活是富裕的。

中东被描述为"文明冲突的断层线"，在这里宗教之间的冲突表现得异常紧张。阿拉伯人和犹太人之间纠缠了几千年历史的恩恩怨怨，我们很难用简单的"是"与"非"来衡断。这是一个宗教的世界，我们无法避开宗教来谈他们之间的恩怨。我这样说并不意味着同情恐怖主义，而是只有真正认识到这一层，我们才能理解如何消除恐怖主义的根源。这个根源是与现代性联系在一起的。现代性在造就整个世界的辉煌，特别是物质的辉煌的同时，也使得信仰、宗教的认同问题变得越来越尖锐。在这个意义上，"9·11"以后再回头看亨廷顿前几年的惊世骇俗的论断"文明的冲突"，已不是用简单的批评就可以掩盖起来的"狂言"。就像亨廷顿后来反复说明的，文明的冲突实际上是一个所谓关于世界政治的思维框架。在他看来，世界总是处于一种冲突之中，在不同的时段里冲突的中轴线是不一样的。第一次世界大战时，主要是欧洲范围民族国家的冲突；第二次世界大战以后，中轴线变为冷战的意识形态的冲突，即所谓资本主义与社会主义之间的两大阵营的冲突。20世纪80年代末苏东解体以后，怎样来重新理解、解释这个世界的政治？他们之间的冲突渊源在哪里？亨廷顿以他的睿智发现文明的冲突可能是今后主宰21世纪的主要冲突的渊源。当然这种赤裸裸的论调后来受到了很激烈的反击，亨廷顿后来解释说自己并不是要鼓吹文明冲突。"9·11"后他再三强调"9·11"事件不是文明冲突。他坚持这个预言是要提醒人们注意到文明冲突的威胁，我们需要文明之间的对话。不管我们的心灵多么善良，希望文明之间不应该或者不会有冲突，但是文明之间不同的宗教、文化由于对世界的不同理解会产生很多分歧。这些分歧如果与民族国家利益的冲突纠结在一起的话，会给整个世界带来灾难性的后果，这是我们无法回避的。因此我们对"9·11"事件的反思不能仅仅停留在简单的所谓文明和野蛮之间的冲突，必须从文明深处来观察它，从而才能真正地在文明的夹缝中间根除恐怖主义的根源。

西方基督教文明挟持着强大的西方世俗主义力量以及它的一套意识形态，在全世界获得了压倒性优势。无论是它的主流语言——英语，还是消费主义的意识形态、生活方式以及现代科层管理制度等都取得了压倒性的地位，成为一种所谓普世化的力量。在这样一种背景下，其他的文明如何自处？如何自我保存？如何解决认同问题？这些问题如果没有得到妥善的解决，如我刚才分析的，恐怖主义的根源是不能消除的。

文明与文明之间存有巨大的裂痕，在终极的价值上很多是不可通约的。当今世界的问题就在于整个世界的经济一体化、资讯一体化，但人们对世界的看法、对世界的观察、对自身意义的理解其分歧越来越大。在历史的表层，世界像网络一般结合在一起，但是在深层之间，彼此有着不同的"根"，这些根与根之间没有关联，甚至彼此很陌生，没有基本的对话。缺乏对话的原因很多，如语言的隔阂、文化的隔阂、对世界的不同理解以及各种东方主义、西方主义的偏见。21世纪比起过去任何一个时代，不同地区的人们之间彼此更需要连接在一起。比如中美之间的依赖，从来没有像现在这样紧密。中国离不开美国，譬如我们的IT技术无法离开美国，如果没有美国的软件、硬件，中国可能是另外一种生活方式；同样，美国也离不开中国，美国一家媒体报道，如果没有中国，圣诞节美国人都要"光屁股"了，他们身上穿的衣服都是"Made in China"。但与此同时，不同文明之间真正的理解的匮乏也是惊人的。我们无法理解其他文明，其他的文明也无法理解我们，简言之，文明之间缺乏对话和沟通。如何从文明间的冲突慢慢走向文明间的对话，这对我们解决恐怖主义的根源，消除在现代世俗生活中因为意义、尊严的匮乏而产生的极端行为是十分紧要的。可惜的是，人们——特别是政客们——对这一问题远远缺乏认识，尤其是主宰着当今世界的美国。

在冷战时期的意识形态冲突终结之后，世界的冲突是多根源的，既有东西方之间的文明冲突，也有"新左派"特别强调的南北冲突——穷与富之间的冲突，而民族国家利益的冲突、多民族国家内部的民族与民族、部落与部落的冲突等也依然存在。文明的冲突、南北冲突与民族国家之间的冲突纠缠在一起，使问题更加复杂化。我们只能针对每一种冲突来具体梳理其原因。在冷战时期，在意识形态冲突的掩蔽下，文明冲突还不突出，甚至不为人们所普遍重视。90年代以后，文明冲突日益凸现出来，它不仅是当代国际政治的现实，也成为某种关于世界政治的意识形态。文明之间有冲突，这是事实，但这并不构成这个世界的宿命，更不能用这样的思路来制定各种复仇的国家策略和恐怖计划。我们以下将谈到，文明之间在终极价值上，可能是不可通约的，但在最底线的实践伦理规范上，是有可能达成共识的。而只要在这个层面上有最起码的一致，文明之间的冲突，就会被纳入一种规范的秩序之中。而要做到基本共识,首先需要的是对话。这些年,关于文明的对话,全世界很多有识之士做了许多工作。联合国把2001年命名为"世界文明对话年"。哈佛大学的杜维明教授就代表儒家文明,参加了联合国文明对话的核心小组会议。我到联合国大厦参观时,就看到一块大幅宣传,上面用世界上各种语言和文字,表明了一个大家都愿意遵守的最低伦理准则:中文用的是孔老夫子那句名言:"己所不欲,勿施于人",即所谓的"恕"道。相应地,孔子还有一个"忠"道:"己欲立而立人、己欲达而达人"。但孔子的这条"忠"道只能作为文明内部的道德原则,不能作为文明之间的共同底线,否则的话,大家都以为自己所代表的是神的意志,是绝对真理,并且以传道士的热忱推广到整个世界,世界上的文明冲突将永无尽日!而"己所不欲,勿施于人"虽然是消极的,但更具有普遍性,能够为几乎所有的高级宗教和文明所接受,也是它们的共识。上个月,我到普陀山去度假,将这个故事告诉一位饱读佛教经典的大法师。第二天他见到我,很兴奋地说,在佛教经典中也有这样的思想,他翻开一本佛经,一字一句地读给我听:"非己所安,不加于物"。可见,联合国将这一条作为文明对话的基点,也有深意焉。

然而,具有讽刺意义的是,恰恰就在这个"文明对话年",发生了"9·11"事件。"9·11"虽然不是文明的冲突,但显然有文明冲突的背景。因而,文明的对话显得越来越重要。

二 国家利益与全球利益

现代化已有三四百年的历史,每个政治共同体内部在理性化,但不同的共同体之间却依然是不理性的,世界秩序的非理性是任何时代所不能比拟的。20世纪是人类科技发展强劲、财富积累最快的世纪,但同时也是历史上最残暴的世纪。20世纪是最光明的世纪,也是最黑暗的世纪。这个世界究竟出了什么问题?问题在哪里?虽然这个世界用福山的话来说，"历史已经终结"，意识形态问题已经解决，然而人们却仍然面对着一系列严峻的危机。支配整个世界的仍然是霍布斯所描绘的"丛林的规则"——弱肉强食，生存竞争。这个世界并没有理性。虽然有联合国，有各种人权宣言，但缺乏有效的约束性建制。为什么会如此呢？这恐怕与当今国际政治中"民族国家利益至上"的普遍法则有关。

现代国际关系的基本模式是从欧洲开始的，现代性的发生与民族国家的出现有着紧密的联系。现代性的分化，使整个欧洲出现了大大小小的民族国家，欧洲不再是一个基督教的信仰共同体，人们开始以各自的族群、语言以及文化分裂成不同的民族国家。在民族国家之间，国家主权成为一个至上的原则。这一原则与自由主义在民族国家内部所主张的个人权利至上的原则是一致的。在权利自由主义的构想中，个人权利是一种不证自明的自然权利，国家之所以有必要，是为了更好地保障个人的利益。作为政治共同体的国家，无非是个人利益的总和，同样，在对外关系上，国家利益像私人利益一样也是至上的，它不承认有比它更高的原则，就像在民族国家内部个人利益是最高的，他们不承认比个人利益更高的公共利益。我们可以看到所谓民族国家利益至上的原则实际上是个人利益至上原则在国际关系中的放大与复制。围绕着国家利益至上的原则，彼此间建立一套规范。这样一套原则已成为国际关系法的一个普遍准则，但这一准则是否是无限的和绝对的呢？这是我们今天需要反思的。第一次世界大战和第二次世界大战都从欧洲内部发生，两次大战的起因都与民族国家的冲突有关，都与利益至上有关。当今世界的很多冲突，如"文明的冲突"，很大部分都以民族国家冲突的形式表现出来。

今天，世界越来越成为"地球村"。除每个人的个人利益外，大家还有着公共利益。这一公共利益是无法否认的，按照自由主义关于市场的理想状态，认为只要有了一套健全的市场规则，自然会有"看不见的手"来调节个人利益。推广到国际关系方面，好像也只要有了一套规则，就可以调和不同国家之间的利益。但是整个 20 世纪的灾难一直到最近的"9·11"事件，我们都可以发现这只"看不见的手"并不能发挥作用。如果每个国家只追求自身的国家利益的话，这个世界将永无宁日。经济学的"囚徒困境"证明了，假使大家只追求各自的利益，最后所能达到的，并非是个人利益的最大化，而每个人都考虑到公共利益，反而有可能实现各自利益的最大化。这就是"合作要比不合作好"的道理。在国际关系中，也是这样。既然大家都在地球这个"诺亚方舟"里，就有很多共同的利益，这就要求每个国家放弃一部分、特别是次要的国家利益，来照顾和维护全球的公共利益，这样才有建构安全与秩序的可能。

要使大家都放弃一部分国家利益，强国首先要有所表率，因为强国的利益最多，它可舍弃的东西选择性空间较大。作为弱国或穷国，它可以舍弃的东西很少。但在这方面，美国的所作所为却无法令人恭维。"9·11"中的恐怖分子虽然多在欧洲，为什么不就地攻击欧洲，而去远道攻击美国呢？这与美国"国家利益至上"的对外政策有关。美国作为目前世界上独一无二的新帝国，对世界的影响越来越大，它扮演着世界警察的作用，它也是这样自我理解和自任的。美国就像一个旧式大家庭中的大家长，巴金的《家》里面的高老太爷。高老太爷自然有自己的利益，但作为大家长，如果不是满足于以力取胜的话，还得以德服人，有公心，考虑到整个家族的公共利益，这样家长做得才有权威，才能让大家心悦诚服。但美国这个"大家长"在考虑国际问题时太多地只考虑自身的利益，而不顾及全球的整体利益，比如，美国退出全球环保的《京都协议书》，长期拖欠联合国会费，这些都在全世界引起很大的不满。美国虽然在干预全球事务时，也打着捍卫人权、捍卫全球利益的旗号，但许多人依然怀疑这背后是否隐藏着美国的利益。

这方面我们还需澄清一个误解，这也是中国一部分自由主义者的误解，他们以为美国内部实行的是自由民主政策，对外也是以自由民主为最高原则。实际上美国的自由主义是不彻底的，内部它的确以自由、民主、公正的理念来建构其秩序，但这套理念并不用来实践国际事务。在对外关系问题上，无论是民主党还是共和党都把美国利益至上、美国利益的最大化作为一条颠扑不破的最高原则。美国政府在世界上什么地方要干预人权，什么地方不去干预人权，存在着一个很多人所批评的"双重标准"，个中的差别，取决于其中是否存在着美国的利益。非洲卢旺达种族之间的大屠杀，因为没有美国的利益在里面，美国可以听之任之；索马里一开始美国是介入了，但最后也因为没有美国的利益，美国不愿意在那里有自己的大兵牺牲，就匆忙退出了。我们承认美国在世界上做了很多善事，但为什么别人对美国外交政策的批评总是大于赞扬？原因就在于无论做好事还是干坏事，它都有一个从自身国家利益出发的"算盘"。自由和人权，是个很崇高的理想，要在世界上担当起人权的卫道士，是需要一点牺牲精神的，包括利益的牺牲和子弟兵的牺牲。假如缺乏宗教般的献身精神，不愿有所承担，在实行人权使命时，只肯躲在大洋彼岸按按钮，发远程导弹，或者在别人够不上的超高空狂轰滥炸，不惜伤害平民无辜，这样的人权卫士，不做也罢。

当然，在这样一个"民族国家利益至上"的时代，我们不能以道德的高调，要求美国完全放弃自己的国家利益。但是在一些问题上，当全球利益与美国利益发生冲突的时候，如果美国能够作出表率，愿意率先放弃一些自己次要的利益而成全全球公共利益的话，那将对整个世界的新秩序安排作出很大的贡献。

也许有人会问：凭什么美国要放弃自己的次要利益？强国的自我牺牲有什么学理上的依据？在这里，不得不回溯一下美国的当代历史。在20世纪60年代之前，美国国内像当今世界一样，白人与黑人之间社会经济地位极不平等。这些不平等到60年代引起了美国社会的极大动荡，因此也产生了波澜壮阔的平权运动。当时的民主党总统肯尼迪明察大势，以一个大政治家的气魄和胆识，力排众议，促使国会通过了平权法案，以法律和制度的力量强制性要求多数白人对少数黑人以及其他有色人种让步，在入学和工作等各种社会机会面前，不仅享受与白人同等的待遇，而且还在法律上有所倾斜，予以特殊的照顾。这一惊世骇俗的举措不仅当时有许多人不理解，而且今天还有一些白人提出"反歧视"问题：我的 SAT 成绩分数，明明要比黑人高几百分，凭什么黑人能进哈佛、耶鲁，我不能进？也就是说，强者向弱者让步的理据何在？肯尼迪的平权法案的理据问题，很快被哈佛的大哲学家罗尔斯解决了。罗尔斯在 20 世纪 70 年代初发表了《正义论》，提出了自由民主社会的正义，应该是一种"公平的正义"（justice as fairness）。"公平的正义"由两条原则组成，第一条是"自由原则"，所有的人在政治和法律面前享有平等的自由，这一条大家都没有意见。最值得注意的是第二条"差异原则"。罗尔斯承认，在现代社会中，经济和社会的不平等是无法避免的，但他提出，这种不平等的分配，在程序上应该这样安排：尽量照顾到弱者的利益，并向他们有所倾斜。也就是说，在不影响强者根本利益的前提下，要求强者放弃部分次要利益，对弱者有所补偿。按照罗尔斯的看法，强者之所以强，不完全是其个人后天的努力，其中也有一些社会的因素，比如白人与黑人在竞争时，先天条件就是不平等的，能够享受比较好的教育和环境等。即使是一个人的聪明，也都是社会的财富，所以，从社会的公共利益出发，社会必须给予那些弱者机会上的补偿，以让他们有能力与强者站在同一个起跑线上参与竞争。罗尔斯的一套规范论证相当复杂，但极有说服力，《正义论》一问世，立即风靡全美，如今这套"公平的正义"理论在美国国内已经建制化，成为美国社会政治制度的理论基石。"公平的正义"在美国实施以后，以白人的让步和部分牺牲，换来了国内几十年的稳定与和平。

在我看来，罗尔斯的"差异原则"同样可以用于世界事务，在国家之间的利益存在冲突的情况下，在原则上强国必须为弱国有所牺牲，富国要为穷国让步。因为当今世界的强弱之分和贫富差别，在相当大的程度上离不开当年那段殖民的历史。西方之所以强盛，全然不是社会达尔文主义所描绘的那样是物竞天择的结果，特别是在它们早期的殖民历史阶段，很大程度上是建立在对其他弱小民族和国家的掠夺、控制基础上的。即使为了补偿那段血腥的殖民历史，弱国也有权利向强国有所索求。

现在，历史又到了一个转折性的时刻，需要小布什以大政治家的智慧和魄力，反思美国长期以来的外交政策和原则：是否有可能像当年的肯尼迪政府那样，将"公平的正义"原则进一步从一国之内推广到整个世界，以换取全球的和平秩序？

在世界全球化的时代，如何承认并尊重全球的公共利益，并在不妨碍自身国家根本利益的前提下，有所牺牲而成全全球利益，是国际关系中的新思维。民族国家利益至上，也是现代性的产物，是世俗社会的普世化的表现，在可以预见的国际关系中，尚没有改变的迹象，也就是说，在今后很长一段时间里，国际交往的单位依然是民族国家，而各自追求民族国家利益的最大化，也将依然是普遍的规则。问题在于，这样的规则是否要受到制约？是否可以成为最高的规则？在前现代社会中，国家（或王朝）之上还有一个更神圣的原则在制约它，在欧洲是基督教的普世教义，在中国是儒家道德人文理想的"天下"观念，在阿拉伯世界是真主的普遍意志。在当今这个世俗化时代，难道国际社会的法则除了国家主权法则、民族国家利益原则之外，就不应该有更高的原则？这也是祛魅凡俗时代的大问题。在传统社会，人们普遍相信，这样的法则是客观存在的，而且与超越的、普遍的宇宙秩序相联系，当初人们的任务是"发现"这样的法则，并付诸实践。然而，当近代以后事实与价值分离之后，关于"应当如何"的价值法则无法再从"事实如何"的神法、自然法则中推演出来，人们就负有类似上帝的使命，通过讨论、协商和对话，自我建构一个国家社会的正义法则。民族国家的主权依然是有效的，国家利益的最大化也是可以追求的，但必须在这样一个普遍的正义法则的规范之下。只有首先确立了关于正义的全球法则，才可能在民族主义和多元文明的时代，形成一个全球正义的秩序。

三　如何建构正义秩序

建构正义秩序的问题是很多代政治家和思想家所致力的目标。远的不说，第一次世界大战时曾担任普林斯顿大学校长的美国总统威尔逊原是一个理想主义的知识分子，他曾设想在"一战"后安排一个"公理的世界"，试图改变强国主宰世界的局面，对弱国特别是东方民族有所倾斜。但是他的理想没有得到呼应，受到了英、法等大国的强烈阻挠。尽管最后威尔逊的理想失败了，但他的这种追求自有其意义。

思想家对正义秩序的追求源远流长，最早可以追溯到康德。康德在欧洲的范围试图建立"世界公民"的世界，这个世界不仅是一个"法的共同体"——如我刚才说到的只考虑个人的利益、国家的利益，以法来维系的共同体；而且还应是一个"伦理的共同体"——彼此间有一套共同的伦理规则。康德的理想始终激励着许多思想家继续进行探索。在"9·11"之前，当时健在的影响最大的思想家哈贝马斯和罗尔斯都试图沿着康德的路向，建构一个世界的新的正义基础。我们不妨从他们的讨论中看看这样一个秩序是如何可能的。

前面说过，罗尔斯的《正义论》，为美国的自由民主制度提供了一套"公平的正义"的学理架构。这套理念在美国已经制度化。20世纪90年代以后他越来越关心国际问题，试图把这套"公平的正义"理念推广到整个世界，在全球范围建立《万民法》(*The Law of Peoples*)。其中有几个重要的思想值得我们注意。

《万民法》没有讲 "the law of states" 而是讲 "the law of peoples"，这无疑说明，在罗氏这里，国家（state）利益至上不是最重要的，人民（people）所组成的共同体才是最重要的。不同的人民共同体之间所建立的世界 "法" 是高于国家利益的。罗尔斯明确指出，人民的根本利益不是自我利益，而是相互尊重。一个国家即使为自我利益所驱使，违反国家间的互惠原则的话，就意味着国家与人民之间有了裂痕，人民有权宣布国家为不合法。罗尔斯在这里显然对弥漫了几个世纪的 "民族国家利益至上" 的国际关系中的普遍观念提出了反思和批评。

罗尔斯又为《万民法》奠定了八条原则——正义的底线原则，最后可以归结为战争限度原则（国家主权原则）和人权原则。前者在学理层面已得到广泛认可，而对后者则争议较大。人权是一个历史性的理念，主要从欧洲的历史传统中发展而来，因此乃是一个近代观念。如何把它变为全球的基本正义之一，这其中存在着激烈的争论。有人提出批评说，西方把这样一套基于特殊主义的理念普世化，成为全世界普遍的法则，其理据何在？虽然罗尔斯对这个问题没有太强有力的论证，但他认为人权可以有不同的、多元的标准。在他看来，关于人权的基本的规范应该是一致的，全世界要有统一的规范和原则。人的权利丰富而又复杂，有着一张很长的 "清单"。在这张长长的清单中有底线和高调的区别，有些人权具有优先性质。按照戴维·米勒的分析，关于权利有三个层面，第一个层面是保护性权利——基本的自由与安全不受侵犯；第二个层面是政治的权利——有权参与各种政治决策；第三个层面是福利的权利——可以享受各种国家利益和服务。

在政治共同体内部，人权有一张很丰富的清单，那么国际社会中的人权究竟是什么呢？刚才讲过，罗尔斯的万民法之中，有两个原则：国家主权和人权原则。前者是共同体的权利，后者是个体的权利。这两个权利有时候会发生冲突。比如，假使一个国家内部发生了违反人权的情况，在什么样的限度上，国际社会有权予以人道的干预呢？如果标准定得太高，国家主权将得不到尊重，该国的人民自主权也无从实现，显然不行。如果定得太低，人权又无法在国际社会之中得到保障。万民法作为国际社会的普遍法则，不得不在二者之间保持动态的平衡。从目前的实践来看，国际社会通过建制而非舆论所捍卫的人权，只能是最低限度的人权，即保护性权利中最基本的关于个体的生命的权利。也就是说，如果一个国家内部或者国家之间发生了大规模、有组织的侵犯全体或者一部分人民基本的生命权的话，国际社会就有权在合法的程序下进行干预。罗尔斯所强调的人权原则基本是这一条。如果真能遵循这条底线原则，世界的和平和人道将得到很大的保障。但我们这个世界连这条最基本的底线都没有受到尊重，世界每天都在发生各种冲突：种族的报复、屠杀、复仇等，很多人的生命权受到侵犯。这是国际社会需要处理的。整个国际社会最基本的正义规则归根结底是对人最基本的生命权利的保护，其次才是关于国家主权的原则。

然而，权利毕竟是一个源于欧洲历史传统的概念，问题在于我们这个世界毕竟有着不同的文化、文明和宗教，除欧洲基督教文明以外，其他文明中并没有权利的观念。如何在不同的文明中承认人权的合法性是我们需要解决的问题。按照西方自由主义的看法，权利优先于善，对什么是正当（right）的权利的承认，优先于对什么是好（good）的价值的承认；但无论伊斯兰教、儒家还是其他不同的宗教和文明，包括西方传统中的社群主义等，并不预设这样的看法，他们认为善比权利更优先。另一方面，在人权问题的背后，实际上还有一个"世俗化"的问题。所谓世俗化有一个标志：以人为根本，以人为目的，在人之上没有更高的原则。基督教文化已经世俗化了，上帝也带有属人的性质，上帝的理念不与"人是目的"相冲突。但是有些一神论，如伊斯兰教，"真主"的利益是最高的，他们（指西方）有他们的正义原则，我们有我们的正义原则，不同的宗教价值观，就有对正义的不同解释。所以，"以牙还牙""以血还血"，对于一个以善为最高目的的宗教、道德和价值学说来说，倒是符合正义的，正义受到了价值的制约。

由此可以看到，人权观念要普世化，不能仅仅从西方的权利叙事中寻找合法性，毕竟它只是欧洲特殊的历史文化传统。也许是考虑到了这一因素，罗尔斯在《万民法》中大大扩展了人权的多元理据：它可以来自西方的权利的观念，也可以来自非西方的社群的观念。因为任何一种高级文明或高级宗教都不赞成屠杀无辜，都会认为生命很重要，人的最基本的尊严需要得到尊重。不过，在非西方的文明和宗教中，人的生命和尊严之所以得到尊重，不是"天赋人权"的绝对观念，而是因为你是属于某个宗教或文化共同体的成员，按照神的旨意或某种道德价值标准，共同体内部的成员之间有相互尊重的义务，尊重各自的生命、尊严和财产。换言之，在社群的观念中，人的尊严、人的生命权这样一些基本人权不是在权利的共同体，而是在一个义务共同体之中的交互性关系中得到论证的，罗尔斯的这个思想，十分精彩，赋予了国际关系中人权的多元理据，使得它在不同的文明、宗教内部具有更广泛的认同基础。虽然彼此对人权的理解方式不同，但是最后只要在保障人的生命和尊严上取得规范性的一致，世界的正义秩序就可以有法理上的保障。

罗尔斯虽然为人权的普世化作了多元的论证，但他在《万民法》中，在如何建构全球正义秩序的方法上发生了很大的错位。在他看来，《万民法》的基本原则是从自由民主国家"公平的正义"原则中"扩展"出来的，向非自由民主国家扩展。因为这个世界不仅存在自由民主的国家，也存在其他一些国家，这些国家也许不是民主社会，但一般人民享有基本的人身自由和尊严保障，社会也有着一套稳定的秩序。罗尔斯称之为"有序的社会"（well-ordered peoples）。在罗尔斯看来，自由民主国家应该宽容他们，应该按照"万民法"与他们和平共处。另外那些违背正义原则的"法外国家"则应该受到惩罚。罗尔斯的这种论证显然有"西方中心主义"的痕迹，在他的逻辑推理中，这套正义原则不是相互之间对话、协商的结果，而是以西方为中心推展出来的，有宽容与被宽容、主体与客体之分的等级性关系。

在这里，罗尔斯犯了一个建构上的错置。罗氏在讨论自由民主内部的正义秩序时提出"政治自由主义"，自由民主共同体内部的一套公平正义的理念不是从自由主义的政治哲学中扩展出的，而是各种共同体内部不同的宗教、道德、哲学之间通过理性对话形成的"重叠共识"的结果。这样一种分析是否正确不是我们现在所讨论的，我将另作文章探讨。这里我想指出的是：一国内部的正义秩序倒是应该从自由主义政治哲学中扩展出来，而在不同政治共同体之间的国际正义原则却不应该从某一种特殊的政治共同体内部（自由民主国家）扩展出来，而是应该由国家、文明、宗教等通过平等合理的对话，在没有任何预设的背景下对话，寻找彼此都能接受的底线，最后在某些重要的问题上形成"重叠共识"。比如去年联合国文明对话年中所达成的"己所不欲，勿施于人"的伦理共识。"扩展"无须对话，对方的态度决定一切，接受便可宽容，否则便不宽容，显然，在其中含有等级性的强制关系。而只有通过"重叠共识"的方式建构全球正义，文明的对话不仅成为可能，也成为必要。

罗尔斯延续其"政治自由主义"的论证思路指出：《万民法》是"政治的共识"，并不涉及伦理。对于这点我们可以继续讨论。一种缺乏伦理哲学作为背景的"政治自由主义"如何可能？这样一套国际社会的公共政治规范，背后若缺乏不同的文明、宗教内部的伦理上的支持，显然是不可能的。假使一套政治的公共规范没有伦理哲学、道德哲学以及宗教哲学作为合法性论证的话，它只可能成为霍布斯所说的"权宜之计"，也就是说，这套规范只是不同利益之间达成的妥协性的一致。这些一致之所以得以实现，并不是大家真的认为这套规范在伦理上是正当的，而只是认为这套规范是有用的。如果力量对比发生变化，或为了某些所谓更高的目的（如宗教上的善或民族国家的利益最大化原则），这套规范便会被毫不犹豫地抛弃在一边。因为它没有伦理的支持，没有正当性的支持，背后没有一个绝对的标准来制约，所以这套规范是很弱的。在我看来，整个世界不仅需要一套共同的公共政治规范，即罗尔斯描述的《万民法》，同时也需要共同的伦理规则。这些伦理规则作为公共政治规范背后的正当性的论证资源。

对于正义而言，康德的理想一直是我们所向往的追求。整个世界若要达致"永久和平"，那么它不仅要成为一个法的共同体，而且必须也是一个伦理的共同体——不仅指政治伦理，也指道德伦理。政治伦理与道德伦理是无法分离的，也不应该分离。当今的文化是多元的，随着现代性全球化的深入，文明之间、宗教之间的裂痕并不是在消解，而是越来越尖锐化，各自都有各自的终极价值和理想。在某种意义上，它们之间在终极价值上是不可通约的，如韦伯所说的，是"众神并立"，对我来说是天使，对别人而言可能就是魔鬼。那么，全球伦理还有没有可能？有可能，这样的全球伦理与全球正义一样，不是高调的，而是低调的，不涉及关于什么是好的价值层面，而只是有关什么是正当的规范层面。这些伦理的底线与《万民法》是对应的，也是通过不断的文明的对话来寻求共识的过程。应该说，全球正义与全球伦理分别是在两个不同的层面做同一个工作：寻求全球正义为核心的伦理秩序与政治秩序。只是全球政治秩序的对话更多的是在国家与国家之间展开，而全球伦理秩序的对话主要是在不同的文明、宗教单位之间展开。所谓文明的对话，不仅仅是政治的层次，同时也应该有伦理层次的对话和宗教层次的对话，有国家与国家之间的政府对话，也有学者与学者之间、民间团体和宗教团体这些非政府的管道。这项工作如今在不同的文化与地区、在不同的宗教领域之间已经展开。联合国教科文组织这些年在筹备《世界文明宣言》，召集全世界不同的宗教起来对话，其中最活跃的是德国天主教思想家孔汉思。这条道路将是很漫长的，但这毕竟是我们要追求的理想。也许这些对话一时不会有任何结果，但有对话总比不对话好。即使之间有许多不理解而无法达成共识，但至少可以对彼此的立场予以理解。很多问题之所以无法解决，不仅仅是缺乏共识，首先是对差异缺乏理解而导致的。

也许有人会批评说这些工作都太学理化了，特别是国际政治研究者会认为这是乌托邦，不能解决问题，他们更希望通过建立一个实际的机制来解决全球冲突问题。哈贝马斯近几年的思考在我看来很有建设性，他更多的是在国际社会的建制层面上思考建立共同规则的可能性。

哈贝马斯认为现在缺乏一个强有力的机制来保障正义的实现，他提出要强化实现世界正义的仲裁性的力量。改革安理会，使之更具实质意义，由其通过的决议也更具制裁的力量。故此哈氏指出需要有维持世界和平的联合国的常规部队。他设想改变大国一票否决权，使安理会更民主。另外，加强世界司法的仲裁，让海牙国际法庭实体化，具有跨国的制裁性作用。改革联合国，把联合国分为上、下两院，现在的联合国作为政府机构的代表成为上院，作为各国政府不同利益之间商谈、妥协的空间。而根据哈氏本人的"公共领域"理论，这个世界更重要的是一种超越国家利益之上的声音，从世界公民的立场来表达公众的意见。作为上院的联合国不可能形成公共领域，这就像在自由国家民主体制内部的议会并不是公共领域。公共领域的公众在考虑问题时，不能从个人利益或国家利益出发，个人利益（国家利益）的讨价还价请到议会（联合国）中去谈判，公共领域需要的是从公共利益（全球利益）为出发点所形成的公共舆论，显然这也是康德"世界公民"理想的延续。哈贝马斯设想，由这些"世界公民"组成联合国的下院，代表们由各国选派，在民主国家可以自由选举产生，在非民主的国家中可以由非政府组织来代表。他们不代表任何国家、个人的利益，而是以各自所理解的超越的全球立场来讨论，从而形成世界的公共舆论，为各种国际规范和国际行动提供合法性支持或价值性评判。哈贝马斯的这些设想在许多人看来似乎也是乌托邦，但今天的乌托邦可能就是明天的现实，在一个世纪之前，你很难设想会有联合国，会有安理会，随着文明对话的展开，世界各国的政府和人民会慢慢感受到大思想家乌托邦理想的意义。

"9·11"以后的今天，我们从来没有像过去那样深刻意识到这个世界已经成为一体。过去美国还常觉得自己在整个世界的灾难面前是唯一一块"世外桃源"。"9·11"的发生证明了整个世界不可能有一个例外，世界的利益是联合在一起的。在这样一个一体化的世界中，我们更需要公共的规则、共同的正义以及最底线的共同伦理。只有具备了这些，这个世界才有希望达到永久的和平。维持几个世纪的大国平衡的原则、地区平衡的原则由于力量对比的变化无数次地被打破。由于这个世界缺乏规则，因各自利益而暂时达成的各种规则、协定、宣言的背后，若没有被不同文明普遍认可的法则、伦理有效地支撑，最终都将没有效应。

康德的理想虽然没有实现，但他的永久和平、世界公民的理想就像头顶的星空一样是我们所追求的。就像罗尔斯在《万民法》最后引用的话一样："如果一种使权力服从其目的的合乎理性的正义社会不能实现，而人民又往往不遵从道德，如果犬儒主义和自我中心已变得不可救药，我们便会和康德一样发问：人类在这地球上的生存，还有什么价值？"

（2002 年）

两个美国与政治自由主义的困境

2004 年，有两场让人失望的选举，一个是陈水扁以不光彩的"两颗子弹"当选台湾"总统"；另一个是小布什在一片骂声中蝉联新一届美国总统。为什么被美国主流舆论和学院精英一致看好的克里名落孙山，而那个被电影《华氏 9·11》嘲笑得一塌糊涂的小布什还是当选了，而且胜得比上一届还无可挑剔？

在美国大学任教的薛涌先生在大选结束第一时间出版的专著《右翼帝国的生成：总统大选与美国政治的走向》，对此作了有学术背景的、近距离的观察分析。小布什之当选，其根本原因乃是美国近一二十年来保守主义的强劲崛起，小布什正代表了这股以基督教福音主义为背景的文化保守主义势力，以"9·11"恐怖袭击为契机，保守主义以爱国主义为号召，对外发动伊拉克战争，对内重建宗教价值，逐渐形成了一个假以上帝之名的右翼帝国。

一　自由主义与保守主义的此消彼长

保守主义崛起的背面，是自由主义陷入了困境。这里所说的自由主义，指的是美国 20 世纪 20 年代以来的新政自由主义，后来由罗尔斯在政治哲学上为其作了论证。新政自由主义，在经济上崇尚福利国家，文化上推行价值中立主义，即经济领域的干预主义和文化领域的放任主义。虽然福利国家政策如今已经深入人心，保守主义与自由主义已经没有根本的区别，然而，自由主义在文化政策上的价值中立主义，到了世纪之交，无论是实践层面还是理论层面，都遭遇到空前的挑战和危机，遂使保守主义有了再度崛起的机会。

要了解美国的自由主义与保守主义的此消彼长，不得不从美国的历史说起。美国最早的移民，都是欧洲移民过来的虔诚清教徒，自由主义的开国精神是内含在基督教传统之中的。罗伯特·贝拉在其名著《心灵的习性》里面分析说，在美国的历史传统里面，有深厚的基督教和共和主义传统，美国的个人主义是以这两种传统为自身基础的："古典共和主义提出了为公共利益尽心尽力的积极公民形象，宗教改革的基督精神，以清教主义与教派主义的形式，倡导以个人的自愿参与为基础的政府观念。然而，以上两种传统都把个人的自主性置于道德与宗教责任的背景之下。"个人主义与基督教的内在结合，使得美国直到 20 世纪 50 年代，一直是一个在道德价值上非常保守的国家。所谓的保守，实际上是一种以基督教为背景的个人主义，或者崇尚个人价值的基督教主义：既尊重个人的道德自主性，同时个人又对家庭、社群、国家和上帝负有责任。美国是一个有着共同宗教背景和价值观的文化大熔炉，新的移民不管来自什么样的文化背景，都要融入这个以基督教为主流价值的自由社会。

然而，20 世纪 60 年代的文化反叛和种族平权运动，使得美国发生了一场真正意义上的"文化大革命"。文化反叛和种族平权，虽然是两场相互平行的运动，前者是青年一代对上一代人所奉行的基督教价值的文化反抗，后者是以黑人为代表的少数族群争取社会经济权利的平等，但二者在精神目标上却有着内在的默契和联系：解构以基督教为核心的社会主流价值，为文化相对主义和文化多元主义打开决堤的闸门。《白宫中的上帝》作者哈切森这样写道："60 年代文化反叛造成的根本变化之一，乃是新教主流派与美国社会的主流利益之间互相支持的关系，变成了一种愤怒的敌对关系……面临激增的多元化和在公众生活中明显缺乏以宗教为基础的价值观，犹太—基督教传统受到明显的侵蚀，随之造成了公共道德的衰退。这一衰退正是美国基督教中日益发展的福音派潮流主要关心的事情。"

每个时代都有自己的时代重心，战后的美国，如果说 50 年代的重心在意识形态冷战，60—70 年代在种族平权的话，那么，80 年代以后的社会焦点，就逐渐转移向宗教、道德和文化价值的分歧。由于美国的早期移民具有基督教的共同背景，而"二战"以后的新移民大量来自非基督教民族，美国成为一个文化多元主义与基督教福音主义同时并存的国家，因而在文化价值上似乎也分裂成了两个美国：一个是文化激进主义和文化多元主义的美国，它存在于学院和媒体，在地域上主要分布于东西海岸；另一个是基督教福音主义的美国，它扎根于美国的草根社会，占据了南方和中部这些腹部地区。近年来，围绕着堕胎、同性恋等问题的大争论，正是两个美国之间的文化较量，从某种意义上说，也是小布什与克里较量的"胜负手"所在。

二　自由主义在夹缝中的尴尬

一方面是文化激进主义乃至虚无主义的波涛汹涌，以及多元文化传统提出的"差异的政治"和"承认的政治"；另一方面是基督教福音主义的强烈反弹，夹在中间的自由主义真是左右为难，苦于应付。作为建制化的自由主义，本来作为"公民的宗教"，在文化价值上与基督教个人主义并不冲突，而且后者还是自由主义的伦理基础之一，然而，如今被文化激进主义一冲击，自由主义就陷入了价值上的尴尬境地，正如甘阳所分析的："以罗尔斯为代表的美国自由主义近年来可以说一直在辩护两个多少有点矛盾的立场，即第一他们要维护美国的新政自由主义传统，从而论证国家干预经济生活的合理性；但第二他们作为对 60 年代种族、性别、文化问题上所谓'文化多元化'的支持者，则强烈论证国家不能干预道德宗教文化领域。"(《政治哲人施特劳斯：古典保守主义政治哲学的复兴》)

已故的哈佛名教授罗尔斯作为美国自由主义的一代理论宗师，在《正义论》里面做了前一项工作：论证国家要在经济领域实行合理的干预，实现"公平的正义"；而在《政治自由主义》一书中，重点论证的是后一项工作：在一个价值多元化的自由民主社会中，如何达成关于正义的"重叠共识"？作为建制化的意识形态，自由主义一方面要回应后现代主义和文化多元主义的挑战，将价值的诸神时代作为一个合理的事实予以确认；另一方面又要应对基督教传统和文化保守主义的批评，避免滑落到价值相对主义和虚无主义，为社会整合找到一个共识的基础。罗尔斯在自由主义思想史上作出了一个重大的调整：将自由主义从一个整全性的伦理政治学说，改变为仅仅是一种政治社会的组织原则。自由主义首先将善（good）与正当（right）这两种不同的价值区别开来，对于什么是好、什么是善，什么是人性、什么是美好的人生这些伦理价值问题，自由主义没有任何特定的立场。自由主义只是坚信：人是有理性的，他能够为自己决定什么是最好的价值，只有自主选择的人生才是最好的人生。因而，各种互相冲突的宗教、道德和哲学，从它们各自的价值立场来说都是可理解的、合理的、可证的。自由主义对它们保持完全的价值中立。不过，对于什么是正当、什么是正义这些政治价值问题，自由主义容不得半点的价值相对主义，它坚信"正当优先于善"，不管你在信仰的私人领域供奉的是哪路神仙，或者什么也不相信，在政治的公共领域，必须遵从由宪法的核心观念和程序规定的公共理性，遵从普遍的正义原则。而这一普遍的正义，是各种不同的宗教、道德和哲学通过公共讨论和对话，反复地"反思平衡"最终达成的"重叠共识"。

罗尔斯虽然是一个学院派知识分子，但他所论证的政治哲学，正是当代美国自由主义的理论基础。"公平的正义"乃是从罗斯福新政到60年代种族平权法的合法性论证，而政治自由主义则是多元文化时代解决公共认同问题的自由派纲领。在这次美国总统大选中，以克里为代表的民主党自由派人士，正是按照这一思路来回应同性恋、堕胎等棘手的价值冲突问题。然而，这次克里的败选，表面上是民主党的政治失败，从深层来说，乃暴露了政治自由主义深刻的理论困境。

自由主义放弃了自己特定的整全性学说，退而成为社会政治层面的组织原则，本来期望收到双刃剑的效果：以价值中立主义回应多元文化，以正义的"重叠共识"整合社会，与文化虚无主义划清界限。但是，从这几年美国国会、总统大选中，保守主义屡屡得胜、自由主义连续失败之中可以看到，在道德价值这一当今时代焦点问题上，政治自由主义显得苍白无力，交不出一张令选民满意的答卷。为了使正义原则在一个价值多元的社会中能够获得最广泛的认同，政治自由主义不惜放弃自己的整全性，将价值问题搁置起来，把它驱逐到私人领域。然而，从前门被公共事务驱逐的东西，又从后门溜回来了，不仅回来，而且成为公共领域各方舆论瞩目的主角。

以当今争得一塌糊涂的堕胎和同性恋问题来说，按照政治自由主义的逻辑，这些都属于私人的价值偏好，属于个人的怀孕意向或性取向，与公共领域的正义问题无涉。不过，自由派人士忽略了，在这个政府权力空前扩张的时代里面，过去属于宗教或道德管制的私人事务，如今统统变成了由法律和政治来管理的公共事务：堕胎是否合法？几个月大的胎儿享有不可剥夺的生命权？同性恋可以合法化吗？他们（她们）是否享有与异性恋同等的合法婚姻权利——这一系列高度分歧的社会文化问题，保守主义的回答十分干脆，而政治自由主义则像克里在大选中的回答一样，含含糊糊，模棱两可。文化价值不仅是个人的取向，也同时是公共事务，任何个人的价值选择都离不开公共的价值标准，政治自由主义的善与正当二分的基本预设，虽然在理论上可以成立，但在具体的社会实践中，却处处碰壁，文化冲突的本质就是政治，政治背后也是文化的分歧，所谓的"文化政治"是也。

当然，罗尔斯早就预见到私人的价值（善）与公共正义（正当）之间并非那样井水不犯河水，他所论证的政治自由主义，设定了一条核心的基本原则："正当优先于善。"也就是说，当自己的宗教、道德或哲学学说与社会正义原则发生冲突的时候，普遍的正义相对于特殊的善，拥有无可争辩的优先性。然而，问题在于，"正当优先于善"，只是自由主义的特殊信念，而不是社会普遍的规范认同，不要说各种宗教学说坚信信仰的绝对优先性，社会的正当性只可能来自宗教价值上的善，而且连社群主义、施特劳斯的古典政治哲学等各种保守主义，都反对抽离善的价值观念来预设正当的优先性。"正当优先于善"这条政治自由主义的第一原理，在一个价值多元的自由主义社会里面，本身就具有高度的、甚至是不可通约的分歧性。当今美国社会的主要分歧，几乎都发生在文化道德领域。那些善与善之间的价值冲突，以"是否正当"的政治方式体现出来，而且无法用法律或政治的普遍正义原则来裁定它们。

政治自由主义的正义原则，来自各种宗教、道德或哲学学说的重叠共识，然而，由于价值上的分歧，有些可以通过理性的合理对话形成重叠共识，有些则不可通约，难以达成共识，比如同性恋问题、堕胎问题就是这样，越是涉及世界观的核心价值，就越是难以找到共通点。罗尔斯之所以认为在不同信仰的人群中间，能够形成"重叠共识"，乃是有一个"政治人"的预设：相信每个人都是理性的，有可能按照公共理性来进行公共对话，以"正当优先于善"的方式进行价值选择。然而，即使美国这个有着两百多年立宪民主历史的国家，由于多数人依然是基督教徒，凡是涉及文化政治的诸多社会问题，他们更多地不是从法律的程序正当性，而是从上帝那里寻求选择的答案。薛涌在书中分析说，美国是一个以基督教立国的国家，但后来的历史发展使得宗教一分为二，一个是理性宗教，相信政教分离，他们大多是受过高等教育的社会精英，基本上是一批投票给克里的自由派，主要分布在东西海岸的大都市里，特别是新英格兰地区。另一个是情感宗教，其信徒大多是一些投票给小布什的基督教福音主义者，他们云集在南部和中部地区，生活在半封闭的小城镇里，每个周末要上教堂，向上帝祈祷。

三　理性的美国与情感的美国

两个美国，两种宗教。克里所抓住的只是理性化的美国，这个美国相信罗尔斯，相信"正当优先于善"。就像很多中国人以为纽约、波士顿、洛杉矶就是美国一样，他们也以为理性化的自由主义代表了美国精神。殊不知还有另外一个美国，另外一种美国精神。那就是小布什所依靠的美国，基督教福音主义所代表的情感宗教精神。这些生活在乡下的传统"扬基佬"，平时是沉默的大多数，在《纽约时报》《华盛顿邮报》《洛杉矶时报》这些全国性大报上，看不到他们的踪影，听不见他们的声音。但是他们确确实实地存在，每当选举年的时候，这些相信信仰高于一切、善优先于正当的虔诚教徒们，就成为左右白宫的力量。这次决定布什和克里最后命运的俄亥俄州，虽然经济衰退，但多数选民最终还是选了布什。他们所作的选择，不是功利自由主义的"经济人"选择，也不是政治自由主义的"政治人"选择，而是虔诚地相信上帝、相信信仰高于一切的"宗教人"选择。正如一位俄亥俄州选民所说："这四年我收入少了 1/3，但我不会责怪布什。工作来了又去，但信仰却是永恒的。"

在文化道德问题上，政治自由主义的价值中立政策，实际结果是对文化激进主义和价值虚无主义的宽容。自由主义对它们的步步退让，使得后者不断挑战政治和法律的底线：先是自由堕胎，然后是同性恋婚姻合法化，接下来还会发生什么？大麻合法化？自由克隆后代？这些在政治自由主义看来属于个人自由选择的非公共性问题，已经或者即将成为公共问题的焦点。难道生活伦理真的仅仅是私人事务？难道在什么是美好的生活、什么是有价值的人生这些问题上，真的什么都行？文化激进主义者当然会这样认为，自由主义者虽然内心不赞成，但碍于价值中立主义的原则，只能保持宽容，就像克里对待切尼副总统的女儿同性恋的态度一样，有着过多的暧昧。

当文化激进主义步步紧逼，而自由主义只能对此保持绥靖政策的时候，就产生了保守主义的强烈反弹，保守主义在精英层中，表现为施特劳斯的古典贵族政治哲学对罗尔斯主流自由主义的挑战，在民间草根阶层，则是基督教福音主义的再度崛起。这两股势力，一个是强烈质疑从自由主义到后现代主义的保守主义思潮；另一个是诉诸信仰和情感的宗教大众，它们正是小布什政府的理论基础和社会基础。

这些保守主义的力量，本来是一盘散沙，分散在学院的边缘和民间的草根，不要说没有建制化，连组织化都谈不上。然而，小布什政府上台以后，以白宫为中心，保守主义终于获得了建制化的机会。特别是"9·11"以后，小布什以反恐战争为借口，为美国制造了一个外部的敌人——自由制度和基督教文明的敌人，并且大打新"政治正确"的爱国主义牌，试图以保守的基督教价值观，重新将上帝召唤回世俗社会，整合美国的道德基础和价值基础。

去年（2004 年），亨廷顿发表了他的新书《我们是谁？美国国家特性面临的挑战》（此书已由新华出版社出版中译本），这位美国学院保守主义权威人物将"文明冲突"的视线从国际社会外部转向了美国社会内部。在他看来，美国的国家认同，过去有四个组成部分：民族（不列颠民族）、种族（白人）、文化（基督新教）和政治（美国宪法），经过一个多世纪中欧、南欧、东欧移民、拉丁美洲移民和亚洲移民所带来的文化多元主义的冲击，如今只剩下一个东西：共同的政治信念。这也是罗尔斯《政治自由主义》立论的基本事实基础。不过，在亨廷顿看来，仅仅靠政治信念立国是非常危险的，当初的罗马帝国、苏联帝国就是因为缺乏共同的民族和文化，而靠国家意识形态的黏合力维持整合，最后这些帝国无一例外，通通崩溃解体。为美国之未来忧心忡忡的亨廷顿大声疾呼：要坚决抵制国家认同中的文化多元主义和政治自由主义，坚定地捍卫盎格鲁–基督新教文化在美国社会中的核心地位，这一由"五月花"号带来的原初定居者的文化，正是美国国家的立国之本。显然，亨廷顿这本书提出的观点，为白宫的基督教复兴作了理论上的背书。

　　一方面是文化激进主义的咄咄逼人；另一方面是保守主义的强大复兴，自由主义何去何从？相信价值中立的自由派何去何从？这次民主党的败选，不仅是克里个人的失败，而且是其背后的政治自由主义理论的重大挫折。自由主义所预设的"正当优先于善"只能是一半美国人的公共理性，无法整合另一半美国人，因而在如今冲突最激烈的道德价值问题上，自由主义显得左右为难，拿不出一个让多数人服气的方案，这正是政治自由主义的现实困境所在。

　　在政治社会经济权利的公平安排上，自由主义基本实现了不同的宗教、道德和哲学学说之间的重叠共识，但是在更核心的道德价值问题上，因为各自有各自对善的理解，重叠共识何其之难！政治自由主义的重叠共识，其背后的价值基础是比较单薄的，虽然它有其道德基础：对人的尊重和对不同信仰的尊重，但当不同的信仰发生冲突时，中立的自由主义就很难像解决分配公正一样，给予弱势者适当的补偿。善的失落、美好生活的丧失，是无法用任何其他的物质或精神方式补偿的。

理性的美国，情感的美国。这是两个美国，也是同一个美国，分别体现了美国精神的两个侧面。这是美国有活力之处，也是麻烦之处。搞得好，理性与信仰、精英与草根，可以形成良性的互动和平衡的互补；搞得不好，冲突频频，威胁国家的社会道德整合。自由主义如今面临的最大问题，是如何整合另一个美国，另一个信仰的美国、基督教的美国；是如何回应文化道德价值问题，不再是用消极的办法，用括号将善的问题搁置起来，将之放逐到私人领域，而是积极地面对价值的分歧，重新将之置于公共领域予以对话和讨论，寻找自由民主生活最一般的伦理基础和价值底线。

马克斯·韦伯当年指出现代性就是"祛除魅力"的过程，自由主义本质上是一种"祛魅"的产物，是世俗化时代的公共宗教。它相信随着世俗化的发展，人会越来越告别传统的宗教、信念和情感，成为"理性人"，这也是自由主义对自由民主秩序理性王国乐观其成的缘由所在。然而，自由主义忘记了韦伯当年对"祛魅"以后"价值诸神"冲突的忧虑，随着世俗化的日渐深入，神圣、超越这些价值之物不仅没有退出历史舞台，反而以更尖锐的方式表现出来。自由只能提供给人选择的可能，民主赋予人平等的尊严，但它们并不能因此给人的生活带来意义，告诉你美好的价值何在。而只有有价值、有意义的生活，才是完美的人生。然而，现代性的世俗化以工具理性的方式摧毁了人的内心世界和社会道德生活的完整性，使得价值危机在民主化以后格外地凸现出来。"9·11"事件所触动的是世界不同文明之间"世俗社会最深处的一根宗教神经"（哈贝马斯语），而布什、克里之争所反映的，正是在一个多元文化的民族国家内部同样的问题：世俗社会的

"价值诸神"冲突。

2004 年美国总统的选举，预示着美国的自由主义不得不面临新的突破，在实践层面期待着一位像罗斯福、肯尼迪一样能够改变美国历史的伟大总统，在理论层面则期盼着一位自洛克、康德、罗尔斯以后有能力开创自由主义新生命的一代大师。不过，这一切都可望而不可即，或许几年，或许几十年，将是下一代人看到的故事。

（2005 年）

从东邻日本看高扬传统的得失

在近代历史上，中国和日本的锁闭门户几乎是在同一时刻为西方列强的炮舰撞开的。然而门户洞开之后的近一个半世纪里，一个乘势一举跻身于世界强国之林，而另一个至今还在现代化的路途中行进。东邻扶桑的突然发迹对于我们中国人来说始终是一个难以索解的谜语，而谜语一旦长久困惑人们，又会转化成一种迷信。

日本的成功果真是斯芬克斯之谜吗？它果真值得中国无批判地仿效吗？日本当代史学家森岛通夫所著的《日本为什么"成功"：西方的技术和日本的民族精神》，对我国读书界每个关注这一问题的读者来说，都不啻一部发人深省的严肃之作。

有幸得益于传统：以"忠"为内核的民族精神

森岛通夫对日本为什么成功这一问题的切入点是耐人寻味的，他从日本民族精神这一视角考察了个中的奥秘，得出了一个颇有创见的结论：日本的成功在某种意义上说可以归因于高扬本国的文化传统——日本的儒家精神。

公元 6 世纪前后，在热衷于引进中国文化的圣德太子推动下，中国的儒、道、佛诸家学说跨越滔滔的东海流入日本。而在这之前，早期日本的原初文化很难说已有自己完整的定型图式，后来被认为纯粹日本土产的"神道"在当时不过是简单的宗教习俗而已。"在日本，民族精神尚未清楚而牢固地形成。在这块油画布上，还有许多空白要由圣德太子用自己的颜料来填补。"[1]而圣德太子正是通过引进中国文化，成为日本第一个思想家。可以这样说，倘若剔除了中国文化的因素，日本传统文化这一概念就会变得支离破碎，残缺不全，正如离开了中国的象形汉字，就谈不上有日本的书写文字一样。在中国文化中占首席地位的儒家学说在东渐之后，作为一种治理国家的最佳模式，在东瀛也受到格外的青睐，成为日本文化的主导结构。它在大化改新后被奉为武士阶层的意识形态和政府活动的基本准则，在德川时代后期开始世俗化，而明治政府成立后又以强制教育的方式加速儒学的传播，终于使"儒教变成了全国性的意识形态"（25页），成为渗透于日本人文化—心理深层的民族精神，尽管经历了几番西化冲击，但仍如美国当代"日本通"赖肖尔所说："今天，几乎没有一个人认为自己是孔教徒了，但在某种意义上说，几乎所有的日本人都是孔教徒。"[2]

森岛通夫指出，在日本经济起飞的过程中，儒家的世俗化与日本的武士气概一样扮演了最重要的角色。儒家中重视教育、崇尚理性、提倡节俭这些观念对于促进经济的发展起到了类似西方清教的功用：重视教育造就了一个"文凭社会"，个人欲赢得社会的尊重，不再仗恃先天的出身，而是凭借后天的努力；崇尚理性则"使得西方科学能够迅速而深深地扎根，并且日本的那些勇敢的科学家们也没有蒙受苦难"（92页）；而提倡节俭又促使人们踊跃储蓄，加速了资本的积累和产业的发

〔1〕（日）森岛通夫：《日本为什么"成功"》，胡国成译，36页，成都，四川人民出版社1986。下文凡引用该书的，在引文后标注页码。

〔2〕（美）埃德温·赖肖尔：《日本人》，孟胜德、刘文涛译，233页，上海，上海译文出版社，1980。

展。不过，这却使人萌发了一个疑问，为什么同出一源的中国儒学到近代却成为经济现代化难以逾越的屏障？对此，森岛通夫提出了一个支撑全书思想框架的基础命题："在某些重要的方面，日本的儒教是非常不同于中国的儒教的。"（4页）任何文化总是基于一定的民族载体，当它被移植到另一个民族生存圈后，载体的变更同时也意味着文化本身的某种变异。因为移植的过程是一个双向同化的过程：一方面外来文化同化了引进者的立体心理图式；另一方面，引进者本有的立体心理图式也同化了外来文化本身。同化就是变异，就是改造。这样，"在一个地理位置与别国隔离的日本国中，中国的儒教要以一种未经改造的形式传播是不可能的……宗教革命（也许是不自觉地）就在来自中国和朝鲜的船上或是日本的海岸上开展起来。"（5页）以那个"引进之父"圣德太子为例，他虽然"热衷于把日本人民的教育水平提高到中国的水准，但他并非想接受中国的一切，他只想把中国有价值的东西嫁接到日本的民族精神上"（36页）。也就是说，按照民族生存发展的主体需求对外来文化进行取舍。这样，尽管中国和日本属于同一个东亚儒家文化圈，但倘若将两国的儒学细细比较，就会发现这对父子颇有点形似神不似的意味。

儒家学说是一种伦理中心的哲学，然而中日两国儒学伦理道德的中心范畴是截然相异的，中国人认为最大的美德是"仁"，而日本人却归结为"忠"。这种观念上的色差或许正是两国颇为异趣的古老社会传统在民族文化心理层面的投影。中国儒学的现实根基是一种源远流长的宗法家族制度，自秦以来的君主专制制度不过是依据这种宗法组织结构功能在国家政治组织层次上的摹本而已。因而负有维系宗法国家一体化社会政治模式使命的儒家学说特别突出了以"亲亲尊尊"作为标准的"仁"，以"孝"为经，以"悌"作纬，由身及家，由家及国，齐家的原则亦即是治国的要略，可以从父慈推演出君仁，从子孝衍化出臣忠。日本儒学的现实根基却是一种类似欧洲中世纪的世袭等级制度。早在公元四五世纪的大和年代，贵族中间就存在着一种等级森严的氏姓制度，而整个中世纪的封建制始终以权力世袭为特征，居于四民之首的武士阶层与其他阶层界限不可逾越，其内部又划分为几十个世袭的等级。作为国家政治组织典型模式的军事幕藩体制，完全建立在臣仆对领主的个人效忠基础上，武士对领主、大名对将军的层层效忠犹如中世纪欧洲的封建领主制。不过欧洲的主臣关系是有着明确权利义务规定的双向法律契约关系，而在日本却是臣民对领主绝对效忠的单向伦理道德关系。这样，大陆的儒学一经移植岛国的土壤，原本根植于血缘基础的温情脉脉的"仁"便黯然失色，而充溢着武士气概的"忠"却凸显出来。当然日本人也重孝，但在忠孝相悖的情境下，与中国人孝高于忠的价值观相反，他们更倾向于选择忠，即便是对于忠的理解，两国的儒学也大相径庭。"孔子所说的'臣事君以忠'在中国被解释为'臣子必须以一种不违反自己良心的真诚去侍奉君主'；而日本则把此话解释为'家臣必须为自己的君主奉献出全部生命'。"（10 页）这就是说，中国的"忠"要以仁义为前提，臣一味顺君是"妾妇之道"[1]，日本的"忠"却不具这种理性主义因素，带有一种感情至上的意味，一种无条件的、绝对的献身精神。

令人惊讶不已的是，正是这种似乎要落后得多的日本传统儒学，在19 世纪后半叶为日本迅速跨入近代国家的门槛提供了精神动力。东方国家的近代化历史同时也是一部近代民族意识觉醒的历史。由于不是什么内部的自发因素而是亡国灭种的外部威胁惊醒了昏沉的中世纪之梦，因此实现全民族的团结，高扬国家意识，齐心协力抵御外侮，力争在最短的时间里摆脱落后挨打的困境，便成为东方诸国生死攸关的首要历史任务；以"忠"为内核的日本儒学恰恰在这转变的年代里充当了民族主义的精神旗帜。赖肖尔指出，在日本超家族的集团很早就形成了，而

---

[1]《孟子·滕文公下》。

且其重要性超过了家族本身，"这使日本在近代比较容易地转变为对国家和对其他非亲属集团的效忠"[1]。由于不存在具有强烈内聚力和外斥力的家族藩篱，日本传统的集团本位在近代能顺利地衍生出国家本位，日本儒学的忠诚意识不仅是集团联系的精神枢纽，也成为民族团结的共同取向，不过在对象上由对领主的效忠演变为对国家之象征——天皇的忠诚。森岛通夫写道："在日本，是忠诚而不是仁慈被看作是最重要的美德，当日本接近近代时期的时候，这一点就越发变成了事实。"（10 页）在 1890 年明治天皇对国民的直接训谕《教育敕语》中特别规定："国家、天皇和道德的根源已成一体，应以对天皇忠、对父母孝为道德的根本。"在近代，这场旨在"消除日本与西方之间存在的军事与科学技术上的差距"的民族急行军中，以"忠"为核心的日本儒学精神，"要求每个人不仅牺牲自己的日常生活，如果必要的话，还要牺牲自己的生命。"（24 页）日本国民正是这样严格地去做，而且果然做到了。

倘若说日本的幸运在于现成地利用了既有文化传统以迅速形成近代民族意识的话，那么中国的不幸恰恰在于相反。与日本那种以"忠"为联系枢纽的集团本位不同，中国以"仁"为联系枢纽的家族本位对民族意识的萌生起着剧烈的阻抗作用，在个人与国家之间横亘着一条顽固的家族鸿沟。正如胡适所说，中国的家族对于社会俨若一敌国，"曰扬名也，曰显亲也，曰光前裕后也，皆自私自利之说也"[2]。许多近代中国人在国沦邦丧之际，依然只知有家，不知有国，浑浑噩噩，苟且偷生。戊戌变法失败后，梁启超流亡到日本，当他看到日本国民送别亲人出征的热烈场面，一面写着"祈战死"的旗帜时，不禁肃然起敬。也许是联想到尚滞留在蒙昧状态中的中国民众的漠然表情，他感慨万千地说，日本

---

〔1〕（美）埃德温·赖肖尔：《日本人》，61 页。
〔2〕 胡适：《胡适留学日记》，第 1 册，251 页，海口，海南出版社，1994。

有"大和魂"，对中国来说，最紧迫者莫过于发展"中国魂"；要分享强盛只有起而仿效日本人的自爱和爱国心。应该说，梁启超的目光是犀利的，但他毕竟没有注意到，在中国的文化传统中缺乏日本儒学那种可以直接转化为民族主义的主导元素。至少在这一点上，日本是有幸得益于传统，而中国却不幸地失之于传统。

传统与西学的结合：集团的竞争与协调的民主

基于"仁"与"忠"的内核迥异，森岛通夫做了一个颇有见地的判定："中国的儒教无论怎样说都是人道主义的，而日本的儒教是民族主义的。这种差异可以很好地从下述事实反映出来：中国总有一种'中央王国'的观念……而日本则产生一种自卑情绪。"（23页）唯我独尊的文化优越感使中国人扬扬自得，自命不凡，一切外来事物都可以在老祖宗那里找到"自古有之"的发源地。即使鸦片战争之后在物质文明上被洋人比了下去，也要在精神文明上争个高低，捞回面子。深信只有"以夏变夷"，绝无"以夷变夏"之事发生。故而在被日本人打败之前，尽管蒙受的国耻足以触目惊心，中国士大夫阶层始终缺乏一种深切的民族危机感。反观日本人对外部世界的反应则比中国人敏锐得多。他们"总感到自己处在一个强大的世界帝国的压力之下，结果也许变得过分谨慎防范了"（23页）。与中国恰恰相反，日本人文化上的自卑心态逼迫他们真诚地输入最先进的世界文化，在"拿来主义"中探寻民族生存发展的驱力。这或许就是当代日本人常以自诩的"随机应变"的机智性格。不过，从另一个视角观察，日本人意识深层的"自卑情结"在心理防卫机制的逆反作用下，又往往通过强烈的民族优越表象显现出来。"为了生存，防御性的民族主义很早以来就是日本儒教的一个显著特征。"（23页）日本人常常以"神授土地""神国子民"的执着信念来激励自己的民族热情；正是那个派遣留学生来华的圣德太子在致隋炀帝的国书中却

写下了"日出处天子致书日没处天子"的傲慢句子；当代日本人一方面
虔诚地学习西方文化，另一方面又顽强地保持自己的民族传统。民族心
理上这种自卑与自尊的微妙平衡使东西方文化在日本和谐地熔为一炉，
如同在他们的餐桌上刀叉与筷子并列一般相得益彰。毋庸置疑，当代日
本的基本格局既体现了近现代化的世界潮流，又洋溢着日本民族的传统
精神。这种结合莫过于从下列经济和政治两重模式中透现出来。

　　集团的竞争——社会各基本单位在平等的条件下相互竞争是近现代
资本主义经济运作的主要原则。竞争的历史前提是社会的多元化状态，
各竞争主体享有独立的社会身份和活动自由。在中国大一统的历史传统
中，很难容忍竞争这种垂直型社会体制的天敌，相反"求定息争"却是
普遍崇尚的价值观念。但竞争与日本的历史传统却有相契之处。中世纪
的日本与欧洲相类似，从来没有出现过严格意义上的一统天下，皇室与
幕府、大名与大名之间总是存在着一种多元化的竞争格局，因而西方的
竞争对他们来说不是一头过于陌生的怪物。不过，资本主义的竞争在日
本又有其独到的风格。西方的竞争以个人为本位，而日本却以集团为本
位。这种以集团为基本单位的社会竞争在整体上形成了"对外竞争、对
内和谐"的日本式格局。它表现在两重层面上。其一，在国内竞争圈
中，公认的社会观点是："社会并非个人竞争的场所，而是一个队与另
一个队竞争的那种集体斗争的地方。"（169页）"在日本，一个公司的
雇员们组成一个队，它就像一个统一体那样行动，以便与另外一个公司
所建立的队竞争。"（175页）为了在一场无休上的集体竞争中击败所有
对手，最重要的是保持企业内部的亲密和谐。这样，日本儒学中的忠诚
精神就成为每个企业的绝对律令。企业在雇用雇员时，如同收养养子一
般，估价"他的性格、忠诚感和从长远看他对公司可能作出的贡献的潜
在能力，这比他当前的劳动生产率和技术重要得多"，对双方来说，"雇
用就像结婚一样，是一种终身承担的义务"（167页）。于是类似中世纪

那些超家族的封建集团，"一种强烈的'家长式的''家族的''同事的'气氛弥漫于公司之中"（159 页），"在雇员中间，在雇员与经理人员之间，流行着一种可以称之为具有血缘关系的团结感情"（168 页）。其二，在国际竞争圈中，国家就像一个放大的日本企业，它作为一个严密的整体参与世界贸易竞争。因而企业对于政府犹如雇员对于企业一样，信奉的仍是传统儒教的忠诚原则。"在美国，赚钱是获得社会尊敬的最有效的一种方法，而在日本……企业家知道除了赚钱以外，他们必须为社会和国家做'某些事情'。"（137 页）"公司相互间可能竞争，但公司本身却被要求声明效忠于国家……它们不得不限制对利润的追求，以便把对利润和对国家的考虑统一起来。"（178 页）这样，在日本的政府与企业之间就不存在西方那样紧张的对峙状态，一方面，政府的计划并不干预企业的自由；另一方面，企业也自觉地接受政府计划的指导。表现在这两重层面上的"集团的竞争"，正是创造了战后日本经济奇迹的、为西方人所惊叹不已的儒家资本主义发展模式。

协调的民主——西方近代政治的基本原则是民主精神，每个公民通过参与国家政治事务，自由地表达个人意志，最后以少数服从多数的形式达到公意。这种诸事取决于公意的民主精神，对具有两千年个人专制历史、笃信君主"一言九鼎"的中国来说是亘古未有的异质元素（近代中国人往往将它附会为中国传统中那种非民做主而是为民做主的"民主"观念），但在日本的历史遗产中却可以找到相似的对应物——集体精神。与欧洲的历史大致相近，日本直到中世纪后期才出现了以幕府为中心的中央集权制。但即便在专制时代，中央政府中仍然保持权力共享和集体决定的传统，而在各领地中，大名所扮演的不过是傀儡的角色，武士官僚们通过枢密院和集体决定进行治理。这种排斥个人专断的集体决定传统使日本比中国更接近西方的民主。第二次世界大战之后，在美国人的推动下，民主作为一项政治制度最终在日本扎下了根。不过在决策的程序上日本对民主进行了民族化的改造，使之有别于西方的经典民主。在西方的民主中，公民之间的利益竞争、不同意见的公开辩论是达到公意的必经通途，而在日本的民主中，却渗透着协调一致的集体传统。他们总是避免公开的对抗，更乐意于私下的协商和居中的调停，即使在国会辩论中也很少有西方议会中那种唇枪舌剑的戏剧冲突。"他们觉得，决定不应由任何个人做主，而应该通过协商由集体共同作出。目的是达到一致——开会的意义总是为了要达到普遍同意，不再有人持强烈的异议。个人颁布的命令，不管其权威多大，都是令人不快的，即使是由接近多数投票通过的决定也未必能使日本人满意。"（《日本人》，143页）当代西方人往往对日本的等级制度与集体决策并存感到不可思议，其实这二者在日本传统中是相辅相成的一体。如果说中国的等级观念往往与官位的高低相联系，因而多少带有一种冷冰冰的行政隶属意味的话，那么日本的等级观念则更染有温情脉脉的家族色彩。这种纵向、横向间反反复复的协调商量、集体决策，形成了当代日本民主制度的民族特色。

总而言之，日本有幸得益于传统，并且在积极引进外来文化的基础上对传统进行创造性的转化，实现了民族传统与西方文化的有机整合——这也许就是日本成功的真实谜底。

成功背后的暗礁：得到的也就是失去的

日本果真成功了吗？森岛通夫意味深长地在成功两个字上打了引号。这不能不令读者掩卷深思。作为一个民族整体的现代化，日本的确是成功了，然而却绝非无偿，承受这一历史代价的不是别人，正是实现了民族复兴、创造了经济奇迹的日本国民——作为精神个体存在的当代日本人。

如前所述，以"忠"为内核的日本传统儒学作为近代日本的民族精神在国家腾飞的过程中扮演了举足轻重的历史角色，然而"一种既定的意识形态不仅在历史的转折关头经常起关键性的重要作用，而且使它具有把日常经济活动中可能发生的事情限制在这种意识形态所特有的结构中的作用"（289页）。肯定的内部往往孕育着自身否定的因素，成功的背后也许潜伏着自我毁灭的危礁。森岛通夫尖锐地指出："尽管在科学、技术、教育、经济、军队和政治结构方面，日本在外表和形式上都迅速西方化了，但精神上的变化却远远地落在后面。更确切地说，正如'和魂洋才'这个口号所表明的那样，日本人一直是强烈地拒绝西方的精神观念的……无论在世界大战中战败后国家处于崩溃的时期，还是今天当日本已经成为经济巨人的时候，这种愿望都没有改变。"（80页）"大和魂"的精神支柱是日本儒学的忠诚意识，然而这非理性的忠诚意识无论在对国家还是在对集团的指向上都会产生难以幸免的功能异化。

从忠于国家这一指向来看，民族意识的高扬固然有助于民族的生存发展，然而成为狂热的浪潮却容易堕入沙文主义或军国主义的渊坑。日本是一个能源、原料、市场都严重依赖海外的岛国，在国际生存竞争中往往有一种过于敏感的不安全感，当外界环境恶化时，是否会重演军国主义的悲剧，这并非杞人忧天。应该看到，在资本主义世界历史中法西斯主义出现在德、意、日三国绝非上帝的随意安排。德、意、日与英、美、法在国家近代化进程中的历史主题是截然不同的。后者主要是向专制君主要自由、争人权，政治民主成为这些国家当时的时代主旋律（美国的独立战争名曰争独立，实则也是争人权，这可以从《独立宣言》的第一条中看出来）；而前者要实现近代化则首先要解决国家的统一和民族的生存。在民族主义的旗帜下，民主自由的要求被淡化了，犹如吉田茂所指出的，明治时代的日本人确信近代化是"至上命令"，"国家必须是一个强有力的实体"，因而"没有把观念上的设立国会论放在重要地位"。[1] 经过累积的历史效应，赤裸裸的法西斯军事独裁在捍卫民族生

---

〔1〕（日）吉田茂：《激荡的百年史》，李杜译，23页，北京，世界知识出版社，1980。

存的借口下替代了表面化的民主制度。当时极权主义的统治和对外扩张政策，不是为灌输入忠诚美德的日本国民心甘情愿地接受了吗？只要日本的民族精神依然围绕着"忠"的内核转动，就很难设想已经建立的民主制度会对传统的军国主义痼疾产生有效的抗体。已经有人觉察到"日本民主的最大潜在弱点似乎在于人民而不在制度。他们可能没有英语国家对民主的那种强烈感情"[1]。森岛通夫说得更透彻：由于每个日本国民都被民族主义意识严重熏陶，因此即使没有出现独裁者，舆论的力量也足以使一切自由主义受到压制（285 页）。调整民族意识和民主意识的比重，也许日益成为当代日本人在走向未来过程中无从回避的思想课题。

从忠于集团这一指向来看，固然与某一团体融为一体得到了安全感和归属感，但集团本位意识的过于强烈却压抑了个体的自我意识，造成个体的不发达和独立人格的匮乏。"日本人一直被要求顺从统治者，侍奉父母，尊重兄长，在社会中按照多数派的意见行事，没有留下什么余地解决良心的问题"（12 页），而"个人的自由经常被看作是背叛或是对社会、对多数人的挑战，任何敢于维护自己自由的人也许会成为彻底孤立的人"（171 页）。如果说缺乏个性的人活得自由自在，而富有思想的人却遭受歧视，这样的社会绝不能说是符合人性的。赖肖尔指出，当代日本人心理上的潜在毛病就是个体在结构严密的社会制度下所产生的压抑感，"许多日本人似乎都肩负着过分沉重的负担——对家庭、同事和整个社会的义务重担。"（251、162 页）个人义务与权利的不平衡，终身雇佣制所带来的身心不自由，使日本人的心理发展扭曲变形。相对于开朗的西方人来说，日本人也许很深沉。尽管西方人的开朗有时令人感到可笑，但日本人的深沉却常常令人生哀。当然，子女之于父母、雇员之于老板、公民之于国家表现了完美的忠诚美德，可是被压抑的个性

〔1〕（美）埃德温·赖肖尔：《日本人》，359 页。

要求却总是在不用戴假面具的场合寻求畅快的（却往往是变态的）宣泄。一个在上司面前十分恭顺的人在家庭可能是一个暴君；一群平日很守纪律的军人在没有外在道德规范管束下，又会干出简直是毫无自我控制能力的兽行。表面上这很难归咎于忠诚意识，实际上正是被扼杀了的个性通过某种病态的表现形式予以异化的反抗。

日本忠诚精神中所潜伏的上述弊症如今已为包括森岛通夫在内的不少严肃的日本学者所重视。他们能够在自己的民族踌躇满志的时刻作冷静的自我反省，这本身就显现出这个民族的胸怀和希望。在一个民族的自身发展进程中，最困难的与其说是超越他人，毋宁说是超越自我。成功的日本与未成功的中国同样面临着正视传统的现实课题，倘若物态与心态现代化的平衡不能实现，那么在"日本的精神加西方的技能"这个格式中依然会留下"一个使人心神不宁的真空"，"未来向不祥的方向发展的可能性仍是存在的"（82页）。

得到的也就是失去的。如果说日本的成功多少得益于传统的高扬，那么它的不成功也恰恰应归咎于此。传统可以充作现代化的支点，但最终可能是继续行进的障碍。对传统根深蒂固的东方国家来说，可忧的是对传统的取舍。有两种现代化发展模式：一种是追求成功的，更注意国情的适应，传统的借用；另一种是追求合理的，更注意国情的改造，传统的更新。前者是经济至上，或许能取得辉煌的高速度，有利于民族的生存，但却以昂贵的个性牺牲为代价；后者是人的至上，或许"赶超"路程较为漫长，但却更符合人性，有利于民族的平衡发展。这是一个相当令人困惑的悖论，我们这一代中国人面临着现实的抉择。不过，当我们从东邻现代化的足迹中领悟到若干得失成败之后，在选择中国的未来时是否会变得更聪明一些呢？

（1988 年）

从欧洲历史看贵族精神

　　中国崛起了，神州富人遍地。富裕起来的暴发户，都想做贵族，甚至自以为就是贵族。开宝马车、喝人头马，都成了贵族的身份标志。不那么富得流油的城市白领，另辟蹊径，泡酒吧、看话剧，谈村上春树，以精神贵族自居。各地的大学也以开设高尔夫球课程招揽生源，似乎学会了挥舞球杆，从此便步入上流社会。

　　满城尽带贵族甲，偏偏无人对历史上的贵族感兴趣，没有人去深究细想：什么是真正的贵族？贵族的精神何在？暴发户与贵族相距多远？美国纽约州立大学有一位德瓦尔德教授，一直着迷于欧洲贵族的研究，苦心研读几十年，终于成为欧洲贵族史的研究权威。最近商务印书馆翻译出版了其在剑桥大学出版社出版的名著《欧洲贵族（1400—1800）》，让我们有机会在最短的时间内通览欧洲贵族的历史变迁。

　　近代的贵族是中世纪封建制度的产物。耸立在欧罗巴平原与英伦海岛上的一个个中世纪城堡，便是贵族权力的象征：它们独立于王权，又统辖着臣民，自成为一个王国。欧洲的贵族最初是唯血统论，是庶民还是贵族，就看你继承的是哪个家族的血脉，出身是否高贵。最初的贵族是那些蜗居在乡野城堡中的乡绅，他们粗鲁，缺乏教养，只关心狗和打猎，到16—17世纪的中世纪晚期，血统贵族的传统被打破了。大批贵族迁往城市，在文艺复兴的影响之下，慢慢融入近代的文明进程，教养开始代替血统，成为贵族的重要标志。

这个时候，资产阶级已经诞生，这些靠海上贸易和手工作坊起家的暴发户们，论钱包，要比贵族们鼓得多，唯独缺乏的，是贵族的教养与气质。教养这个玩意很玄虚，又很实在，体现为优雅的谈吐、文明的举止与对人的彬彬有礼。不要以为在等级森严的封建社会，只有贵族之间才讲文明礼貌。贵族与庶民，虽然身份不平等，但同为上帝的子民，人格都是平等的。每一个社会阶层，都有自己的尊严，你看英国历史片中的管家先生，没有一个卑躬屈膝，个个都像贵族那样体面、有尊严。张爱玲说过，老上海公寓里的电梯工，一定要衣着齐整，才肯出来为客人开电梯。不仅全社会追求绅士风度，以教养为荣，而且贵族对下人也尊重有加。路易十六皇后上断头台，不小心踩到了刽子手的脚，皇后的第一个本能反应是："对不起，先生。"

贵族的教养从何而来？它无法像知识那样机械地传授，只能在适宜的文化环境之中熏陶而成。家庭、学校与社交，便是陶冶性情最重要的空间。教养首先来自家教。家教不是指弹钢琴、背《论语》式的家庭功课，而是日常生活中的亲切与自然，举手投足中的优雅与高尚。家庭之后是学校。从伊顿公学到牛津、剑桥，贵族学校教你的不是谋生的本领、赚钱的实用知识，而是阅读大量"无用"的拉丁文，通过古典文化的熏陶，让学生成为贵族社会所需要的绅士。最后是社交。男孩女孩到了十六岁，便为成人，由父母带领进入社交圈子，学会与不同的人交往，实践各种社交礼仪，成为彬彬有礼的君子。

一般来说，贵族气质要三代而成。第一代是暴发户，虽然腰缠万贯，但从小形成的粗鄙习性不复改正，无论如何模仿，皆不成体统，于是开始培养下一代，送子女进贵族学校，学绅士礼仪。但第二代毕竟是教育的结果，所谓的贵族气质乃后天形成，尚未内化到血脉之中。平日尚能维持文明与体面，一到吵架的时候，家乡的骂人土话便脱口而出。一直要等到第三代，习惯变为自然，贵族品性浑然天成，方能形成家族门风。

储安平在《英国采风录》中说："在英国，贵族制度之所以能传至今日，并非由于任何武力上之凭借，而胥由于人民之同意。英人贵族制度流传至今，乃是得到民众同意。英人不仅不反对他们所处的社会里有这种贵族的成分，且反以此种贵族制度为骄傲，为满足。他们以为'贵族'代表一种尊严，代表一种高超的品性。"一个社会很难人人为君子，但只要大多数人以贵族精神为自觉追求，便会形成文明的秩序和有教养的氛围。"泰坦尼克号"即将沉没之际，所有乘客，无论是头等舱的，还是甲板以下的，在妇孺面前，都表现出礼让与风度，便是一个绅士社会的风范体现。

贵族精神的另一个标志是责任。不要以为绅士们贵为一方，手握权柄，便可以为所欲为。身为贵族，便意味着担当与责任。首先是对自己负责，严于自律。最有名的贵族学校伊顿公学，人人趋之若鹜，但身在其中，无异为吃苦训练营。统一作息时间，清晨起床跑步，晚上集体熄灯。军营化的管理，目的无他，乃为培育学生高度的自律与团队精神。欧洲的中世纪家庭，实行的是长子继承制，长子以下的贵族，都要从军打仗。严明的纪律训练，性格的自我约束，成为贵族学校的第一要务。储安平比较中英教育，深有感叹地说，英国的学校重视人格教育，思想容忍自由，性格倾向管制。中国的教育却是思想管制，性格放纵。放纵的结果是人人自由散漫，全国一盘散沙。中国人是"一个和尚挑水吃，两个和尚抬水吃，三个和尚没水吃"。而英国贵族教育所形成的团队精神，是另一个结果："一个英国人，一个呆子；两个英国人，一场足球；三个英国人，一个不列颠帝国。"

欧洲的贵族传统，非常重视名誉，名誉高于一切，包括最珍贵的生命。贵族间的决斗看似野蛮，却是捍卫自家名誉的不二法门。名誉不是虚荣，它意味着另一种责任，即对家族的责任。每个贵族不仅代表个人，也代表整个家族，其一言一行，都与家族的荣誉休戚相关。在各种欲望与利益的诱惑面前，仅仅靠个人品性难以抵挡，还要靠家族的集体约束力。一个贵族世家的荣誉，来源于几代人鲜血凝聚的战功，不容有败家子毁于一旦。到了现代，传统的贵族世家已经式微，融入平民社会，但集体的名誉依然存在，转化为母校的荣誉感。比如，哈佛的毕业生，一生须谨守哈佛的法则，无愧为哈佛之子。若个别害群之马有丑闻曝光，当令整个学校蒙耻。母校决不护短，定下驱逐令，将其逐出家族（校友）圈子，以此警诫家族众人，不要自取其辱。

中国儒家有修齐治平的传统，欧洲贵族也是从个人到家族再到庶民，对底下臣民怀有保护的责任。中世纪分封制下的贵族，作为一方领地的统治者，其权力之大连国王都不得与闻，但权力同时也意味着责任。领主与臣民之间，看似依附与被依附，实乃保护人与被保护人的关系。若无法保护臣民的利益，尽到领主的职责，臣民们会出走投奔自由城市，领主的势力也随之衰落。这一中世纪贵族"为臣民负责"的传统，到了现代便转化为"为公众服务"的精神。一到周末，哈佛、耶鲁、牛津、剑桥等贵族名校，皆人去楼空，学生都到社区、医院、教堂和养老院当志愿者，为公众服务去了。真正的贵族，不是在学校学打高尔夫球，与民众们拉开距离，以显示上等人身份；而是尽量走向底层，接近平民，为公众服务。奢侈不是贵族的身份标志，只有暴发户才需要炫耀性消费，证明自己已经脱贫。真正的贵族虽然有钱，但不在乎钱，更不以聚财和享受为人生目的。他们在生活上是低调的，在意的不是消费，而是慈善。慈善活动才是真正的贵族圈游戏。在各种赈灾、拍卖和捐助之中，贵族们竞相攀比的，是他们对社会的爱心，同时也是自己的荣贵身份。

在欧洲，英国贵族是开放的、流动的，经过国王与女王陛下的册封，不断有各界精英与成功人士，作为新鲜血液补充入贵族队伍。相比之下，法国的贵族比较封闭、保守。路易十四时代，中世纪的分封制转变为中央集权制，为削弱各地诸侯的实力，国王继续授予贵族们经济特权，却剥夺了他们的地方政治实权。路易十四建造了辉煌无比的凡尔赛宫，让贵族们迁居到首都巴黎，在他的眼皮底下生活，沉浸于上流社会的豪华奢侈之中，从此乐不思蜀，不再关心臣民的疾苦。托克维尔指出，法国大革命之所以发生，乃是贵族阶级享有特权，却不尽公共责任，因而人民非常痛恨他们，欲除之而后快。一个社会的精英阶级是否腐败，不是看其享受了多少特权，而是要看是否承担了相应的社会责任。若责任与特权相等，民众尚可接受，民生也能安顿。一旦统治阶级只考虑私利，放弃对臣民的职责，甚至荒淫无耻，全然不顾民众的死活，有贵族却无贵族精神，便距离革命不远了。托克维尔还分析说：贵族社会倾向于地方自治，平等社会却需要中央集权。17、18世纪法国的中央集权，建立了一个人心中的平等社会，但这个社会还死死抓住已经被掏空了内容的贵族形式。当贵族们沉湎于花天酒地，不再担当精英职责的时候，新的社会精英出现了：启蒙知识分子领导第三等级，通过革命的方式，试图建立一个没有贵族的民主社会。

法国贵族之所以灭亡，从某种意义上说，乃是一种自我谋杀：在其肉身尚未灭亡之前，其灵魂——贵族精神已经死亡了。贵族精神除了教养与责任之外，最重要的乃是自由。"不自由，毋宁死"，最早是贵族对抗王权的口号。当法国的贵族们在凡尔赛宫的花园里徜徉，在富丽堂皇的舞厅里，围绕着国王、王后翩翩起舞的时候，他们的自由也就丧失殆尽了。大革命后的法国，建立的是一个平等的平民社会。贵族阶级灭亡了，但是否还需要贵族精神，尤其是其灵魂——自由精神呢？生活在奥尔良王朝时代的托克维尔敏锐地发现：贵族时代的原则是荣誉，平民时代的原则则是自利。每个人都是利己主义者，在不损害他人的前提下，追求自己利益的最大化。贵族精神中的公共责任消失了，在威权主义的统治下，不是杨朱，即为犬儒。在封建时代，以贵族为中心的地方自治，社会内部存在着有机的结合，但到平民时代，每个人都是原子式的个人，彼此孤立，是一种机械的利益组合。为形成起码的社会秩序，在原子式的个人之上，不得不按照旧制度的传统，重建一个专制威权。在中古时代，民众们追随贵族，贵族是社会的公共表率。到了平民社会，不再有道德与舆论权威，人们追随多数人的意见，为匿名权威所摆布。在这样的社会之中，优秀的品质与可怕的灾难都会减少，但在平等的多数主宰之下，社会逐渐趋向平庸化和肤浅化。

托克维尔是一个贵族出身的自由主义者，深知贵族社会与平民社会的利弊所在。平等与民主是现代性不可扭转的大趋势，复辟贵族制无疑是一条死路，出路在于如何在平民社会之中发掘贵族的自由传统，在没有贵族的时代重建贵族精神。所谓的贵族精神，有三个重要的支柱：一是文化的教养，抵御物欲主义的诱惑，不以享乐为人生目的，培育高贵的道德情操与文化精神；二是社会的担当，作为社会精英，严于自律，珍惜荣誉，扶助弱势群体，担当起社区与国家的责任；三是自由的灵魂，有独立的意志，在权力与金钱面前敢于说不，而且具有知性与道德的自主性，能够超越时尚与潮流，不为政治强权与多数人的意见所奴役。

平民时代的来临，宣告了贵族阶级的死亡。但各种伪贵族们，无论是物质贵族，还是精神贵族却应运而生，这些不再有贵族精神的贵族赝品，充斥了我们的时代。教养、责任与自由，这些久违了的贵族精神，究竟又在哪里？从历史反观当下，不由令人长叹：世无贵族，遂使伪士成名！

（2008 年）

南北城市情

魔都与帝都：近代中国双城记中的知识分子

近代中国读书人的活动空间，有一个不断城市化的过程。随着沿海通商口岸城市的崛起，大量的新式学堂在城市出现，无论要接受新式教育，还是谋求新的发展空间，士绅们都不得不往城市迁移。知识精英的城居化成为一个不可扭转的趋势。传统士绅之所以有力量，乃是扎根于土地，与乡村"权力的文化网络"有着密切的血肉联系。晚清以后，精英大量城居化，移居城市以后的知识精英，逐渐与农村发生了文化、心理和实体上的疏离。那么，这些城市化的近代知识分子，与城市社会究竟有什么样的关系呢？

一 南北迥异的地方社会

近代中国的城市化是不平衡的，地方差异、南北差异之大，形成了极大的落差。上海与北京是近代以来中国最大的两个都市，一南一北，互为"他者"，无论是城市形态、社会分层，还是城市景观、文化风格，都呈现出鲜明的对比。同样，从晚清到民国，两个城市的知识分子的内部构成不同，因而与城市社会的关系也迥然有异。

这两个城市的比较，一个世纪以来一直是人们乐此不疲的话题。姚公鹤在《上海闲话》中如此说：

上海与北京，一为社会中心点，一为政治中心点，各有其挟持之具，恒处对峙地位。惟北京为吾国首都者五六百年，故根深蒂固，历史上已取得政治资格……抑专制之世代，有政治而不认有社会，盖视社会为政治卵翼品，不使政治中心点之外，复发现第二有势力之地点，防其不利于政治也。惟上海之所以得成为社会之中心点，其始也，因天然之地理，为外人涎羡。其继也，又因外人经营之有效，中经吾国太平战事，而工商乃流寓，乃相率而集此。而其最大原因，足以确立社会中心点之基础，与政治中心点之北京有并峙之资格者，则实以租界为国内政令不及之故。

在不少幅员辽阔或者文化丰富的国家内部，往往有两个中心：美国有纽约和洛杉矶，俄国有莫斯科和彼得堡，德国有柏林和法兰克福，英国有伦敦和爱丁堡，澳大利亚有悉尼和墨尔本，日本有东京和京都，而在中国，北京是传统的政治中心，上海则是晚清之后崛起的社会中心，分别成为近代中国南北政治与文化的象征。北京作为一个有着700多年历史的帝都，除了明朝之初和国民党南京政府两段短暂时期，元朝至今的北京城，一直是皇城根下。北京的政治，发达的不是地方政治，而是帝国政治、国家政治。天子脚下，地方即国家，国家即地方，地方被笼罩在国家权力的直接控制之下。作为一个政治首都，北京城到晚清之后，城市商业有很大的发展，却缺乏近代的实业和金融业（近代北方的金融与实业中心在天津），只是一个消费性的传统都市。因而无论是城市绅商、资产阶级，还是职业群体和自由职业者，与上海相比都远远不够发达。

晚清之后的北京也形成了地方社会，由士绅与商人组成，并形成了地方精英管理公共事务的有限格局，但北京并没有像上海那样有强大的地方自治势力。研究近代中国绅商阶层的学者马敏发现，清末民初的地方市民社会，有两种不同的组织形态：一种是以地方自治公所为主轴，以商会为后盾，进而联络各新式社团、公司、商界，以上海为主要类型；另一种是以地方商会为中枢，依靠纵横交错的民间社团、公司、商界的网络而形成，苏州、天津、广州、汉口等城市皆属后一类型。显然，拥有地方自治机构的上海是强势的市民社会，而以商会为中枢的地方自我管理只是传统意义上的"士绅为核心的管理型公共领域"，只是到了民国时期，商人代替了绅商成为城市管理的主角而已。北京显然是第二种类型，而且因为其社团、商家和公司不如天津、汉口等工商城市发达，因而北京的地方社会要薄弱。在 20 世纪 20 年代，有"北京商家泰斗"之美誉的孙学士，连任三届北京商会主席，是京城地方精英领袖，但他在全国并没有知名度。诚如 20 世纪 20 年代北京的城市研究者史大卫所指出的那样：在北京，强有力的政权所控制的是一个虚弱而柔顺的社会，"北京的地方精英在军阀混战的年代中扮演着政治调适者的角色，他们既没有虚弱到需要习惯性地卑躬屈膝来满足上层精英的要求，也没能强大到将挑战权威的举措上升到要求独立地方自治的程度"。

而上海作为近代中国的社会中心，是一个具有全球化背景的近代大都市，不仅具有强大的资产阶级，而且在城市的变迁之中发展出丰富发达的社会网络，更重要的，乃是从晚清开始，上海作为一个有法租界和公共租界的通商口岸，控制城市的政治权力一直处于竞争性的多元状态，无论是英美、法国和日本的外来列强，还是清廷或后继的各路北洋军阀，谁都无法完全控制这个东方第一大都会，在权力竞争的空隙之中，反而为地方社会的崛起提供了历史可能性，也留下了地方自治的发展空间。清末民初的中国，同时出现了两种相反的趋势：一个是近代国家权力向基层的渗透和扩张；另一个是以地方绅权为核心的"封建"势力的崛起。国家权力与地方权力之间既有互动，又有冲突，呈现出复杂的权力交错面貌。

以清末开始的地方自治为例，就具有双重的性质：一方面国家权力以地方自治的名义向地方渗透；另一方面地方名流借助地方自治试图获得相对于国家的地方公共事务的自主性。上海史研究者李天纲引用梁启超的话指出，有两种不同的地方自治，一种是政府助长者，另一种是自然发达者，近代中国的大部分城市属于第一种，而上海属于第二种。由于全国一半以上的贸易、关税、工商业资本、金融存款、银行总部和交通工具都集中在此，上海俨然"经济中央"，非各种政治势力能独自驾驭，日益强大的社会生长出地方自治的要求。上海的地方自治，其欲望和力量并非来自自上而下的国家权力，而是从以强大的经济力、文化力和关系网络为后盾的城市社会中生长出来，于是便具有持久的冲动和爆发力。

从 1900 年到 1937 年时期的上海地方自治，经历了二上二下的波折。第一波地方自治高潮从城厢内外总工程局（1905—1909）到自治公所（1909—1911）、市政厅（1911—1914），以李平书为首的上海地方士绅通过这些前后相继的自治结构掌控了上海华界的地方公共事务，并且在辛亥革命年间的上海光复之中发挥了核心作用。1914 年到 1923 年间因为地方自治受到袁世凯及其北洋政府的打压相对衰落，其间的工巡捐局虽无自治机构之名，却承担了若干地方自治的功能。第二波地方自治的高潮始于 1923 年上海市公所的成立，与全国的联省自治运动恰成呼应，一直到 1927 年国民党统治上海结束。上海特别市建立之后，南京政府以"一党治国"的理念加强对上海的直接控制和管理，自下而上的上海地方自治运动遂告挫折。然而，即便在 1914—1923 年和 1927—1937 年这两个低潮时期，虽然不复有法定的地方自治机构，但下节将看到，上海各界的地方势力依然在商人阶级和知识阶级领导之下，通过商会、教育会以及其他城市的"权力文化网络"，力图表现出独立于中央权力的城市意志，并且在北洋政府时期数度挑战北京政府的中央权威。

二　一元化的上海与二元化的北京

京沪两地的知识分子与地方社会的关系究竟如何？他们是游离于城市"权力的文化网络"之外，还是镶嵌于其中？简单地说，近代北京是一个知识分子与地方社会相互隔绝的二元化城市，而近代上海则是文化精英与地方社会密切互动的一元化都会。

北京与上海，不仅一个为政治中心，另一个是社会中心，而且在近代历史之中，同时一个是学术中心，另一个是文化中心，这便形成了两地知识分子与城市社会的不同距离。京城从历史上来看一直是官僚士大夫的栖身之地，自1898年京师大学堂建立，近代中国最著名的国立大学以及教会大学云集北京，形成了全国公认的学术中心。京城知识分子的主体是在北京大学、清华大学等国立大学任教的学者专家。这些国家精英继承了帝国士大夫的精神传统，他们所关怀的除了专业趣味之外，便是国家与天下大事，而与地方事务基本无涉。董玥的研究发现，京城知识分子即使是观察自己生活的城市，通常也从国家视角出发，所欣赏的多是与帝都有关的建筑景观、皇家园林，如故宫、天坛、颐和园等。

京城的知识分子有强烈的抱团意识，但这些文人团体通常不是为国家法律所承认的正式职业社团，而是带有传统士大夫色彩的非正式交往社群，在"五四"时期有领导启蒙运动的《新青年》群体，启蒙阵营分裂之后，京城知识界分化成以胡适和丁文江为首的《努力周报》群体、以周氏兄弟为领袖的《语丝》派、以欧美海归博士为主的《现代评论》派。到20世纪30年代，《努力周报》群体扩大为《独立评论》派，从

《语丝》中分化出来的本土化京派文人组成奉周作人为精神领袖的《骆驼草》群体，而另一批留洋归来的京派作家以林徽因的"太太客厅"为中心，形成了前有《学文》杂志、后有《文学杂志》的同人圈子。由于京城的报业和出版业远远比不上上海发达，故这些京城知识分子皆以非商业化的同人刊物为中心，京派文学的代表《文学杂志》竟然还是由上海的商务印书馆出版发行的。

民国时期的北京知识分子与京城的地方社会基本绝缘，与当地的士绅、商人等地方社会网络几乎没有什么交往。他们都是国家级学术精英，甚至闻名国际，生活在国立大学的象牙塔中，自成一个文化王国。与京城知识分子关系最密切的，当属天津《大公报》。《大公报》虽然发源于天津，却是一张全国性大报，其关心的主要议题并非地方事务，乃是国家命运和世界风云，于是与京城的知识分子一拍即合。《大公报》很有影响的副刊《星期论文》和《文艺副刊》的作者们，大都来自上述北京知识分子各大圈子，《星期论文》与胡适为首的北平自由派走得很近，而《文艺副刊》仰仗的则是出没于"太太客厅"的京派作家。在 20 世纪 30 年代的北平（北京），他们形成了哈贝马斯所说的"舆论的公共领域"和"文学的公共领域"。但北京的公共领域与以《申报》为代表的上海公共领域不同，其背后缺乏以资产阶级为核心的市民社会支持，散发着纯粹的知识分子气息。这些以国立大学为背景、掌控了全国知识话语权和舆论主导权的大知识分子，因为与国家权力（南京政府）、国际资本（由庚子赔款为来源的中华教育文化基金会）和全国性大报（《大公报》）有着千丝万缕的联系，因而更具有古代士大夫的清议色彩，其与近代的城市社会是游离的，与城市资产阶级更是隔绝的。而在近代市民阶层面前，他们依然保持着传统士大夫的矜持、清高和傲慢。

对于京城知识分子与市民阶层之间无法跨越的鸿沟，董玥有如此精妙的分析：

> 在北京，并不是很多人都能享有像知识分子那样高的社会地位；他们占据着社会等级中的高阶，社交圈里都是和他们所认可、欣赏的同样社会地位的学者名流。这样一种环境给他们以安全感，让他们觉得一切都在掌控之中。他们不断地批评政府，这说明他们相信自己的学术知识工作对于国家的重要性……如果在上海他们会有做"他者"的感觉，在北京他们则是主人，而北京的本地人才是他们眼中的"他者"。北京城中的"新知识分子"并不是像本雅明眼中的波德莱尔那样的漫游者或城市闲人。他们不是人群中的诗人，他们甚至根本就不在人群中。他们与本地人的接触止步于同拉着他们足不沾泥地穿街过巷的洋车夫之间往往不大顺畅的沟通，他们很清楚这种隔阂的存在，但是从来没有把它当成一个严重的问题。

细读北京的文化人有关北京城的文字，会发现他们的内心对这座文化古城充满了故乡般的柔情。他们中的一些人，比如胡适、徐志摩、闻一多、梁实秋等都于20世纪20年代末在上海生活过，但他们不习惯上海的商业气息和浮华氛围，无法融入这座东方的巴黎，始终有疏离感，是城市的边缘人和漫游者，于是在30年代初纷纷回到北平。只有在北平，在北大、清华、燕京、辅仁这些象牙塔中，才不再有在上海那样的疏离感，感觉自己回到了精神的故乡。虽然不是土生土长的北京人，不会说一口京片子，但依然感觉自己是城市的主人，反而将真正的北京人视为"他者"。北京文化人与城市的联系是情感的、审美的、纯精神性的，北京城之于他们是精神的乡土，是地理化的家国。北京象征着心灵之家和中华国家。但家国之中所缺少的，恰恰是上海独有的城市认同。

相比之下，对于上海文化精英来说，上海既不是家，也非国，它就是一座现代大都会，一座有着自身肌理、血脉和灵魂的城市。近代中国的学术中心在北京，文化中心却在上海。学术中心以大学、研究院和基金会为基础，而文化中心多的是近代的报馆、书局、商业杂志、电影业和职业教育。北京知识分子的核心是学者专家、大学教授，而上海文化精英的主流是出版商、报业大王、记者、编辑、民间教育家以及自由撰稿人，他们基本上由两部分气质截然相反的文化人组成。一部分是布尔乔亚化的职业文化人，另一部分是波希米亚式的流浪文人。前者是出版商、报业老板、媒体从业者、大学教师和职业教育家，更宽泛一点还可以包括律师、会计、医生等专业人士。

这些布尔乔亚化的职业文化人，在资本主义化的文化市场中讨生活，他们本身不是资产阶级，但与上海的商人阶层关系密切，甚至自身亦绅亦商（如《申报》老板史量才），他们的意识形态充满了布尔乔亚式的对权利、秩序和世俗幸福的向往。另一部分波希米亚式的流浪文人，乃是指从五湖四海来到上海的流浪文化人，他们居无定所，生活在逼仄的亭子间里，以自己的才华与勤奋为上海滩各种各样的报纸副刊、杂志写稿为生，或者在报馆、书局和民间教育文化机构打零工，经常性地跳槽。这些来自异乡的流浪文人大多不安分守己，想入非非，充满着野心与梦想，仇恨异己化的城市资本主义生产体系与权力宰制关系，在政治倾向上往往表现出激进与左翼，崇拜鲁迅的精神魅力，为左翼作家联盟所吸引。这两部分上海文化人，虽然泾渭分明，但二者之间并不存在不可跨越的鸿沟，流浪文人一夜成名，出人头地，便步入职业文化人阶层；而职业文化人一旦被解雇，便穷困潦倒，只能以爬格子、打零工为生。而所谓的布尔乔亚与波希米亚意识形态，也非完全隔绝，充满反叛精神的左翼文化人在生活上可以被布尔乔亚俘虏同化，向往资产阶级的安逸、奢华，而上海的职业文化人也比有国立饭碗保障的北京知识分子要自由率性得多，常常表现出与政府疏离、反叛的一面。

至于上海知识分子与城市的关系，无论是职业文化人还是流浪文人，由于都是在都市的资本主义市场关系之中生存和发展，与这个城市有着无法割舍的经济、社会和文化血脉的关联，因而都深刻地镶嵌到城市社会之中，成为"权力的文化网络"中的一员。近代上海不愧为人们心目之中又爱又憎的魔都，她有一种难以形容的魔力，无论这种魔力被称为近代文明还是资本主义，总之像一口大熔炉，迅速将来自不同地域、文化背景和意识形态的新移民们融入其间，让他们对这座城市产生或深或浅的认同感。且不说职业文化人会自觉地参与地方公共事务，即使是那些波德莱尔式的城市漫游者，虽然上海对他们而言是疏离的、异己的，甚至是敌对的，但他们的生存方式决定了他们无法离开这所城市，或游离于城市资本主义生产秩序与生活秩序之外。因而所有对城市的批评和反叛，从另一方面来说更深刻地证明了他们不甘被城市边缘化，内心渴望颠覆城市的现存秩序而成为城市的主人；或者只是话语上的颠覆，而在现实的生存策略上只是适应资本主义的生存规则，不断挣扎着，努力向上流动。

古老的北京是近代中国的政治中心兼学术中心，因而这座城市的真正主人都是非本土的、来自全国各地的官僚与知识分子精英，他们与城市的地方社会完全隔阂，没有共同的利益和语言。虽然京城的知识分子在情感上视北京为精神的故乡和国家的象征，但北京对于他们而言只是国家的"首都"而非一个"城市"，他们的自我认同与其说是北京人，不如说是首都人。由于北京的知识精英与城市社会的二元隔离，使得近代北京的地方精英只是一些知名度有限的地方绅商，缺乏有文化号召力的知识分子加盟，因而无法像上海那样展开有声有色的地方自治运动，形成不了与现代都市规模相匹配的市民社会。相比较而言，鸦片战争之后才开埠的年轻城市上海，却迅速成长为全国的社会中心与文化中心，作为市民社会中坚力量的资产阶级与公共领域的核心阶层知识分子得以形成战略联盟。社会力量与文化力量的相互融合所建构的"权力的文化网络"，为上海的文化精英提供了广阔的城市舞台空间。

魔都与帝都，近代中国一南一北这两个城市，为新崛起的知识分子展现了不同的文化与社会空间，历史所留下的不同城市传统至今成为京沪两地文化人无法逾越的"围城"。

（2012 年）

上海文化传统与现状的反思

今年（2009年）是上海开埠一百七十周年。上海这个城市的历史并不长，比较起西安、北京、南京来说是个年轻的城市。但如果从中国现代化的经验来说，上海却是最典型的一个城市。有一个说法：如果你要研究中国两千年的历史，要去西安；要研究五百年的历史就去北京；而研究这一个世纪的历史，就要来上海。上海与中国现代化历史，和全球化背景是紧密联系在一起的。上海在2010年要举办世博会，走向世界，上海的历史文化传统里又有什么样的资源可以成为上海发展的重要渊源呢？这一轮上海的发展引起全世界的瞩目，国外有个评论家，把上海这一轮发展的经验归结为三个要素：强势政府、跨国资本和海派文化。也就是说，上海今天的发展是强势政府主导下的发展，它和跨国公司的大量涌入、青睐上海有关，但另外一个因素就是与海派文化相关。那么，所谓的海派文化究竟意味着什么？上海的文化传统究竟是什么？

一　颠覆东方与西方、传统与现代二元模式

上海这几年一直在刮"怀旧风"。这里所怀的旧不是说过去的一切都是旧，而是有特定含义的旧，是指20世纪二三十年代为代表的海上旧梦。上海有两种历史传统：一种是从上海开埠开始，到二三十年代

形成高潮。另一种是1949年到20世纪90年代初形成的计划经济传统。这两个传统的区别是很大的，形成了上海的两种历史传统。所谓的"怀旧"怀的就是二三十年代所代表的那个传统。之所以怀旧，隐含着对1949年后计划经济传统进行批判和反思的意味。上海的怀旧与西方各种各样的怀旧不同，欧洲或美国的怀旧通常怀的是中世纪贵族传统的旧，前现代生活的旧。西方的怀旧蕴含着对现代性的批判和反思，是对资本主义现实生产关系的反叛。而上海的怀旧恰恰是一种资产阶级布尔乔亚式的怀旧，这与西方形成很大的反差。其原因和上海1949年后那一传统有关系，"怀旧"是希望把上海历史中具有现代性的那一段发掘出来，作为历史的资源来反思1949年后形成的计划经济传统。

追溯上海发展的历史，从一个小渔村发展到松江府上海县，再到民国时代的上海市。现在的上海专指1843年五口通商以后开埠的上海，这以后的上海才慢慢形成了一个真正意义上的上海的自我认同。上海的自我认同是在全球化的过程中确立的。一般的观点认为，全球化所到之处都与本土化产生冲突，本土文化会在全球化过程中产生各种各样的失落感和焦虑感。但上海的经验表明，在全球化的浪潮里，上海文化没有失落只有获取，没有焦虑只有欢乐，因为上海的文化身份正是在全球化过程中确立的。这是上海一个很突出的现象，而在中国其他城市则很少。上海的经验是一个很特殊的经验，它使得我们过去各种习以为常的分析模式，如东方／西方、传统／现代的二分模式通通发生了问题。这样的二分模式用来研究上海的文化传统显然相当无力。上海在中国是充满洋化、充满异国情调的城市，她很西化，上海就是"西方"。上海在中国文化传统里尤其在近代是作为一个另类存在的。在过去，上海与中国这个概念是带有某种冲突的，上海意味着"去中国化"。"上海人"和"中国人"有时候也是一对冲突的概念。清末时期，上海有个地方贤达李平书去拜见李鸿章，李鸿章很欣赏他，临走前拍拍他的肩膀对他说：

"你不像一个上海人"，这是李鸿章对李平书最高的评价。这个评价在今天依然如此。上海身份对中国人来说是一个很另类的概念。尤其是那些有浓厚传统情结的人认为上海在历史上是一个充满污泥浊水的地方，很多文化保守主义者一讲到上海就颇为不屑。梁漱溟先生就认为上海是最堕落的地方，十里洋场，各种腐败真是很可怕。可见上海对许多传统中国人来说是一个"非我族类"、完全被洋化的地方。

但对西洋人来说，上海却是一个充满异国情调、很东方化的城市。我再举两个例子：我们现在可以看到许多二三十年代的月份牌被大量廉价复制，贴在各色各样廉价的餐馆、咖啡馆、酒吧里，人为地营造出一种所谓上海怀旧的氛围。通常这些月份牌里都印有一些上海二三十年代的少女，这些少女通常是这样一个形象，比如说她们做一个广告，推销一辆自行车。这些少女穿着短袖的运动衫、运动短裤，洋溢着一种青春气息。这幅画里反映的这样一种少女形象，你说是东方的还是西方的？如果说是东方的，这样带有青春气息的精神状态显然不是中国的仕女形象。但她偏偏又是黄皮肤黑头发，又是一个东方人。像这样的一个景观，我们常说的东方／西方、传统／近代的二元模式完全不能分析。再如，当今上海最著名的地标——新天地，它究竟是西方的还是东方的？凡是到过新天地的人都发现，东方／西方、传统／现代的二元模式在新天地完全被解构了。新天地是根据上海的石库门民居改造的，它整个外在的结构完全是东方的。但当你走进去，你发现里面的酒吧、咖啡馆、夜总会与在纽约和巴黎没什么区别。特别有象征意义的是新天地那家星巴克。星巴克是一个全球化的连锁咖啡馆，里面卖的产品、经营的模式，整个流程和其他地方任何一个星巴克都一样。新天地里的星巴克是把两座石库门建筑打通，故意营造出一种石库门的氛围。这种石库门模式就把我们过去所说的东方／西方、传统／现代模式打破了。这也就反映了上海文化的底色所在。事实上，石库门本身也并非纯粹的本土建筑。石库门产生在太平天国时期，"长毛"来了，江南农村的地主老财在乡下待不住了，纷纷带着细软逃到上海的租界，家里有点小钱怕盗匪来抢，就仿造乡下的深宅大院盖起住所。但上海在那时已是寸土寸金之地，他们不可能像在乡下一样把房子盖得很大很大，有什么二进三进四进。既然不能在平面扩展，只好向天空扩展，于是就有了二楼三楼。他们仿造西方的连排屋，把房子一座座排列起来，形成一个个弄堂，这就是上海的石库门。石库门可以说是上海民居的典范，即使是典范，它也渗透着西洋建筑的一些元素。这也就说明上海哪怕被认为是本土典范的建筑，从根本上说都不是纯粹的本土化，从一开始就带有西洋化风格。更重要的是，这两种完全不相干的风格在上海却得到了融合。北京图书馆（国家图书馆）和北京西站的建筑一直受到建筑界、舆论界的批评，说它们不中不西，不伦不类，为什么呢？它们本来也想来个中西合璧、传统与现代结合，但这种结合是拼凑式的，一个西洋的底座戴着一个大檐帽，配上中国的琉璃瓦，这就使东西方这两种元素在北京这些新建筑里产生很大的冲突和紧张。但在上海，从历史上到现在有很多建筑，特别以新天地为代表，都把这两个元素融合在一起。这是上海文化一个很重要的传统，即融合中西的传统。这与上海开埠以后的自我认同有关系。

二　多元的中西文化传统

如果对上海的传统作一个细分的话，它又有哪些成分呢？显然又不是东方／西方、传统／现代这种二元模式所能解释清楚的。上海的文化传统是很复杂的，包容着各种各样的内涵。首先看上海文化中的西洋传统。西洋是个很大的概念，西洋文化中有各种不同的传统，如基督教传统，基督教传统中又有天主教的传统和新教传统。就像被称为万国建筑博览会的外滩建筑一样，上海文化内涵中有各种各样不同的西洋传统。从宗教传统来看，近代欧洲有两个很重要的宗教传统。一个是以英国、德国代表的新教传统，按照马克斯·韦伯的分析，这个传统产生了近代的资本主义精神。资本主义之所以首先在西欧产生，这背后有个宗教资源——新教传统。新教传统中很重要的一点就是强调"入世禁欲"。过去基督教传统都是以"出世"、以追求"彼岸世界"为终极目标的。但新教改革后，新教使人对人生的理解发生变化，认为人生最重要的是在世俗生活中尽量表现自己，谁表现得最好就可证明谁是上帝最好的选民，就有可能进入天国。新教的这一变化就使新教国家如英国、荷兰、德国的民众不再认为现实的世俗生活是堕落的生活。在世俗生活里你拼命工作，拼命积累财富，这都是为上帝而做，说明你是最好的教徒。资本主义就是在这样的精神中发展起来的。所以新教国家的人都特别拼命，都特别有奋斗的精神，而且充满了一种马克斯·韦伯所说的工具理性，这就是新教的传统。新教传统在上海文化精神中表现得十分突出。上海人在中国人中的确表现十分拼命，特别精于算计，处处体现出这种精明。如果不把这种精明作贬义来讲的话，它就像是马克斯·韦伯所说的工具理性。过去在全国最困难的时候，买粮食都要有粮票，但唯独在上海有一种粮票是半两，半两粮票用来买什么呢？可以用来买一根油条。可见上海人都是从小处来计算，计算到一分一厘。这种精神背后体现出的就是新教中的工具理性。从好的方面看，上海人在全国相对来说是最有职业感的，比较讲信用。改革开放刚开始时，许多外国人到中国来谈生意，发现和上海人最难谈，上海人总是要和你纠缠半天，他们不仅要算计自己能盈利多少，还要算计你能盈利多少。而和北京人谈生意最方便，刚刚认识，两杯酒下肚就说一切都没有问题，马上签合同。几年下来，外商就发现北京人签合同很快，但履行这个合同成本就太高了，北京人所答应的各种条件到最后都无法兑现。上海人虽斤斤计较，签的时候要纠缠很久，但合同一旦签下来，就比较讲信用，能按照合同来办，上海反而是一个效率最高的城市。这些东西都是新教传统留下的。新教传统不仅上海有，香港也有，而且比上海有过之而无不及。这是因为上海的新教传统在 1949 年以后断了，而香港不但没断，还在英国人的治理下发扬光大。所以讲到敬业精神上海不是最好的，香港到今天为止要比上海好得多。

但香港与上海不一样的地方就在于，香港只有一种精神就是新教精神，缺乏另外的东西。香港受英国和美国的影响很大。上海不同，上海是半殖民地，是多国的殖民地，这就带来了其他的一些东西，这些就是欧洲传统中的另一种传统——天主教传统。天主教传统大多在拉丁文化的国家，如法国、意大利、西班牙，这些国家是信奉天主教的。天主教与新教区别就在：新教文化讲究简单实用，而天主教文化更注重的是艺术性。在拉丁文化国家里，它表现出的是一种浪漫的、超脱的，甚至颓废的传统。上海以前有一大块地方就是法租界，这些地方孕育了大批的文化人，他们培育出很丰富的拉丁文化传统，这就与基督新教中工具理性产生很大的反差。所以在上海文化中既有紧张的一面，又有松弛的、浪漫的、超脱的一面。但这一点在香港文化中是没有的。香港人是很拼命的，但他们缺乏浪漫一面，这与一个城市的底蕴是有关的。欧洲这两种宗教传统在上海形成了一种张力。

从各个国家的文化来看，上海也形成了多国、多民族的文化传统，有英国的、美国的、德国的、俄国的，还有犹太的，在虹口那一片还有日本文化的影响，这就使上海的文化传统相当丰富。这里我特别要强调俄国的传统。事实上，上海很多的法国文化传统并非法国人，而是由白俄带来的。十月革命后，大批俄国贵族逃到上海，形成一个可观的白俄群体。他们在上海开咖啡屋，卖面包、西餐和时装。俄国上流社会是完全法国化的，他们崇尚法国文化，这是他们的时尚。俄国上流社会讲的是法语，老百姓才讲俄语。他们到上海后就把这种传统带到了上海。上海的法国化实际上是俄化的法国文化。可见，在上海文化传统中，即使是西洋文化，其内涵亦是十分之丰富。

上海文化传统中除了西洋文化外还有本土文化——移民文化。上海开埠以后，原来的上海人不再被认为是上海人，而被称为本地人。所谓的上海人是有特定含义的，特指能讲上海官话的，还能讲几句洋泾浜英语的，特别是受到欧风美雨感染的、见过几分世面的人才被称为上海人。他们讲的上海话不是我们今天讲的上海话，而是 20 世纪 40 年代电影《一江春水向东流》《乌鸦与麻雀》里讲的上海话，是老上海话。这些讲上海官话的人才是上海人，而在上海土生土长的人都被贬低为本地人。判别是不是上海人都以语音为标准，我称其为"语音中心主义"。我在大学里特别观察到一个现象：从上海郊区来的同学一般都不说上海话，而与外地同学一样说普通话，这是因为上海城里人语音等级太重，只要你的上海话中带有一点土音，立刻会成为歧视的对象。这个"语音中心主义"在当时以及今天都是这样。那些上海人是哪里来的呢？他们显然不是本地人，虽然本地人也有可能成为上海人。这些上海人大都是各地来的移民：广东的、山东的、安徽的，但主体是江浙一带的。上海追溯其本土文化的底色就是江浙文化，或者说以江浙为代表的江南文化。上海文化传统也有个本土资源：明清以来形成的江南士大夫文化。明清时期形成的特殊的士大夫群体，他们的文化特别注重文采，注重书卷气，他们对生活特别细腻精致，有一种日常生活审美化趋势。这种文化传统在上海开埠后与西方两种宗教文化传统结合起来，一方面上海江浙文化中的理性主义成分（乾嘉时期的考据学）和新教传统相结合，另一方面江浙文化中才子佳人的浪漫温情成分又与拉丁文化产生回应，这就使上海本土文化和外来文化产生了奇妙的对应关系。上海文化传统里由于有了这些资源，而上海又是向全世界开放的城市，就使上海的文化传统相当丰富，可以产生各种各样的组合。今天上海发展海派文化成为一个很重要的资源。这里不是指海派文化中某一个文化传统，而是指海派文化中的多元文化传统。这种多元文化传统就有可能成为上海未来发展的很奇妙的张力。我们都知道，如果这个城市没有张力的话，这个城市的发展就很成问题。在拉丁文化国家里，如果你去法国、意大利，你会发现那里由于缺乏新教理性的精神，城市管理很成问题，效率极低，人也很懒散。但如果只有一种基督新教的那种拼命精神，又产生另一种畸形。香港人很拼命，但精神之中缺乏超脱一面的平衡。我 1999 年在香港做了一年的访问学者，记得那年圣诞节时，香港的大主教在圣诞致辞中说：香港人太拼命，沦落为经济的动物。他们拼命赚钱供楼，全然迷失了生活的方向，不知生活的意义何在。所以香港这个城市就显得特别脆弱、紧张。这几年整个城市人气低迷，心态也坏了，其中一个很重要的原因，就是这个城市精神结构里缺乏另外一种传统来支撑。

三　当代上海文化的单一化

上海的历史文化传统里，恰恰这两种元素皆有，这是上海文化的重要资源。但有传统并不意味着我们认识这个传统。在今天上海的这一轮发展中，上海文化的丰富性也被阉割了，或者说被滥用了。现在有些上海人也和香港人一样拼命工作，成为经济的动物。他们的目标就是要成为高级白领，在高尚地段买一个房子，自身生活的品位和乐趣却消失了。也有另外一些情况，浪漫文化被滥用。上海所谓的白领文化、小资情调、小资文化，看上去很法兰西化，很浪漫，但上海的小资却是很肤浅的。像城市的表面涂了一层奶油，而里面却是很空洞的。我不久前从台湾回来，在台北访问了一个月，这一个月给我的震撼很大，这使我发现上海所谓的小资生活实在太肤浅太表面化了。论小资，上海与台北比，可谓是小巫见大巫，这不是一个量的区别，而是质的区别。台湾这几年经济一直在走下坡路，大量的台商要到上海来。过去台湾的精英中有句话："来来来，来台大；去去去，去美国"，这意味着台湾的精英首先要考上台大（台湾大学），毕业后去美国留学。现在改为："来来来，来台大；去去去，去上海"，就是要到上海发展。虽然他们这几年经济很糟，但文化却有一个质的发展，这个城市内在的品质让我很惊讶。我1998年、1999年连续两年去台北，说实话我当时很看不起台北，晚上整个城市是黑乎乎的，人也是土土的，充其量只是一个地区性的都市。但这次却让我刮目相看。我特别观察了几个很重要的文化空间，如书店、咖啡馆、酒吧。上海的好书店有哪些？上海书城、季风、思考乐、鹿鸣，这几个书店在上海来说已经是顶尖的，不说与巴黎、纽约比，即使是与台北比，也没法比，台湾有个很出名的连锁书店——诚品书店，它在台北有四家分店，在全台有十几家。它对书店的理解完全不是商业性的买书卖书，我们上海人去书店只是纯粹地买书，上海书城无非就是一个图书大超市而已，在那里找不到你要的书，分类很不专业，你不知道你要的书放在哪里。品种很多，但品位一般。比较好的有季风书园，分类很专业，也有一定的氛围，但较之诚品书店还只是初级阶段。虽然影响大，但尚未形成一个诚品那样的文化社群。台湾的诚品每一个分店都有自己独特的风格，整个布置、灯光、分类，形成了独特的诚品文化。不仅卖书，还有各种各样的文化活动。有音乐讲座、定期系列讲座，请大学的名流到书店来演讲，从而形成一种真正的社群文化空间。这种品位上海没有一家书店能比得上。对台北来说，仅仅一家诚品那不算什么，台北有几十家这样的书店，每一家都有特色，而且分类细致。有法国书店、日文书店、儿童书店、同志（同性恋）书店、女性书店等。每一家书店都有其特殊的个性，都有一种品位来表现自己。几乎所有个性化的书店旁边都有咖啡座，供应简餐。甚至这半年来，台北的旧书店都设有咖啡座，有很轻柔的音乐。你虽然是买旧书，但仍让你享受到这样一个文化氛围，一种温馨感。不用说欧美，在台湾，去咖啡馆、酒吧是日常生活的一部分。在台北，一般的咖啡馆，主体是大学生和研究生。一杯咖啡的钱不过是一顿饭的饭钱，折合成人民币也不过五块钱左右。而上海一杯咖啡多少钱？一般人享受得起吗？上海的小资生活是非日常的，与一般平民更没有什么关系。我常把上海的小资生活看成周期性的等级身份认同。咖啡馆、酒吧是白领身份自我确认的地方。他们周期性地到那种地方，在那里自我确认与平民不一样的文化等级身份，这也不是他们的日常生活，只是周期性的人生作秀。

过去的上海文化内涵是很丰富的，有各种张力——有小资的布尔乔亚文化，也有左翼的波希米亚文化，但今天的上海文化只剩下一种——所谓的小资文化，各种报纸、杂志、书籍口味极其单一，其背后缺乏一种真正的底蕴。上海文化看起来很热闹，有数不清的这个节、那个节，但这仅仅是城市生活表面的一层油彩而已，其内心是苍白的。这几年上海是发展了，成为全中国、全世界异域文化展览的码头，但上海自家的文化在哪里呢？文学，有国际、全国影响的作家，除了王安忆、孙甘露等个别两三个，乏善可陈。电影，上海多少年没有出过一部让人心服口服的电影了。戏剧，上海有一家很有名的民间剧社——现代人剧社，成立快十年了，头几年还在排一些世界名剧，走艺术探索的路子，如今因为商业压力，只能被迫演一些专给白领看的所谓的都市话剧。要知道，过去的上海，20世纪二三十年代的上海是公认的全国文学、电影、话剧中心啊！

我前不久刚做过中国报业的研究，真是让我大吃一惊：上海媒体已经全面落后，落后于广州、北京。上海过去是中国的报业和出版中心，全国最大的报社和出版社都在上海。在1979年到90年代初，上海媒体在改革开放方面也是全国的表率：第一个报纸广告、第一条社会新闻都是上海报纸冲破禁令，首先推出的。90年代初王甫平大胆解放思想的评论，也吹响了市场经济的号角。过去，上海的几家大报纸，《文汇报》《解放日报》《新民晚报》，都在全国有很重要的影响。如今，这几家报纸，不说全国，连在华东地区，都守不住，沦落为地方性的报纸。广东有《南方周末》、21世纪系列报。专业经济报纸，北方有《经济观察报》，南方有《21世纪经济报》。专业体育报，湖南有《体坛周报》，广东有《足球报》《南方体育报》。而上海没有有全国影响的专业性报纸，上海的报纸连广告收入都落后到不可思议的地步。十年前全国报纸广告收入前十名有三家是上海的，即《解放日报》《新民晚报》《文汇报》，现在只剩下一家《新民晚报》，而且排名第七。很难想象，上海作为全国的经济中心，连报纸的广告收入都没法与广州、深圳和北京竞争！

今天上海经济发展和社会发展在全国领先，但文化发展却未必领先。上海历史上留下的多元文化传统被1949年以后的传统腰斩了，而且在这一轮发展当中并没有被全面传承下来，反而被肢解了。过去上海文化中既有一种拥抱现代化的传统，所谓布尔乔亚传统，也有鲁迅所代表的左翼的反思现代性的传统，但今天在所谓"怀旧"的一片大合唱声中，后面的那个传统也被阉割了，只剩下一片小资文化的赞歌，这片赞歌却掩盖了上海文化自身的苍白。不久前有一个对上海文化有深厚感情的文化人从纽约到上海来，他当时希望上海能够成为中国的纽约，也就是商业中心、文化中心合一的城市。但是他转了一圈后十分失望，告诉我说中国也许只可能有巴黎，就是北京，政治中心和文化中心的合一，但中国却没有纽约，因为上海不再是文化中心。而在历史上，上海有这样一个丰富的传统，它在当时是东亚无可争议的文化中心。比较起历史的辉煌来说，今天的上海文化没有什么理由值得我们乐观。

上海文化存在的潜在危险是所谓的新加坡化。新加坡化即是强势政府推动下的都市现代化，在这样的城市里，所有百姓安居乐业，生活发达，但整个城市缺乏文化活力。我在新加坡访问三个月，新加坡是一个美丽的大花园，但也仅仅有旅游观赏的价值，城市缺乏真正的乐趣。今天上海的城市景观也很漂亮，但我陪海外来的客人玩，在上海最多只能玩两天，两天后上海没有地方可去。花园城市固然美丽，但她真的是人们期待的精神家园吗？新加坡很多文化人都留不住，为什么？在新加坡流传一句话：在这个城市里每一棵树都要遵照行政的意志生长。意思说在新加坡每一棵树都是编号的，每年都由政府中很重要的部门园林管理部派专人，按照统一的规划来修剪。树要修剪，何况人呢？一个被修剪的城市不是一个自由的城市，也不是一个能够成为文化中心的城市。上海人也许会很快乐，但这是动物般的快乐。这是我们希望的生活吗？这是我们希望的城市吗？这是我们希望的家园吗？

　　我对上海文化的现状虽然忧虑，但并不绝望，因为这个城市不像新加坡那样在历史上是一张白纸，上海有很好的历史文化传统。历史可以影响未来，只要我们重视历史中那些丰富的文化遗产，在全球化的背景下发扬光大，赋予这个城市自由的、民间的活力，上海依然是有希望的，有在文化上重新崛起的一天。

　　我期待着。

（2009 年）

上海城市文化的多歧性格

2010 年的上海世界博览会，已经进入了倒计时。一年后的上海，如同 2008 年的北京，将再度成为全世界的焦点。本届世博会的主题，与城市相关：better city，better life（城市让生活更美好）。什么是美好的城市？什么是美好的生活？在全球化的今天，所谓的"美好"也愈来愈趋同，愈来愈同质化。然而，世博会的举行，让全世界的城市云集上海，要展示的不是"同一个世界，同一个美好"，而是"不同的城市，不同的生活，不同的美好"。好的就是独特的，好的城市就是既具有现代的普遍气质，又具有本土的文化特色。

作为东道主城市的上海，将呈现什么样的"好"给全世界看？一个城市的建设，不仅受到各种硬件设施的制约，同时也受到软环境的制约。这个软环境，就是这个城市的文化传统和文化性格。

那么，海派文化究竟是什么？上海的文化传统究竟是什么？海派文化的说法，最早来源于国画和京戏。在清末民初，赵之谦、任伯年、吴昌硕的画，被称为画坛上的海派。而在京戏之中，常春恒、盖叫天、周信芳，与传统的京派主流风格不同，更多一些创新，也被称为海派京戏。正因为有北京这个"他者"，上海的国画和京戏才被定位为海派。何谓海派？当年的北平作家沈从文称之为"'名士才情'与'商业竞卖'

相结合，便成了我们今天对于海派这个名词的概念"。鲁迅则将京派称为"官的帮闲"，上海则是"商的帮闲"。这是七十多年前的一场争论，海派文化从此被绑定在商业、消费、休闲的定位上。这样的说法虽然有一定的道理，却不是海派文化的全部，甚至不是主流。

事实上，在海派文化之中，有非常复杂的各种互相对立、互相冲突和互相渗透的元素。这些多歧性的元素，包括外来文化与本土文化的不同，外来文化之中，还有西洋文化与东洋文化的区别，而西洋文化之中，又有清教徒文化与拉丁文化的紧张；在上海人的文化性格之中，充满了布尔乔亚（资产阶级）与波希米亚（流浪文人）两种基因的对峙，以至最后融合成上海独特的"小资"情调；在意识形态层面，上海既是自由派文化的大本营，又是左翼批判文化的故乡；上海有悠久的知识精英启蒙传统，也有同样源远流长的市民消费文化传统；上海是一座世界主义的城市，被人讥讽为"崇洋媚外"，但在近代历史之中，又是爱国主义、抵制洋货运动的发源地；上海拥有近代中国最发达的市场资本主义历史遗产，又有着长达半个世纪的社会主义计划经济的深厚传统。这一切，都塑造了上海城市文化的多歧性格。

一　风雅与世俗

上海是近代都市文化的代表，大都市文化是精英文化，还是大众文化？精英与大众的二元文化分析模式，对于上海来说，同样也是失效的。固然，上海是近代大众文化各种流行小说、流行音乐、流行戏剧的发源地，民初的言情小说被称为鸳鸯蝴蝶派，海派的京剧比较起京派更多商业与市场的元素，然而，上海同时也是精英启蒙文化的摇篮。最早的政论性报纸《时务报》1896 年创刊于上海，梁启超作为报纸的主笔，以"笔锋常带情感"的魔力，倾动大江南北，《时务报》象征着近代中国批判性公共领域的诞生，也象征着第一代批判性公共知识分子的出现。晚清的启蒙源于上海，同样，民国初年新文化运动的序幕，也是在上海拉开，1915 年 9 月陈独秀在上海创办《青年杂志》，后来改名为《新青年》，将启蒙的火种接力到北京，启蒙遂蔚成大潮。

上海的启蒙与北京不同，北京是中国的学术中心，精英文化凭借的是北大、清华等著名国立大学。上海是全国的文化中心和舆论中心，最有影响力的报纸、发行量最大的书局、品种最丰富的杂志都云集上海。报纸、杂志和出版业，构成了近代的传播媒介。传播媒介与大学不一样，大学吸引的是知识精英，而媒体面向的是各类社会大众。北京的启蒙是精英对精英的启蒙，走不出精英的圈子；而上海的启蒙，则是精英对大众的启蒙，通过媒体的管道，诉诸公共舆论、教科书和流行读物，直接面向社会公众。

事实上，法国 18 世纪的启蒙运动，也有两个不同的层面，伏尔泰、孟德斯鸠和卢梭的启蒙思想，在沙龙和同人刊物之中传播，启蒙领袖们以精英自居，对待一般大众取居高临下态势，鄙视大众的无知和愚昧。而百科全书派走的是另一条大众启蒙的路线，面向一般读者，于是启蒙不仅是一项崇高的事业，而且也是一门世俗的生意，一门可以盈利赚钱的生意。

启蒙之所以成为生意，乃是与现代印刷业的出现有关。印刷技术的现代化，使得廉价的出版物成为可能，令一般社会公众都能买得起，而白话小说、白话文的推广，又使得阅读大众迅速扩张。上海的精英文化与北京的不同，便是以印刷资本主义为背景的传播媒体。报纸、杂志与书籍，皆是受市场法则支配，皆要考虑到阅读大众、戏剧大众和电影大众的欣赏口味和审美取向。于是，上海的精英文化与启蒙事业，便不是一个精英向大众布道的单向过程，而是精英与大众互相影响、互相制约的双向过程。

于是，在上海文化之中，精英与大众、启蒙与生意之间，并没有一条绝对的界限。以国内最大、最有影响力的商务印书馆为例，在民国初年的启蒙运动之中，它的影响力绝对不在北京大学之下。商务印书馆走的不是上层而是下层路线，它出版了大量的辞典、教科书和通俗学术性读物，将新科学、新学科和新知识传播于社会。它所创办的杂志系列，如《东方杂志》《教育杂志》《妇女杂志》《青年杂志》《小说月报》《自然界》等，除《东方杂志》面向知识界之外，其余都是面向特定的社会大众，走市场路线却绝不媚俗，教化大众却不居高临下。20 世纪 30 年代，商务印书馆出版了共计两千卷的《万有文库》，收集有各种中外经典读物，以简装、廉价的方式面向一般读者发行，其工程之大超过法国启蒙学派的百科全书，在文化效益和市场效益上取得了双向成功。

在上海文化之中，不仅启蒙与生意无法分离，而且革命精神与名士派头也纠缠在一起。革命不仅是悲壮的志业，也有可能充满诗情画意、酒色才气。最能代表这种海派革命风度的，莫过于清末民初的南社。南社成员大都来自江浙江南小镇，其成员中有职业革命家，有鸳鸯蝴蝶派，有汉学大儒，有艺术家诗人，也有党魁政客。他们继承了明末东林党人的遗风，聚会成社，以革命为共同的关怀，出没于茶馆青楼，诗酒高会，纵论天下。革命意气与名士做派，交相辉映，很能体现出海派文化的意蕴。后来 20 世纪 30 年代的上海左翼文人，也继承了南社的这一精神传统，不过显得更洋派，聚会的空间不再是茶馆青楼，而变成咖啡馆和舞厅。

北京的"五四"启蒙阵营，到 1925 年之后，发生了深刻的分化，自由主义、国家主义和社会主义，都是启蒙运动的产物，作为启蒙的不同遗产，却相互对峙，意识形态的冲突与紧张，在北京表现得非常激烈。但在上海，商务印书馆、中华书局、开明书局等主流出版媒介，虽然有自己的价值倾向，却不置于前台，它们以一种广义上的自由派姿态出现。上海所谓的自由派，与北京以胡适为领袖的自由主义不同，自由主义是一套意识形态，具有鲜明的文化与政治立场。而上海的自由派不同，比如商务的老板张元济，取的是兼容并包的态度，自由主义的、国家主义的、社会主义的，乃至其他各种主义的著作，只要言之有理、持之有故，皆在容纳之列，体现出海纳百川的博大与宽容。对待西化与传统的态度，亦是如此。很难将上海出版界的文化人分为西方派与传统派，对于中西文化，他们毋宁是调和的、会通的，这是海派文化的精神所在。

上海有启蒙传统，也有消费文化，启蒙与娱乐之间，并非天人两隔，精英的雅致与大众的世俗，也是互通的。正如前面所说，上海城市文化的本土渊源之一，是明清以来的江南文化。江南文化的传统便是士大夫文化与市民文化的互相交融，俗中有雅，雅中有俗。这一雅俗共赏的江南文化传统承继到近代，使得上海的城市文化，不像京城的士大夫文化那样纯粹的大雅，也不像北方民俗文化那样彻底的大俗。近代的北京是一个二元的世界，大学里的洋教授与胡同里的骆驼祥子们，绝不可能欣赏同一种文化。但上海不一样，上海的文化人与市民阶级在文化上处于同一个世界，既过着世俗的生活，又力图附庸风雅，风雅与世俗，精英与大众，虽然有界限，却没有无法跨越的鸿沟。所谓的海派文化多是以雅俗共赏著称，鸳鸯蝴蝶派有风雅的一面，精英的启蒙文化也走世俗路线。

海派文化的这种雅俗混杂，有两个文本上的典范。一个是张爱玲的小说。张爱玲的小说，主人公大都是都市中的青年男女，散发着强烈的市民气息。她把玩城市生活的世俗，写出日常生活的诗意；她洞察都市的人情世故，从凡夫俗子的悲欢离合之中看出一丝淡淡的苍凉。随着上海的再度崛起，张爱玲的小说再度在都市读者中走红，这并非偶然。

另一个雅俗一体的范本是清末民初的四马路文化。四马路（今日的福州路）当年是上海各种精英文化与娱乐文化汇聚之地，被称为"娼优士合璧"，这里既是近代传媒的中心，也是妓女集中的风月场所，又是各种新式戏院的云集之地。当年的四马路旁边短短的一条望平街，集中了最有影响的报纸：《申报》《新闻报》《商报》《时报》《时事新报》《民国日报》等，商务印书馆、中华书局、开明书局、世界书局、大东书局、生活书局等最有影响的书局也汇聚于此。戊戌变法之际，康有为、梁启超、汪康年在这里搞强学会，办《时务报》，掀起维新变法和思想启蒙的狂潮。四马路同时又集中了近代都市娱乐与消费的一切要素，四马路上的知识分子们承继明清江南士大夫的精神传统，白天在报馆高谈阔论，鼓吹变革，晚上到戏院里看戏，欣赏海派京剧，或者去青楼吃花酒。他们将风花雪月带入启蒙事业，又使欲望场所充满了文人的雅兴和情趣。清末民初的"谴责小说"和"言情小说"皆发源于四马路，又以四马路文化作为场景：前者虽为社会讽刺和政治批判，采取的却是通俗小说的形式；后者虽为休闲娱乐的鸳鸯蝴蝶派，在艺术上却力图追求文人的风雅。

精英与大众、高雅与世俗，这些两歧性的文化元素在海派文化这里获得了一种奇妙的结合，彼此镶嵌，相互渗透，形成了独特的上海文化性格。

二　布尔乔亚与波希米亚

一个国际化的大都市，在其文化内部往往有两种不同的城市人气质，一种是布尔乔亚文化，一种是波希米亚文化。所谓的布尔乔亚（bourgeois）文化，乃是一种中产阶级的文化，与本书前文讨论的新教伦理有关，中产阶级有稳定的职业和可观的收入，他们在道德上保守、严谨，遵从现存的社会秩序与生活秩序，富于职业伦理精神，在文化上代表着主流价值和流行趣味，是一种"规矩人"的文化秩序。另一种是波希米亚（bohemia）文化，波希米亚原是吉普赛人的聚集地，所谓的波希米亚人，指的是都市中的精神流浪者，他们通常生活在都市的边缘，性格另类，感觉敏锐，喜欢挑战现存的主流价值和社会秩序，是都市生活的反叛者和越轨者。在近代上海的都市文化之中，布尔乔亚和波希米亚的气质同时存在，一方面它们存在于不同的都市空间与社会阶层；另一方面又相互渗透、彼此影响，融合为上海都市特有的"小资"文化。

近代上海是中国乃至远东的金融中心和经济中心，从清末开始，传统的士大夫与商人阶级相结合，产生了一个特殊的绅商阶级，这就是上海最早的资产阶级。被称为"冒险家的乐园"的上海，培育了资产阶级勤奋、冒险和投机的精神，也孕育了他们中庸、保守的中产阶级文化，这种文化符合市场的商业伦理，在商业上大胆，在伦理上保守。从上海开埠到20世纪50年代初资产阶级被改造消解，即便从绅商算起，满打满算，不过短短一个世纪，资产阶级也不过两代人，成功者，多属暴发户。暴发户类型的资产阶级，可以有万贯家产，不一定有文化，即使有的话，也是物欲主义的暴发户文化。木心先生在《上海赋》中分析说："上海是暴起的，早熟的，英气勃勃的，其俊爽豪迈可与世界各大都会互争雄长，但上海所缺的是一无文化渊源，二无上流社会，故在诱胁之下，嗒然面颜尽失。"上海的大资产阶级虽然没有自己的文化，但广大的中产阶级，却奠定了上海城市文化的基本性格，有自己的精神脉络。这一脉络，被称为职员心态：忠于职守、精明能干、与时俱进、随机应变。这是市民社会的普世性意识形态，但在上海，又染有深刻的殖民文化心态。

作为一个比较成熟的市民社会，上海不仅有暴发户型的大资产阶级，有城市主流的职员阶层，更有广大的小市民。上海是小市民的汪洋大海。大资产阶级也好，中产阶级也好，小市民阶层也好，这三个阶层经常性地上下流动，一夜咸鱼翻身和瞬间堕为平民的例子每天都在上海滩发生。更重要的是，这三个社会阶层在精神上高度同质，都分享着市民社会之中布尔乔亚文化的基本特征。大资产阶级刚刚从市民阶级之中上升不久，往往带有浓郁的市侩气，而小市民阶层在精神上比附上流社会，也会在文化上附庸风雅。上下调和，于是一种以职员阶层为代表的中产阶级文化便成为上海城市的主流。这一主流文化在世俗之中，又竭力表现出风雅，成为上海特有的雅俗共赏的都市文化的社会基础。

青帮领袖杜月笙，在新中国成立前曾被市民社会认为是海派文化的代表。他从社会最底层浮起，带有小市民的聪明、伶俐、察言观色与审时度势。发迹以后开始从良，在中外各路政治势力之间长袖善舞，寻觅生存和发展空间，并且靠近文化人，到处行善，以上流社会的标准行为处世，终于修成正果，与大资产阶级、大知识分子和报业大王们一起，成为上海地方社会的领袖精英。这一为无数上海小市民所羡慕不已的成功典范，证明在小市民与资产阶级之间，并没有一条不可跨越的鸿沟。不过，上海可以让一个人一夜暴富，挤入上流，却无法让其所代表的文化，抹去原来的小市民的精神印记。

近代的上海，是大大小小的布尔乔亚的天下，然而在都市空间的边缘乃至中心，却潜伏着另一类都市的叛逆者——波希米亚文化人。波希米亚文化人的精神气质从本质上是反主流、反资本主义的。在近代上海，有两种不同的波希米亚文化人，一种是激进的政治反叛者，另一种是温柔的文化叛逆者。以鲁迅为精神领袖的左翼文化人，潜伏在虹口公共租界弄堂深处，在城市的边缘处冷静地打量着上海这个现代性的怪物。这些来自全国各地的左翼文化人，敏感而激进，与都市保持着某种若即若离的关系。他们大多住在石库门民居的后厢房，俗称亭子间，对上海市民的日常生活和世态炎凉有直接的感受，对上流社会的奢华与虚骄充满着敌意。他们与这个城市在精神上是疏离的，但在身体上又有着千丝万缕的联系，特别是上海的媒体，各种报纸副刊、同人杂志和大小书局，既是他们谋生之地，又是他们从事文化与政治批判的公共领域。从这个意义上说，左翼文化人，作为一种最激进、最疏离的城市边缘人，并非完全与上海这个都市隔离，相反地，他们所发出的声音，成为上海的另一种精神象征——在布尔乔亚文化之外另一种反叛精神的象征。这种象征使得近代上海与北京区别开来，使得这个东方的大都市在租界的掩护之下，成为知识分子反叛的大本营。

如果说左翼文化人蛰伏在租界边缘的亭子间的话，那么在殖民文化的中心法租界的洋房与公寓里面，还生活着一群温柔的资本主义的精神疏离者。那就是刘呐鸥、穆时英、施蛰存、戴望舒等现代主义派文人。这些新感觉主义的诗人、作家，敏感地感受到现代都市时间与空间的变化莫测、难以把握，揭示了都市对人性的异化。在都市这个现代时间流之中，人骨子里是寂寞的，不仅与都市疏离，而且与他人隔绝，这是一种存在意义上的孤独。以个人为核心的现代主义文化，正如丹尼尔·贝尔所说，尽管是资本主义现代性的产物，但它与资本主义的经济理性即布尔乔亚文化具有内在结构的紧张，是现代世俗社会祛魅以后不可避免的精神现象。近代上海虽然是一个年轻的东方资本主义都市，她同样表现出西方资本主义文化中内在冲突的性格，而且具有更鲜明的东方色彩。上海的现代主义派不仅受到来自法国拉丁文化的熏陶，而且在精神气质上与明清以来的江南士大夫文化有着血脉关联，他们在精神生活上是虚无的、颓废的，但在物欲生活上却是兴致勃勃、生机盎然的。换而言之，他们同样具有双重的性格：一方面在上流社会的高档咖啡馆、酒吧和电影院，与中产阶级一样享受着都市物质生活的世俗乐趣；另一方面在自己的作品之中感叹都市的魔幻、人生的无常和精神的孤独。他们是精神上的温柔反叛者，在日常生活上又是这个都市的主流消费者。

在近代上海，主流的布尔乔亚文化与边缘的波希米亚文化之间，并没有一条明确的界线或一条不可跨越的精神鸿沟。固然在两种文化的两端，暴发户文化与左翼文化具有精神的单一性和极端倾向，但大部分上海人的文化取向都在不同程度上游走于这两种文化之间：上海的中产阶级力图在精神上超凡脱俗，具有无伤大雅的温柔反叛；而边缘的文化人也不甘边缘，只要有可能，也会享受资产阶级日常生活的精致和风雅。

于是，一种布尔乔亚与波希米亚混合体的"小资文化"应运而生，日益成为上海城市文化的主流价值和主流风尚。这些沪上"小资"，白天是循规蹈矩的职业白领，西装革履，道貌岸然，行为规矩，道德保守，一到晚上华灯初上的时候，纷纷涌入装潢精致、格调各异的酒吧、咖啡馆、餐厅和夜总会，表现出自己放荡不羁、离经叛道的一面，或者在网络上以匿名者的身份，表现出十足的"愤青"，成为主流文化和社会秩序的批判者。当代上海的"小资"文化，在精神脉络上便来源于近代上海两种文化之间的混血，在新的时代又进一步发扬光大。

三　近代文化传统与社会主义传统

如前所述，上海近十年来一直流行"怀旧风"，上海的怀旧与西方各种各样的怀旧不同，欧洲或美国的怀旧通常是对中世纪贵族和共同体传统的怀旧，是对前现代生活的怀恋。西方的怀旧蕴含着对现代性的批判和反思，是对资本主义现实生产关系的反叛。而当代上海的怀旧，却是一种布尔乔亚式的怀旧，怀的是殖民年代资本主义的旧。

殖民年代、革命年代和改革年代，一百六十多年上海的历史，经历了三个不同的年代。今日的改革开放，似乎要重续旧缘，接上被革命年代中断的殖民时代的现代性与近代上海文化传统。问题在于，毛泽东时代的上海，在社会主义的神圣目标和乌托邦建设蓝图的激励之下，整个城市从社会基础到生活方式，发生了革命性的变化，经过三十年的历史变迁，形成了为整整一代上海人所接受的新的文化传统。革命年代所塑造的文化传统究竟是什么？新中国成立初期的 50 年代共产党是如何通过意识形态的动员、行政体制的强制和群众运动的自觉，将从殖民年代遗留下来的资本主义文化传统改造为一个以计划经济为主导的社会主义新传统？这一新传统又如何沉淀到当代上海人的精神世界，如何与过去殖民年代的旧传统发生冲突，以及互相渗透？革命年代的上海城市文化传统，不是一行写过的废字，用一块情感的橡皮，想擦就能抹去的。作为一种更贴近现实的历史遗产，反而比殖民时代的记忆更紧密地纠缠于当代上海人的精神世界。当代上海的城市文化，实际上面对着三种不同的历史传统：明清时代江南文化的地域传统、殖民年代的近代文化传统和革命年代的社会主义传统。这三种传统，由远而近，由弱而强。在当代上海人的精神世界之中，越是遥远的历史传统，就越是陌生，越是孱弱，只是隔代的想象，反而越有强烈的复兴冲动；而越是年代相近的传统，就越是熟悉，形成了路径依赖，就更有重新反思的必要。

近代以来上海两种最重要的近代文化传统与社会主义传统，二者之间并非完全区隔，反而互相纠缠，形成了今日上海城市精神的复杂性。这种复杂性，表现在诸多方面的冲突和紧张：一方面，清末民国留下的历史遗产，使得上海具有深厚的市民社会传统，市民意识、市民权利和市民的能动性在全国首屈一指，另一方面，1949 年以后的计划经济传统，又使得上海人比较依赖强势政府，习惯通过行政的方式建立城市秩序；一方面，殖民时代的世界城市传统，使得上海人具有向外开放的心态，有拿来主义的勇气，另一方面，革命年代所遗留的自力更生传统，又使得上海人夜郎自大，心灵封闭；一方面，1949 年之前的上海崇尚资本，向往上流社会，相信优胜劣汰，天经地义，留下了自由竞争的市场资本主义传统，另一方面，三十年的社会主义历史实践推行平等划一，抑制社会分化，保护社会底层，突出工人阶级的地位，又留下了平等主义的传统。凡此种种，皆构成了今日改革开放时代上海文化传统和城市性格复杂的多歧趋向。

四　上海文化的多歧性

上海文化海纳百川，包容万象，很难用一种确切的概念来定位，既无法用江南文化，也不能用某种西方文化来概括。上海文化是八面来风，中西兼容，南北通吃。作为近代中国最大的、开放的移民城市，上海人来自全中国、全亚洲和全世界，以其宽容和大度，包容了这些五湖四海新移民带来的本土文化。上海文化是一种洋泾浜文化，不中不西，又亦中亦西。上海文化，一言以蔽之，那就是一个"海"字。海何其辽阔，何其博大，容纳得了百川。百川入海之后，就不成为川，而汇合成一个文化大海。白昼夜晚，千变万化，美轮美奂，魅力无穷。就像纽约一样，上海是一个移民的大熔炉，是一个文化的大熔炉，所有的地域文化、宗教传统和高级文明，到了上海之后，互相渗透，互相影响，最后都一一失去了其本真性，演变为极具都市风格或东方神韵的"海派"，所谓海派西餐、海派西装、海派英文（洋泾浜英文）、海派川菜、海派京戏等，皆是外来文化被融合、被改造的典范。上海这个大都市，既有很强的吞吐能力，胃口奇好，可以吸纳各种互相矛盾、对立冲突的文化，拿来主义，来者不拒；同时又有同样强大的消化能力，能够化腐朽为神奇，或者化神奇为腐朽，将各种不相关的元素结合在一起，做出一道蛮有风味的海派大餐。上海是一个展示的大码头，又是一个文化的搅拌机，她见多识广，眼光挑剔，又宽容并蓄，点石成金。上海文化的优势一是开放，二是杂交。开放加上杂交，便有创新。北京容纳得了异己，各种多元文化、区域文化可以在京城以原生态的方式独立相处，互不相关，彼此竞争。而上海文化的向心力太强，各种亚文化来到上海之后，都为代表着都市文化的上海文化所改造，所同化，多元逐渐趋同，逐渐失去了其多元性，而呈现出同质性趋向。上海文化的缺点是没有特点，没有独一无二的东西，一切都似曾相识，又有点陌生；但另一方面，没有特点本身，又是上海的最大特点。

　　相对于中国的其他城市，上海的城市年龄比较年轻，她在全球化的浪潮中诞生，在国际开放中发展。上海的最成功之处，在于抓住了时势。上海人是最懂得时势的，识时务者为英雄。时势不同于传统的天命、天理与天道，天道恒常，有其不易的客观性、稳定性和超越性。但时势不同，时势常新，外部的空间与时间变化了，时势也会随之发生变化。上海处于国际化的前沿，国际风云变幻莫测，国内形势也变化无常。上海作为一个相对来说缺乏历史和文化根基的现代都市，其立于不败之地的法宝便是顺应时势，不断求变、求新。上海人无论出国，还是到外地，适应环境的能力，永远是最强的，不会固执于某些理论的教条或传统的伦理，总是在夹缝中求生存，图发展。生存也好，发展也好，个中的秘诀就是不断求新、求变、与时俱进。上海人很少恋旧、拘泥于传统，对新的东西、新的观念总有跃跃欲试的兴趣，总是愿意走在时代的前面，喜欢把握潮流、领导时尚。上海永远是中国的时尚之都，在明清时代的江南文化之中，已有此端倪。到殖民时代，其摩登时尚，不仅独步神州，而且领先东亚，笑傲世界。即使在清教徒精神弥漫的革命年代，上海依然不脱时尚的本色，擅长在整齐划一中把握个性，上海产品当年在封闭的环境下畅销全国，靠的就是这一本领。改革开放特别是90年代之后，上海的"与时俱进"更是显露无遗，所有的文化、所有的观念、所有的建筑与所有的商品，都要同全世界最先进、最时髦的水准接轨。这种精神，成就了上海的摩登、时尚和辉煌，也使得上海文化流质易变而缺乏底蕴，灵活有余而定力不足，有见世面、识大体的聪明，而缺乏北方古城那种自信、稳重的气象。

海派文化扎根于日常生活之中，海派是世俗的，也是务实的。上海人像英国人一样，不喜欢高谈阔论，不喜好抽象的理念教条，他们从生活中来，更相信经验，相信日常生活升华出来的理性。上海人永远做的比说的多，信奉的是拿实实在在的"货色"出来，而不是在话语上抢得优势。上海人是实在的、靠得住的，他们不轻易许诺，一旦承诺，会认真地去兑现。上海具有国内难得的职业精神，将平凡的职业视为志业，在繁琐的俗务中做出美感，做出情调，做出诗意。在这一点上，上海人又像法国人，不满足于平庸的日常生活本身，总是在追求世俗背后的浪漫、实用背后的格调。上海人身上流淌的是明清士大夫的精神血脉，日常生活不一定奢华，但一定是精致的；情感或许不真诚，但一定是浪漫的。上海人注重形象，注重包装，注重外在的那层气质、品位和格调。上海的务实，是布尔乔亚精神的体现，上海的浪漫，是波希米亚人的风格，但极端的资产阶级和流浪文人的精神，极端的英格兰和法兰西传统，在上海又偏偏吃不开。上海不是一个走偏锋的城市，上海时尚，但不前卫；上海叛逆，又不偏激。上海城市精神的中庸性格和中道哲学，淘洗了那些偏激的传统，留下了中间的市民文化和小资文化。市民阶级是务实的，小资文化是浪漫的，而这两种城市精神在上海又没有绝对的界限，在最典型的上海人之中，务实与浪漫，兼而有之，相得益彰。上海男人的可敬与上海女人的可爱，皆渊源于此。但因为不偏激，不走极端，那些真正有大才气、大制作、大疯狂的传世之作，很少诞生在上海，上海文化被中庸了，被平面化了。

这就是上海城市文化的真实面相，她的优点就是她的缺点，她的现实便是她的过去。然而，当我们理解了上海城市的万般风情，她所有的可爱与矫情之后，这一切还会是她的未来吗？上海包容，她会吐故纳新何种传统？上海善变，她会向哪个方向去变？上海中庸，她会再度在文化上疯狂一把吗？

已有的文化性格和精神气质，不是一个城市不可变易的宿命，未来的上海是什么样的都市，一切有待于上海自身的选择。这不仅是一个城市的选择，也是每一个新老上海人的选择。

（2009 年）

城市风情依旧，文化何处寻觅？

十年以前，有一位纽约来的资深文化人，满怀对上海的各种想象，来到这座城市，寻找东方的纽约。最后他失望地离开了。上飞机之前，他问了我一个问题：为什么在中国只有巴黎，而没有纽约？我理解他的疑惑是：中国有政治中心与文化中心合二为一的北京，为什么当今的上海仅仅是一个经济中心，而不复是曾经的文化大都会？

2010 年世界博览会在上海的举行，令世界的目光云集于浦江两岸。世博会将给这座城市带来什么，会带来文化复兴的希望吗？又是什么阻碍她至今成不了纽约，也不是法兰克福？在世博会成功举办之际，城市需要反思，上海人更需要想一想。

一 计划经济传统留下的文化垄断

上海文化曾经辉煌过，在 20 世纪的上半叶，曾经是苏伊士运河以东最著名的国际文化大都市，东京、香港都无法与之比肩。民国年间的中国，除了学术中心在北京，报业中心、出版中心、电影中心、演艺中心、娱乐业中心统统扎根于上海，金钱加上文化，造就了半个世纪的海上风华。

1949 年新中国在北京建都，中央一声令下，将文化中心从上海平

调到北京。商务印书馆、中华书局、《观察》杂志等纷纷北上，还过去
了一大批文化精英。如今在京城非常活跃的"在京海派"，就是当年奉
令进京的上海文化人。尽管如此，一直到 80 年代，上海文化无论是电
影文学还是新闻出版，依然有全国"半壁江山"的美誉。我经常向老外
这样描绘中国文化精英的地理分布：一半云集在北京，其余一半中的一
半在上海，剩下的 25% 分散在广州、成都、西安、武汉、南京、杭州
等二线城市。

90 年代开始上海在经济上二度崛起，人们对这座城市的文化复兴
寄予了热烈的期望，毕竟上海有这份传统和家底。二十年过去了，国际
文化大都市不仅没有见到，政府甚至对提类似的目标都小心翼翼地回
避，担心被误会成上海想挑战北京。倒是民间"上海文化滑坡"的盛世
危言，至今依然余音绕梁，不仅上海与北京的文化距离没有缩小，二线
城市也赶了上来，比如广州媒体的活跃与发达，已是上海远远无法与之
攀比。

为什么在上海文化与经济的发展会有如此的落差？一个城市最重要
的财富是她的历史，最大的包袱也同样来自传统。上海自 1843 年开埠
以来，形成了两种不同的城市传统，一个是 1949 年之前的近代文化传
统，另一个是 1949 年之后的计划经济传统。近代文化传统形成于殖民
时代，崇尚开放、自由和竞争，与国际规则接轨。上海之所以 1992 年
之后能够迅速崛起，与这一独特的文化底色有密切关系。然而从 50 年
代到 80 年代上海在计划经济时代还形成了另一种传统：封闭保守、依
赖政府、崇尚权威、恐惧竞争、垄断性经营。这一计划经济传统不仅
成为这座城市挥之不去的体制惯性，也深刻渗透到上海人的心理深层。
在计划经济体制下，文化属于国家垄断的事业单位，虽然近十年的事
业单位企业化改革将大批传媒、出版社、剧团和作家赶向市场，但他
们依然像长不大的孩子那样断不了奶，习惯于向体制内部寻租，争取

补贴资助或垄断性特权。上海的大部分文化资源至今为止依然被事业单位垄断，文化市场的发育与活跃远远比不上北京。文化人普遍地惧怕竞争，循规蹈矩，有一种典型的"事业单位人"心态。以上海电视业为例，过去有上视、东视和卫视三家，形成一定的体制内竞争。后来三台整合为一，频道分工，圈定势力范围。新闻记者的出镜采访，手里拿的话筒呈菱形三面，每一面都是不同的台标，但记者竟然是同一个，晚上各新闻台的报道自然变成"同一个上海，同一种声音"，上海媒体的这种"协同作业"式的一统天下，与央视各台激烈的内部竞争相比，形成了强烈的反差。

不仅节目，连人才也有垄断的传统。北京、广州的媒体不拘一格用人才，大量体制外的民营文化公司以各种方式参与节目制作。但上海媒体内部许多重要位置，其人员皆出身于上海本地的"某校某系"，长年累月的近亲繁殖，形成了单一、僵化的固定风格。近二十年来各地英雄豪杰、名校毕业生涌入上海，占据了外企和民企的精英层，但在文化事业单位，流行的依然是上海话。愈是接近上层，外地精英愈是凤毛麟角。

二 真正繁荣的是"文化在上海"，而非"上海的文化"

位置由上海人坐着，却经常与北京对表。这些年中国的经济发展愈来愈地方化，但文化发展却有中央化的趋势。一切以国家标准为衡量尺度，以获得国家的某某奖项作为考核部下、衡量政绩的终极目标。仿佛文化与竞技体育一样，真的有一个统一的"部颁标准"，可以在竞技场上分出高下。过去的上海不是这样，北方是北方，南方是南方，上海人不屑与京城相比，各自玩各自的。上海文化之所以丧失了地方自主性和内在尺度，乃在于行政力量大规模、直接地参与文化建设、决定文化资源的分配并制定文化竞赛规则。上海作为有悠久"计划经济"传统的城市，官员的管理素质在全国是一流的，对文化的控制力也同样一流。有着高效率、全覆盖、垂直型、一元化的权力网络，不像北京那样有多元的权力空间可以博弈。上海不要说博弈的空间，连空子都没有。

一个由国营事业单位垄断的城市，自然缺乏舒展的文化空间与繁荣的文化市场。1949 年之前上海文化独步天下，笑傲世界，乃是因为存在多元化权力空间的租界，有着混乱却自由的文化市场，因而吸引了大批五湖四海的文化人会聚上海。如今的上海整齐划一，管理规范。水至清则无鱼，各地文化人纷纷北上，在京城安营扎寨。北京有大批的"北漂族"，全球闻名的 798 艺术区并非政府规划的结果，最初不过是"北漂族"的聚集地。但在上海没有"海漂族"，不是怕在黄浦江里淹死，而是怕在上海滩上枯死。俞正声书记多次感慨，为什么上海留不住马云？上海的民企做大做强何其艰难，其实文化问题也是一样。

说"上海文化滑坡"，会让一些人不服气，他们会拿出一串漂亮的数据和事实证明上海是何等的文化繁荣。的确，如今在上海足不出户，就可以坐看全球顶级的明星演唱会、百老汇歌剧、冰上芭蕾、F1 赛车、大师网球赛、凡尔赛宫名画。特别是这次万国博览会，更显示出上海已经成为万国来朝的文化大码头。上海从来就是一个世界主义都市。只要是好的、有品质的，特别是西洋的、摩登的、时尚的，一律取拿来主义，东西通吃。生活在上海是有福的，因为等于生活在世界，一个流动的、橱窗一般美轮美奂的世界。不过，真正繁荣的与其说是"上海的文化"，倒不如说是"文化在上海"。外来的文化愈是热闹，自家的文化就愈是苍白。花费巨资打造的世博会宣传曲《2010 年等你来》最近被发现曲子抄袭的是日本老歌，创意模仿的是《北京欢迎你》，这起令人窘迫的大乌龙事件，也从一个侧面证明了上海文化原创力的贫乏。

上海文化之所以模仿能力强，原创能力弱，从历史来看乃是上海缺乏西安、北京那样深厚的本土文化之根。没有根不要紧，一个移民为主体的大都市可以借助外来人的多元文化，创造出杂交的城市文化。纽约是如此，民国时期的上海也是如此。今天的北京容纳得了异己，各种地方文化可以在京城以原生态的方式独立生存，相互独立，又彼此竞争，成就了文化大都市的多元繁华。但上海城市的文化向心力太强，各种亚文化来到上海之后，都被都市性的上海文化改造同化，多元逐渐趋同，逐渐失去了其多元性，呈现出同质性趋向。

这几年的上海文化危机，另一种表现是上海话的危机。语言是存在的家，本土文化的生命力存在于地方方言之中。多少年卓有成效的普通话推广，已经使得年轻一代上海人不会说或说不好上海话。与广州不同的是，上海话如今在公共空间被全面禁止，唯独保留的是电视台的沪语节目《老娘舅》，但其庸俗和琐碎，令稍有品位的家长们都不敢让孩子观看。普通话是一种人造语言，缺乏日常生活的生动表现力，当上海小孩子习惯于用僵硬的人造语言自我表达时，也就创造不出真正具有地方韵味的上海文化，难以与京片子文化、东北话文化、西北风文化和粤语文化相匹敌了！

三　大上海与小市民

文化说到底不过是人的本性，上海文化的滑坡意味着上海人精神的危机。朱镕基当上海市长的时候，给上海人下过一个断语："上海人精明而不高明。"上海人即使从世界范围来说，也是一等聪明之人，见世面，会算计，浑身充满着城市人的机灵劲。

我在大学任教近三十年，发现新一代上海出生的年轻学生，只有两种类型：要么是超一流的，要么是三流的。前者是少数，他们见多识广，有宽广的胸怀，又具有理性与实干精神，如同姚明、刘翔、韩寒这几张城市名片一样，即使拿到世界上去比，也是超一流的人才。遗憾的是大多数上海学生，自小在父母庇护下长大，生活环境比外地同学优越得多，胸无大志，不思上进，小富即安，只求毕业之后在上海求一个太平稳当的职业，婚房由父母首付，气象格局小得不能再小。不仅学生如此，学者也是如此。上海学者大部分只关心眼皮底下、苏州河边那点琐碎小事，课题立项多为地方性主题，观点面面俱到，四平八稳，政治永远正确，学术不知所云，今天的上海人不像他们的前辈，缺乏的是文化冒险精神。在民国时代，上海文化有多元的两歧性趋向，既有布尔乔亚的中产阶级保守传统，也有波希米亚的左翼激进文化，两者形成上海历史传统中的可贵张力，如今时光岁月磨去了上海人的锐气，只剩下温吞吞的中产阶级文化。

这种中产阶级文化是彻底的世俗化和去政治化的，远离政治的公共领域，紧贴市民的日常生活。在上海，与时尚、休闲、饮食有关的报纸杂志特别繁荣，办得也特别出挑，雅中有俗，俗中见雅。上海文化的主流是市井中的市民文化和洋房里的小资文化，这两种文化之间并没有绝对的界限。余秋雨和周立波是上海文化的典型代表，一个代表小资文化，另一个代表市民文化。上海文化正出现一种虚饰化与粗俗化的趋势，某些作家小资风格的文字，愈来愈缺乏真实和真诚。"海派清口"的传人与他的老师相比较，已经失去了老上海话中那种淡淡的儒雅，而多了一点油滑气，上海人挟洋自重的文化傲慢也在"海派清口"之中暴露无遗。

大上海、小市民。作为中国最大、世界一流的工商业大城市，上海假如不能像纽约那样同时成为文化大都会，恐怕永远摆脱不了世人的讥讽。2010年的世界博览会给上海带来的不仅有好看的西洋景，更重要的是多元的异域文化。上海能否抓住这一天赐良机，痛下决心，开始新一轮的文化复兴呢？

（2010年）

中国城市空间与城市文化的反思

今天世界上有差不多一半的人口生活在城市里，现代化的生活是以城市生活为主的。然而什么样的城市是好的城市，什么样的城市生活是我们愿意接受的、好的城市生活？这个问题，无论你是否关心，对于生活在城市的每一个人来说都是至关紧要的。

对此问题，一般关注的角度有经济水平、软件环境等，在本章中我想着重从城市的空间、城市的文化这两个与我们普通城市人生活密切相关的方面，对整个中国近年来的城市建设作一些反思，看看有些什么成就，有些什么问题。

一　城市的精神

首先我们先来讨论一下城市的精神。一个民族有自己的民族精神，一个城市也有自己的城市精神。城市的精神有别于农村。有的人从农村来到城市，最不习惯的并不是饮食，而是城市的生活节奏比农村快很多，而且接触大量的陌生人。

城市的特点主要是异质性、匿名性、密集性和流动性。城市里的人与物尽管非常不一样，但是同样生活在同一个空间里，这就是异质性。其次，关于城市的匿名性，熟悉农村生活的人很容易体会到。生活在农村，平时接触的大部分人你可能都认识，至少也有个大致的印象；但是在城市里，尤其是大都市里，一个人所接触的人绝大部分是匿名的，这就是城市的匿名性。第三个特点就是城市的密集性，在一个有限的空间里，人口高度密集。比如在上海，号称一千七百万人，如果算上流动人口，据说将近三千万人。第四个特点是流动性，有的人今天来到一个城市，不久又离开这个城市，或者今天在一个区域，明天就去了另一个区域。这些特点塑造了城市的精神。

那么什么是城市的精神呢？城市精神是一个城市通过市民的精神气质、道德素质、生活方式以及规章制度、城市风貌所体现出来的公共价值，是区别于其他城市的核心价值和灵魂。简言之，一个城市的精神就是市民们所共同认可的公共价值，它通过市民的精神气质、道德素质、生活方式、规章制度、城市风貌体现出来。这个公共价值相对于其他城市是独特的。上海之所以是上海，就在于区别于其他城市的公共价值，也就是这个城市独特的精神。城市精神植根于城市的历史文化传统，体现于城市的现实，引导着城市的未来。

现今很多城市的建设中都比较重视探讨城市精神，各个城市都极力要用简洁的话概括自己城市的独特精神，是否成功那就是另一回事了。我们来看一组城市精神的自我概括。

上海：海纳百川而服务全国，在艰苦奋斗中追求卓越
杭州：精致和谐、大气开放
大连：创造、创业、创世
青岛：诚信、博大、和谐、卓越
深圳：开拓创新、诚信守法、务实高效、团结奉献
长沙：心忧天下、敢为人先
苏州：刚柔相济、包容开放、崇文重教、精细雅致、天人合一

南京：开明开放、诚朴诚信、博爱博雅、创业创新

纽约：高度的融合力、卓越的创造力、强大的竞争力、非凡的应变力

伦敦：历史与现实的和谐统一、人和自然的和谐统一

我们看到有些城市精神的自我概括显得比较雷同，一个城市的自我概括完全可以放进另一个城市里去，这表明这个概括没有能很好地表现出这个城市独特之处。相反我们看到有的概括就比较能体现自己的独特性。比如纽约，"高度的融合力、卓越的创造力、强大的竞争力、非凡的应变力"，尤其是"非凡的应变力"让我们想起"9·11"事件后这个城市的快速反应。再比如长沙，"心忧天下、敢为人先"，近代中国，湖南产生了多少像曾国藩、毛泽东这样的忧国忧民之士。上海的"海纳百川而服务全国，在艰苦奋斗中追求卓越"，"海纳百川而服务全国"确实体现出这个城市的自我定位，后半句显得并不那么贴切，还有待推敲。

城市精神有四个要素：城市的空间结构、城市的历史传统、城市的文化形态、城市的市民素质。从这四个方面我们去考量一个城市的精神是什么，其有形的表现是什么。

二　中国城市改造之路的选择

中国改革开放差不多有三十年的历史了。其中城市最大的变化是城市景观和城市空间的变化。现在全国各地的城市都在搞改造，各地城市景观都在发生翻天覆地的变化。但是，很多城市的自我定位却很缺乏特色，大家都想要打造"国际大都市"，都要修建广场，都要修建标志性建筑，他们认为这就是现代化的城市。据国家建设部统计，现在全国有183个城市提出要建设国际化大都市。而且，到处都是广场，到处都是"天安门"，甚至河南一个叫南街村的村庄也修建了宏伟的"天安门"

城楼。河南郑州一个区政府大楼按照白宫的风格修建，楼前修建了占地七百七十亩的广场，广场里有湖有绿地有金水桥，应有尽有。类似情况在全国比比皆是。

关于城市改造，主要有两种理论。第一种是柯布西耶提出的所谓"明天的城市"，其大意就是按照理想从头兴建一个完美的城市，实现一夜之间的突变。这种理论曾经风靡世界，到处都在拆旧房，盖新房。这种理论也在很大程度上影响过中国。毛泽东曾说，一张白纸可以画最美的图画。1958 年，毛泽东站在天安门城楼上说："我们要使北京变得一眼看出去到处都是烟囱。"这种城市改造模式带来了严重的后果，因而柯布西耶的理论现在受到普遍的质疑和批评。

第二种理论是康奈尔大学的柯林·罗厄教授提出的"拼贴城市"模式，其大意是"不是完全去掉旧的元素，而是在此基础上把好的、新的元素拼贴进去，使这个城市既有新的元素也有旧的元素"。这是一种温和的改造方式。比如埃菲尔铁塔的修建就是在原城市的基础上拼贴上去的，为古老的塞纳河增加了新的景观。现在一般认为这种理论提供了一种比较好的模式。

这两种城市改造模式后边的思维方式是截然不同的。"明天的城市"模式后边的思维方式是，生活是根据理性人为建构出来的。"拼贴城市"模式背后的思维方式却正好相反，它认为城市的社会生活不是靠一夜之间的创造突破形成的，而是历史自然演变形成的。因而，在"明天的城市"理论框架下，城市的历史只能是负担，是应该抛弃的；而在"拼贴城市"理论框架下，历史传统却是宝贵的财产，是应该尊重和珍惜的。

现在越来越多的人开始认识到，一座城市的历史不是负担，而是其正面的资产。一个城市要有自己独特的魅力，最重要的是要有自己的历史。上海多伦路之所以有魅力，一是这儿保留了各式各样的历史建筑，二是近现代中国有许多著名人物居住于此，政治人物如白崇禧、汤恩伯，文化名人如鲁迅、周建人、叶圣陶、丁玲等。老建筑之所以有魅力，一则其建筑价值，更重要的就是背后有历史故事。多伦路的魅力就来自于这些历史、这些故事，以李欧梵的话来说就是每座老建筑后边都有"鬼魂"。

可是我们现在的城市建设对城市历史视而不见，甚至完全视为包袱，我们太看重西方的经验了，我们所想象的现代化城市都是以西方为蓝本，唯"洋"是从，所以才会修建这么多的西洋式建筑。事实上，中国历来的城市建设是有自己的历史传统，有自己的历史智慧的。2010年上海世博会的设计中，中国馆的主题就是"城市发展中的中国智慧"。中国城市发展的历史中有许多经验值得我们借鉴。正如我们在《清明上河图》中看到的，正如我们在平遥古城所看到的，中国古代的城市建设丝毫不比西方逊色。甚至，中国传统城市还是多元化的。在我看来，中国的传统城市至少可以概括为三种：

第一种，"宇宙之城"，天人合一的行政都会，以元大都奠定基础的古代北京为代表。城市方正规则，左右对称，秩序井然。这代表着当时中国人对当时城市的一种理解，他们认为城市的秩序是宇宙秩序的复制，人间的秩序要对应宇宙的秩序。据阴阳五行说，最高境界是天人合一。这种城市规划就寄托了这样一种追求。

第二种，"生态之城"，道法自然的山水小城，以湖南凤凰为代表。整个城市依山傍水，依照山水的自然曲线布局，充满诗意。这种城市规划体现了中国人对城市的另一种理解，认为人应道法自然，城市要按照自然的规律来设计，做到"舟行碧波上，人在画中游"。山水自然，城市与人完全融合在一起，这是道家追求的境界。

第三种，"人文之城"，儒商精神的江南市镇。以杭州、苏州、扬州为代表。明清经济的发展推动了江南城镇的发展。这些城镇是儒商聚居的地方。他们设计园林，把玩书画，吟诗作对，形成了人文氛围浓厚的江南城镇群。

这些历史传统才是中国特色的，才是具有东方神韵的，这些是值得我们继承下来的。

三 城市空间中的老区与新区

在城市空间中，我们在城市规划中最应该注意的问题是新区和老区的关系问题。经济发展，人口膨胀，老区容纳不了，就必须兴建新区。"中央商务区—郊区住宅模式"，是现在新区建设一个最为普遍的模式。这个模式的最大问题就在于中央商务区的空心化。人们下班之后，中央商务区里，一幢幢摩天大楼全成了黑压压的"鬼楼"。几乎所有的城市在搞新区建设时都遇到这个问题。浦东新区兴建之初也是这样，一到晚上，人们都离开浦东，回到浦西居住、购物、娱乐。后来浦东就地建设住宅区，并在中央商务区里建设文化、娱乐等功能区，丰富夜生活，终于使得东方明珠成为名副其实的"不夜城"。但是中国很多城市现在仍然没有解决这个问题。

现在中国城市新区建设里还有一个问题，对于什么是城市的"现代化"理解是片面的。我们把钢筋、水泥、玻璃就想象为现代化。苏州工业区的金鸡湖湖滨建设中，把金鸡湖畔原来的天然植被统统破坏，然后铺上钢筋水泥，再移植一些树，铺上一些人工草皮。这样的方案不是仅此一例，在中国的城市建设中这样的情况很多。

若说新区建设还相对简单一些的话，那么老区改造就要麻烦得多。按照"明天的城市"理论看来，老区就是"钉子户"；但是按照"拼贴城市"理论看来，很多传统建筑是值得珍惜的，在改造中应该保留下来。旧金山的渔人码头的改造就是一个成功案例，现在全世界很多地方都在模仿建设渔人码头。这个渔人码头原来既是码头，又是鱼类交易市场。后来这个码头废弃不用，于是在过去的格局上进行了改造，开设了许多各种各样的特色小店，还设计了一些小舞台，时常有小型的演出。日本京都的老区改造也是一个值得借鉴的成功范例。京都若以一般的"现代化"眼光来看，实在是太落后了，没有高楼，最高的也只是三四层的破旧小楼，但是这个城市非常有味道。京都的鸭川河畔有个区域，全是一个世纪以前的旧建筑，在旧有基础上开发成为酒吧休闲区，非常有特色。台北西门町的改造也是一个老区改造的成功案例，那里成为台北著名的娱乐区，是年轻人最喜欢去的地方。国内也有老区改造的成功案例。杭州在近年兴建的杨公堤内侧有个"新西湖"，河道弯弯曲曲，小船漂过，垂柳拂面，颇有韵致。对西溪湿地的保护和开发，也保持了江南河道的典型风格，很有独特风味。

不过我们有更多的不成功案例。西安大雁塔边，近年拆光了所有的老建筑，修建了一个号称亚洲第一大的喷泉，这个喷泉足足有两个足球场大。但是整个喷泉和大雁塔看起来并不和谐，而且这个巨大的喷泉能代表西安独特的地方吗？再如绍兴修建的市民广场上，用钢筋和玻璃搭建了一个巨大的建筑物，可是在不远处就是炮台山和古塔，整体上显得格格不入。

老区和新区如何和谐搭配是最难的。香港湾仔的建设规划中，新区老区非常有层次感。湾仔处于港岛，中间都是山，山麓是一块很狭窄的平地。在最外靠海处是填海建设起来的，那是最现代化的一个地带，国际会展中心就处在这个区域。近一点的山麓区域，是近代的香港，现在仍有有轨电车运行，让你依稀看到老香港的影子。往山上走，有很多传统的建筑。现代的、近代的、传统的，三个时代，三个风格层层包裹，层次分明。再如台北，东区曾经是农田遍野的地方，而今那里建起了曾经是世界最高建筑的"101 大厦"，那是新区的典范。同时，其西区作为老区仍保留了很多传统风格，其中有条迪化街，专卖年货，而且仍然保持下来了，一到过年时节，热闹非凡，洋溢着春节的气氛。上海在老区和新区的和谐布局上做得还算成功，浦东作为新区，浦西作为老区，各自风格是明显的。浦西一带，近代上海的格局仍在，南京路上，从西藏路口到浙江路口这一段，永安公司、西丝公司、新星公司等几个大的公司仍然保留了下来。可是从浙江路路口到福建路路口，老建筑全部拆掉，修了一个广场，并无什么特色，而且和邻近一段差距太大了，这是不太成功的。又如山东烟台，老区脏乱差，新区非常现代，非常漂亮，但是新区和老区简直相差一个世纪，这恐怕也不是老区和新区和谐搭配的案例。

一个城市要搞好规划，除了要考虑新区和老区的关系问题之外，还应考虑两个方面：城市地标是什么？城市母体是什么？如果一个城市地标模糊、母体过度损坏，那么这个城市就丧失了个性。美国麻省理工学院教授、著名建筑学权威凯文·林奇指出，"城市意象"有五种模式，道路、边界、区域、枢纽、地标，其中最为重要的是地标。纽约的地标——自由女神像，上海过去的地标——外滩，现在的地标——东方明珠塔，都很成功。也有一些城市的地标很失败，山东威海市修建了一个市民广场，人们可从市民广场沿着石梯上行，走到最顶上就是市政府大楼，整个布局给人的感觉是市民们在广场上莺歌燕舞，市长在山顶的办公室里俯视子民。这种地标可以说是一个权力的象征。城市母体如何保存也是个非常重要的问题。一个城市建设最基本的那部分就是城市母体，比如北京的四合院，上海的石库门。很遗憾现在很多城市的母体都在被大肆拆除。

四 文化传统是一个城市的最大财富

一个城市要有个性，最重要的还不是空间上的，而是其文化传统。上海的城市文化是得天独厚的，一般城市只有一种文化传统，可是上海作为中西交汇的地方，却拥有多种文化传统。上海曾是多国殖民地，因而多种文化传统都在上海留下了踪迹。天主教的拉丁文化主要在以淮海路为代表的拉丁区；基督教传统则主要体现在原英美租界现南京路一带；犹太人曾聚居于虹口提篮桥一带，在这里留下了犹太文化的影响；甚至还有白俄传统，还有日本带来的东洋传统。除此之外，还有江浙的本土文化传统。上海非常擅长融合这些文化传统，本土和外来、传统和现代都能很好地结合在一起。拉丁文化细腻的、追求艺术的传统与江浙文化里的才子佳人刚好形成对应，上海人讲"情调"就来自于这两个文化传统。基督教传统的清教徒精神与江浙文化的考据传统结合，熔铸成上海非常重视科学的精神。

街头文化也是看一个城市文化的重要指标。东京万圣节的游行狂欢、纽约街头的黑人音乐都是其街头文化的重要表现，但现在中国就很少这样的东西，我们的街头有的只是商业化的推销演出。

社区文化同样是城市文化中重要的组成部分。现在拆迁中遇到的"钉子户"问题，恐怕并不只是金钱的原因，还因为他们留恋他们的社区文化，街坊邻居之间的交往以及原有的生活方式。拆迁也意味着社区文化的损毁、邻里关系的断裂。

最后，我们要来回答什么是好的城市这个问题。我们目前对于现代化的理解高度同质化，认为钢筋水泥加玻璃就是现代化，我们对于什么是好的城市和好的城市生活的理解也如此。各个城市应该因地制宜，根据自己的独特自然环境和历史传统，进行创造性的改造。比如重庆的城市改造就应该保留山城的独特布局，因为这是其独特魅力之所在。另外，城市的现代化要注意以人为本，与人友善。浦东机场的洗手间在楼下，旅客去趟洗手间要带着行李楼上楼下跑。又如浦东机场是长方形的，从一头步行到另一头需要将近半个小时，这看起来很摩登，但是并非人性化的设计；与此相反的是，新加坡樟宜机场就是正方形的，从任何一个停机位走到出口都很近，这是值得我们学习的。又如，上海的地铁体系的洗手间极少，上厕所非常地不方便。最后一点，一个城市如何助力建设"节约型社会"，先进城市如东京就通过城市铁路把各区域连接在一起，尽量减少汽车的能源消耗和排污。

　　什么是好的城市？一言以蔽之，要具有普世性的现代气质，但更为重要的是要具有特殊性的本土色彩。

（2008 年）

港台文化风

文化与文明：上海人与香港人

我去年在香港客座访问的时候，以上海和香港两地的生活经验，戏说过"上海人文化而不文明，香港人文明而不文化"的看法。在沪港两地见报后，曾经引起过一些争议。虽然我个人的经验依然支持着这一看法，但有必要作进一步的解释和论证。

我这里说的"文明"，主要是指有教养的、彬彬有礼的、举止符合规范的，类似英语中的 civilized；而"文化"指的是文雅的、喜好文学艺术的、有精神趣味的，类似英语中的 cultured。文明与文化不一定是冲突的，在更多的时候，二者可以互补，甚至互相包容。但二者毕竟不是同一个层面的东西。

文明依赖于社会成员的价值共识和稳定的行为规范，在古代社会，后者被称为"礼"，在现代社会，则以法治作为基础。而文化则依赖一定的历史传统，特别是精英的文化大传统。从这个意义上说，相比较而言，上海人的长处在于有"文化"，而香港人的特点是"文明"。

在香港，古代中国的"礼"和西方现代的法治秩序，相当协调地结合在一起，成为东西方文明融合的一大奇迹。在这样井井有条的社会秩序之中，香港人表现出了世界一流的文明素质，至少体现在两个方面：恪守规范和敬业精神。香港人普遍地认同市场社会的形式平等以及平等规则下竞争所带来的社会等级秩序。人与人之间有等级的差距，有"理分"和位差，但彼此人格又是平等的，相互尊重。人人尽自己的义务，有自己的职业尊严，同时也尊重别人。这就是文明和彬彬有"礼"的基础。从鲁迅开始的"反省国民性"运动，都无不对中国人的懒惰、自私和不负责任的传统顽疾悲观绝望。但香港的奇迹却证明了，在新的制度导引下，完全有可能产生一种新的制度文明。一旦形成历史传统，就会内化为新的国民性，造就新的族群。

上海在历史上曾经是东亚最有市场秩序的大都市之一，上海人也是中国人中最文明的社群之一。但1949年以后无休止的政治运动，使得上海人失去了人际关系中最起码的真诚和信任；计划经济时代的实质平等追求，又使得人们普遍地匮乏敬业精神和职业尊严。文明素质的滑坡，并非自改革开放时开始，而是从那个时代就开始了。在20世纪80至90年代的社会转型期，由于价值共识的崩溃和社会秩序的失范，文明的失落一度达到了顶点。自90年代后半期以后，随着市场规范的逐步完善和向国际接轨，上海人的文明素质有很大改善。然而，比较起香港人，依然有一大段路要走。

当我们将目光转向文化，将是另一番情形。文明依赖于制度性的法治，有可能在数十年间建立起来，但文化却是累积性的，更有赖于历史的传统，可能需要一两代人的潜移默化。

上海人的文化传统，得益于两个方面。其一是明清以来的江南士大夫文化。这一士大夫文化影响到近代上海人的精神气质：书卷气、重文采、精致、细腻、审美化的日常生活。开埠以后，上海人全方位拥抱欧美文化，尤其是欧洲文化。欧洲文化的浪漫、典雅也渗透到上海人的血脉里面，它与历史上的江南士大夫文化结合，成为近代上海人的精神传统。另一方面，清末以来以上海为中心的知识启蒙运动，使上海形成了唯智主义的文化氛围。市民们普遍地敬重知识、追求精神趣味和生活情调。即使一度受到政治风暴的打压，也未曾断根。在改革开放以后，这一文化的根被迅速接上，新一波的怀旧浪潮，成为上海人一再重温的海上旧梦。

相比而言，香港的文化历史比较短暂。它的文化母根主要是粤语文化，具有本土和民俗的色彩，更多的是以一种文化小传统的方式流传。在殖民文化的笼罩下，香港的近代文化基本没有受过本土的新启蒙洗礼。长期以来，基本上是以一种二元的结构存在：在社会上层，是殖民的英语文化，但它如同一层油花，漂浮在文化的水面，没有真正沉淀到社会之中；而在社会底层，依然是民俗的、本土的、非精英的粤语文化。香港文化独特的二元结构与上海文化的一元结构，形成了奇妙的对照。香港有一流的语言（粤语），却缺少一流的文字，因而香港往往给外人一种"文化沙漠"的感觉。

香港人是实在的、拼命的、富于理性的，但在精神上少了一点浪漫和梦幻。而上海人则有另一极的毛病，文化有时候流为一种肤浅的包装，内在的东西很空洞；情调也变味为作秀，多有商业上的暧昧。

上海与香港的差别是相对的，事实上，无论在文明素质还是文化类型（商业文化）上，她们都有太多的相似之处，堪称一对孪生姐妹。香港与上海，是中国文明程度较高、非常与国际接轨的城市，但到目前为止，她们都没有太多的迹象，表明有可能成为中国的文化中心。

中国的文化中心依然在北京，尽管北京是一个文明程度远远无法与香港、上海相比的城市（文明与文化的不同步，在此更鲜明地呈现出来）。北京借助其固有的学术传统、历史上的行政平调（1949年以后大批上海的文化资源平调京城）、全方位开放的文化移民和富有弹性的公共空间，吸引了全中国的文化人会聚京城。中国有自己的巴黎：政治中心与文化中心合一的北京。但中国会不会有自己的纽约：商业中心与文化中心合一的上海或香港？比较起纽约，上海与香港究竟少了一点什么，少了多少该有而没有的东西，这将是另一个更有意义的话题。

两难困境中的殖民历史遗产

　　绵延了一个半世纪的殖民历史，给香港留下了独特的精神传统。这一精神究竟是什么，在新世纪到来之际，它是否仍然会支配香港人的未来，这是一个很令人感兴趣的话题。

　　一般人总是将现代化看作某种可计量的物质指标：人均国民收入多少、住房多少、每百人彩电多少、手机多少。假如仅仅以此为标准，中东的那些石油国家，早已是全球最现代化的社会。然而，现代化不仅是一串可占有的物欲指标，更重要的是马克斯·韦伯所说的理性化的资本主义精神。香港虽然是全球最富裕的地区之一，但真正吸引全世界的，却不是那些人均指标，而是她所拥有的资本主义精神。

　　英国曾经是资本主义精神的发源地，殖民者将它带到香港，建构为社会经济制度、内化为香港人的日常生活规则。香港人是全世界最理性化的族群之一，崇尚效率、秩序和理性计算，造就了东亚地区一流的科层管理制度、市场契约秩序和现代法治社会。这一切，都是现代化发展的软环境，却是比硬指标更来之不易的东西，特别当它们内化为某种群体的规则和集体潜意识的时候，就形成了香港新的精神传统。

　　一个内地来香港读博士的朋友，很感慨地对我说，在香港，一切都是好的：走廊里的电灯是好的，厕所里的抽水马桶也是好的。我明白这个"好"的潜台词。在内地，这些公共设施常常是坏的，电灯不亮、水箱无水，反而成为生活的常态。所谓的现代化，往往通过这样的生活细节体现出来。香港之所以能够让它们常年完好，靠的不仅是良善的管理制度，也依赖于香港人的职业素质。在内地，有制度而无制度文化，制度也就成为空中楼阁。

我在香港一年，常常为香港人的敬业态度和职业精神所感动。香港人对职业的认真和负责，甚至超过了当年自己的老师英国人。虽然，在香港人的敬业态度背后未必是一种超越的天职感，但理性化的现代精神却维系住了香港的制度命脉。

记得查尔斯王子在香港回归的告别演说中，曾经为香港成功地结合了东西两大文化传统而自豪。这，不仅归功于英国人的聪明统治，而且也有赖于香港人的自身素质。从鲁迅开始的"反省国民性"运动，都无不对中国人的懒惰、自私和不负责任的传统顽疾悲观绝望。香港的殖民奇迹却证明了，在新的制度导引下，完全有可能产生一种新的制度文化。一旦形成历史传统，就会内化为新的国民性，造就新的族群。对于香港人来说，现代化不再是外在的物欲享受，而是渗透到血液细胞中的内在精神，是制度化、建制化了的精神传统。

这是香港人的看家本领，是殖民文化中一笔最珍贵的历史遗产，比几千亿的外汇储备和土地基金珍贵得多。在已经到来的新世纪里，假如这笔精神财产被慢慢耗竭、无形流失，那将是比外汇储备剧减更可怕的事件。钱财流失，只要精神在，还有机会扳回来；一旦精神缩水，香港就不再成为香港，香港人也不再成为香港人。香港这颗闪烁的东方明珠，也将黯然失色。

然而，一个好的传统并非没有负面的代价。现代化不是完美的乌托邦，正如以赛亚·伯林所说，世界上许多美好的价值，本来是互相冲突的。一种精神过于发达，势必扼杀另一种同样美好的精神价值。资本主义的理性精神，实际上是一种工具理性，以有效地计算投入和产出、以最佳的途径获致最好的收益而著称。至于其行动的终极价值，是不必探究的，也是无须关心的。韦伯当年就为现代化过程中工具理性与价值理性的紧张、为人类最终有可能在资本主义的过度发展中丧失自身的价值目标而忧心忡忡。

香港目前所承受的就是韦伯所说的那种紧张。香港人的拼命精神实在太足，生命的发条旋得太紧。为了追求更多的物质占有，牺牲了人类本来不该牺牲的东西。香港圣公会的邝广杰大主教在圣诞文告中痛心疾首地指出：香港人经常超时工作，失去尊严和人性，成为经济的奴隶。在物质为重的社会里，人与人之间没有深交，亦缺乏人性欣赏的体会。

香港人的生活，一切围绕着金钱转，金钱成为这个社会唯一的价值和媒介。空间的狭窄与时间的紧迫，造成了香港人强烈的危机意识，怕财产缩水，怕楼市下跌，怕被别人替代赶上。香港人时刻生活在恐惧和不安之中，比较起并不富裕的大陆人，富有的香港人更有一种金钱匮乏感。因而需要拼命，需要赚更多的钱，需要拥有别人拥有的一切。

殖民时代遗留下的资本主义精神给香港带来了理性、法治和秩序，也带来了这种金钱至上的价值观。除了追求金钱，生活本身已经失去了意义，香港人也同时成为世界上最累、最紧张、最单调的族群。工具理性的无限膨胀和终极价值的匮乏，不幸成为香港的另一个传统，一个更可怕的传统。

类似的现象，并非香港独有，可以说是全世界的综合征，然而却以香港的病症最为严重。英国人将资本主义制度引进香港，塑造了理性化的香港精神传统。但过去的殖民统治鼓励香港人为物欲的占有拼搏，却无意让他们去思考自身生活的意义，检讨社会分配的不义。在欧洲，资本主义工具理性尚有强大的基督教传统与之相平衡，而在香港，儒家的历史传统只剩下迎合资本主义的实用一面。人们纷纷在世俗的物欲世界中拼命奋斗，超越的意义世界荡然无存。

　　香港的殖民历史遗产，给香港人留下了精神上的两难困境，这也是现代化的吊诡所在。新世纪的香港人有无足够的智慧走出这精神的两难呢？

（2000 年）

香港：文化大都市之梦

董建华在施政报告中雄心勃勃地提出，要使香港成为纽约、伦敦这样的国际大都市。这是一个伟大的梦想。一个真正的国际大都会，不仅是金融贸易中心，也应该是文化的中心。我们不妨从这一伟大的梦想考量，看看香港文化从现实到圆梦，还需要走多长的路。

一 多元陪衬的粤语中心结构

经过一个多世纪的发展，香港文化目前已经蔚成格局。这一格局可以称之为"多元陪衬的粤语中心结构"。

由于其所处的特殊地理位置，香港成为各种文化交汇的大码头。在东亚地区，可算作文化最开放的都市之一。港大、中大和科大几乎每周都有国际性学术研讨会，香港文化中心、红磡体育馆等表演场所的各类节目也是缤纷灿烂，令人目不暇接。香港本地的亚文化群也有长足的发展，学术研究、纯文学和实验艺术等，都有了自己的立足之地。

然而，这些多元的文化在香港毕竟还处于极其边缘的位置，边缘到了一走出特定的狭隘亚群，不说一般的市井小民，连文化大众也毫无兴趣的程度。交响乐和歌剧如今已经是公认的全球公共艺术，但在香港这个国际大都会中竟然没有市场，我出席了几次一流乐团的音乐会，气氛之淡令人感慨。而在北京音乐厅和上海大剧院，这样的演出常常爆满。纯文学和纯学术在香港也苦于缺乏市场，假如没有政府和体制的资助，一天也活不下去。比如颇受好评的艺评刊物《打开》，艺术发展局一断粮，就再也无法"打开"。

大学的学术研讨亦是如此。在台北，"中央研究院"一个普通的文化研讨，会有许多圈外人士和暑期休假的学生横跨整个市区，赶来南港旁听。但在香港，即便是路过会场，学生们也乏有雅兴。香港的学生会所组织的活动，从来与学术无涉，而在内地，一届学生会干得好坏，一个很重要的标准是看它是否有能力经常邀请知名学者来大学演讲。

香港是一个面向全世界的移民城市，人口的高度流动也是其小众亚文化发达的原因之一。但各地文化移民在香港有被中心压抑的边缘感和疏离感，生活多少年了，仿佛还是一个与本土无涉的过客，是客居他乡的侨民。

按照巴赫金的理论，多元的"众声喧哗"本来是后现代文化的特征，但在香港，有"众声"却无法"喧哗"，市场的口味尚未分化，欣赏的对象也过于单一，以至于"众声"只能在边缘的角落孤芳自赏，自生自灭。后现代是一个"去中心"的文化，但香港文化所存在的强大中心，令它离后现代还遥远得很。

二　技术一流、内容拼贴的主流文化

香港有一个强大的主流文化传统，这就是粤语文化。经过几十年的发展，粤语文化从电影、歌曲、戏剧到文学、散文都有颇壮观的发展，有些已经成为华人世界的文化经典。它们构成了香港文化中最有特色的部分。

粤语文化从功能上说是消费的，属于流行文化的范畴。香港人生活节奏很快，消费能力极强，文化市场的主流需求不是那些需要相当文修养加以欣赏的精英作品，而是 POP 的、大众的快餐文化。以文学而言，纯文学的消费性就不如专栏小品，香港最红的作家无一不是写专栏出身，且产量惊人。粤语的特点是语调丰富、节奏分明，富于歌唱性，这几个地方之中，如果小说大陆最强、散文台湾最好的话，那么歌词无疑是香港最有风味。这使得香港的流行歌曲几乎是粤语文化的龙头，大量异域曲调经过香港再填词之后，成为华语世界的经典名曲。

　　流行文化也有高下良莠之分。其标准有两条，一是有没有超越性的内涵，二是形式上的包装如何。香港多年的文化开放和技术引进，使得流行文化在制作和市场包装上绝对是世界一流。香港的电影，不说吴宇森、成龙的影片在技术上完全与好莱坞不相上下，即使一般的片子，虽然内容平平，但制作不差。香港流行艺术的市场感觉相当敏锐，技术上所达到的成就，足以令香港人骄傲。

　　相比起形式，其内容却有几分不敢恭维。仍以电影为例，这几年除许鞍华、陈可辛、陈果等人的小制作内涵比较丰富之外，其他的商业大片一概内容苍白、剧情雷同，缺乏超越出新之处，与好莱坞一流大片的距离何其遥远。香港电影的拼贴化倾向十分严重，为了招徕观众，恨不得将所有流行元素：凶杀、武打、爱情、奇案、搞笑通通拼贴在一起，显示出一般导演的底蕴浅薄。拼贴化可以说是是香港主流文化的一个通病。香港著名的文化景点虎豹别墅就是一个拼贴"艺术"的样板。在那里，古今中外的各类神魔，诸如释迦牟尼、海龙王、牛郎织女、猪兔联婚、大猩猩、林则徐、苏武牧羊等，竟然眉开眼笑，济济一堂，令人叹为观止。

三　解构中心，解放多元

　　香港虽然是个移民社会，但其居民以广东人占绝对多数。岭南文化在历史上远离中原，本土性、凝聚性和排斥性都很强。这是香港文化的根。文化有大小传统之分，粤语的"小传统"文化即本土的、民俗的、人类学意义上的文化保持得相当完整，且对当代香港主流文化产生重要影响。另一方面，那些超越了地域性质的公共的、普世的文化"大传统"，即经典文化在历史上非香港之长项，在当代也依然处于边缘。香港是个典型的二元社会，如同殖民时代上层政治架构与下层民间风俗脱为两截一样，在文化上大小传统也彼此隔绝，体制内西化的文化大传统无法渗透到社会基层、改造与影响小传统，学院知识分子成为高高在上的、与社会隔离的特殊部落。

而在文化小传统的惯性支配之下，一般香港人的欣赏口味相当划一、封闭，非粤语不视、非粤语不听。长期的殖民教育又使得一般香港文化人缺乏宽阔的视野和国际眼光，无法从普世性的超越立场观察问题，因而其作品犹如这个都市的逼仄空间一般，缺乏大气象和大格局，而这样的大气恰恰是一个文化大都市所不可或缺的。

每一个都市都有自己的文化重心，北京、上海皆是。但无论京派、海派，主流并未形成绝对霸权，其他文化依然有其市场空间，且在多元组合中，主流与非主流之间界限日益模糊，产生大量杂交的亚文化。香港的问题正在于粤语文化垄断了整个市场，令其他文化生存维艰。如果不解构这一过于强大的中心，将受压抑的多元亚文化解放出来，香港要成为国际性的文化大都市，近乎神话。

四　双文三语的尴尬

文化问题说到底是个语言问题，香港要成为文化大都市，首先要解决语言的问题。然而，香港目前特殊的双文（英文、中文）三语（粤语、国语和英语）教育，令其在语言上面临相当尴尬的局面。

先说英文。一个半世纪的英国教育使得香港民众的英文有不俗的水准，这是成为国际文化大都市的重要资本之一。不过，香港的英文只是一种日常语言、公文文体或技术媒介，英国的统治培养了一大批精通英语的技术官僚和商贸人才，却没有在香港造就一个文化上的精神贵族。许多原英国属地如澳大利亚、印度都有自己的英语文学，但香港没有。英语虽然在香港很普及，但并没有上升为一种文化，一种拥有自身审美口味和独特价值观的英文文化。英文对主流的粤语文化有渗透，但相当表面。许多国外归来的洋博士尽管说得一口流利英语，生活方式也相当西化，但深层的文化观念依然是本土的、粤语式的。

在香港，英语更重要的是一种身份的象征，而非文化的象征。香港的等级社会除了看收入，就是看是否懂英语。这二者通常也基本一致。英语是上流社会的通行证，是富有者的外在标志，但它可能与文化无涉。一个白天在社会中只讲英文的高级公务员，回到家里也许只看翡翠台的通俗港剧。身份仅仅表现在公共领域，而在私人空间，个人的文化偏好却与公开身份大有错位。

再谈中文。在 20 世纪 90 年代以前，由于许多大学教授都出身大陆或来自台湾，中文教育效果尚可。这十年来教育大普及，大学不再是精英教育，一大批图像族学生涌进课堂，令形势骤然逆变。一位中文相当好的香港朋友以自己的经验告诉我：文字这个东西主要在于多看。但如今的学生迷恋漫画，有些大学生家中甚至连一本书都没有，中文程度可以想象。中文本来是一种书面语，但在香港，本土化的粤语过于强大，使得中文日趋口语化，发展的趋向不是阳春白雪，而是下里巴人，中文精英文化的衰落也是题中应有之义了。

五　香港文化身份的暧昧性

在英文与中文之间，英文在香港显然占有优势，父母们都愿意将孩子送到英文学校就读，大学教授的学术考评也以英文论文为主。某所一流大学为了同国际接轨，要求所有课程都以英文教授，连唐诗欣赏也不例外。

英文在世界上是强势语言，如此重视英文自然有其道理。然而，为什么香港的双语教育推行了这么多年，无论英文还是中文，反而不及历史更短的新加坡？为什么香港的学生日常英语比大陆学生强，一比较专业英语，却比后者大大逊色？其中原因固然复杂，但显然与香港社会缺乏英文文化大有关系。

一个在某所与国际接轨的大学任教的朋友深有感触地对我说，在香港不管你用英文，还是中文，在国际、国内都是边缘，香港人没有自己的语言。

也许，香港文化的矛盾就在这里：明明是中国的一个部分，却在大力提倡英文；而在英语世界，香港又没有自己的位置，没有自己的英文文化。香港的文化身份究竟何在呢？金耀基教授谈到这一问题时，曾经指出香港的政治身份与经济身份的不对称性：政治上是依赖性的政治实体，而经济上又是东亚的金融贸易中心。在我看来，这一格局再加上文化上英文和中文之间的双重边缘，形成了香港文化身份独特的暧昧性。海德格尔说，语言是存在的家。香港最苦恼的是在语言上找不到自我。语言的定位不解决，香港文化就无法落实自己的家。

六　香港需要"第三种尊严"

其实，比语言更重要的，还有文化的尊严。在一个国际文化大都市，文化和文化人必有其独特的尊严，我将它称为独立于金钱和权势的"第三种尊严"。它不是靠别的，而是以知识的神圣性和文化的高雅品味所建构起来的。

在中国传统的"士农工商"社会中，文化人的地位曾经很高，虽然如今海峡两岸文化也大大边缘化了，但其尊严余威尚存。然而，在香港这个商业都市中，金钱成为唯一的崇拜偶像，文化的尊严不仅缺乏传统，而且迟迟难以建立。至于天天见报的流行文化和文化明星，自然有其尊严，但并非建立在文化品位上，而是依仗其市场的消费价值，说到底还是金钱的尊严。

真正的文化人在香港收入不能算低，至少也在中产之列，特别是享受高级公务员待遇的大学教授，更是全世界收入最丰的知识分子。但是，大学教授在香港受到尊重，主要不在于其有知识，而是因为羡慕其有钱、有身份，这反而印证了"第三种尊严"的匮乏。

香港不乏一流的学者，缺少的是社会对知识的敬畏和对学者之所以为学者的那点尊重。我手头有一册某出版社出版的《香港名人肖像录》，几十位大人物中，富商、政府高官和演艺界明星占了绝对的比例，知识界只有一位象征性代表：饶宗颐先生。余秋雨有一句名言：只要香港有饶公，就不能算文化沙漠！这话反过来理解，未免有点悲哀：假如香港没有饶公呢？就是这位仅有的饶公，不须问一般市民，即便去问香港的文科大学生，又有几个知道饶宗颐何许人也？

媒体的世态炎凉最能掂出文化人在社会上的分量，因为媒体代表着一般的民意。饶宗颐举行书法展览，请李嘉诚剪彩。媒体记者一拥而上，把李围了个水泄不通，而真正的主角却被晾在一边。次日，消息见报，竟然是李嘉诚为某展览剪彩时如何如何，连饶宗颐的名字都找不到。

在新的世纪，文化与科技、文化与经济的互动日益紧密，一个国际大都市，假如没有自己坚实的文化，将是脆弱的、泡沫式的。但文化的坚实不是赖于对科技和经济的依附，而是奠基于自身的尊严。一个没有尊严的文化，注定是要消亡的。从这个意义上说，文化大都市梦想欲在香港兑现，将是任重而道远。

（1999 年）

亚细亚孤儿的迷惘：四代台湾人的文化与身份认同

亚细亚的孤儿在风中哭泣

黄色的脸孔有红色的污泥

黑色的眼珠有白色的恐惧

西风在东方唱着悲伤的歌曲

亚细亚的孤儿在风中哭泣

没有人要和你玩平等的游戏

每个人都想要你心爱的玩具

亲爱的孩子你为何哭泣

多少人在追寻那解不开的问题

多少人在深夜里无奈地叹息

多少人的眼泪在无言中抹去

亲爱的母亲这是什么道理

亲爱的母亲这是什么真理

罗大佑的这首《亚细亚的孤儿》，作于 20 世纪 70 年代，台湾在联合国的中国席位，被中华人民共和国取代，风雨飘摇，四面楚歌，台湾人整个感觉被世界抛弃了。"亚细亚的孤儿在风中哭泣，没有人要和你玩平等的游戏。"罗大佑唱出了一代人的悲凉和迷茫。

孤儿最痛苦的，莫过于自我的迷失。我是谁？我从哪里来？又要归属谁？从 16 世纪台湾进入世界历史，到今日台湾新一代的"太阳花革命"，四百多年的台湾历史，一直被这个"认同的迷惘"苦苦纠缠，挥之不去。

作为同文同宗的大陆同胞，我们真的了解这个海峡对岸的孤儿吗？

台湾的历史，是一部充满辛酸与悲情的孤儿史。16 世纪的世界地理大发现，使得中国的东南沿海，突然变得热闹起来，欧洲探险家、商人的帆船出现在东方地平线上，台湾首先为葡萄牙人发现，被称为美丽岛（Formosa），然后被荷兰人占领，一座原先只有少数民族的蛮荒之岛从此被裹挟进文明的进程。"红毛番"荷兰人统治台湾不过三十八年，便被郑成功的水师驱逐出境，从 17 世纪中叶开始，台湾成为"国姓爷"郑成功的天下，正式进入中国历史。二十年后，施琅率领清军攻占海岛，从此台湾并入清朝的版图。郑氏王朝期间，台湾的少数民族十万人，随郑来台的闽南移民十万人，但在清朝统治的二百年间，大批福建广东移民涌入，人口从原先的二十万人增加到三百万人。1895 年一纸《马关条约》，美丽的宝岛连同三百万臣民被清朝割让给日本，半个世纪之后日本战败，台湾重新回到中国的怀抱。回归不久，又发生了国民政府军队屠杀本地人的"二二八"惨案，在台湾人心中留下的历史创伤，至今没有平复。1949 年，国民政府在大陆溃败兵退海岛，两百万"外省人"避逃台湾，此为第二波移民高峰。

纵观四百多年的台湾历史，这个"亚细亚的孤儿"可谓身世离奇：被"红毛番"统治，由郑成功夺回，经清朝两百年管束教养，又作为战败国的贡品，送给日本人当养子；战后二度回归祖国，却遭了一顿毒打，最后"父亲"逃亡到海岛，反认他乡为故乡。

两波移民，四度易主，中原士大夫文化、闽南庶民文化、日本皇民文化与近代白话新文化如走马灯一般轮番上场，让台湾人的身份认同和文化归属变得扑朔迷离，变幻不已。20世纪50年代出生的台湾作家郑鸿生，写过一本《寻找大范男孩》，向读者展现了祖父、父亲与自己三代台湾人的故事。爷爷是前清遗老，父亲变日本皇民，儿子成民国青年，三代之间的传承与断裂，昭示了一个世纪台湾人的认同困境。

一个人的身份认同来自于文化。清朝统治下的台湾，就像中国的其他地域一样，上层精英接受的是儒家士大夫文化，它通过统一的科举考试将边陲的小岛与大一统王朝联系起来，认同的是天下主义的大中华文明。然而，对于大多数在台湾扎根定居的闽南移民来说，天高皇帝远，他们所认同的只是与生俱来的闽南文化，只有地方意识，没有国家认同。地方与清王朝的关联，一方面通过士大夫精英获得沟通，读书人既是国家精英，又是地方领袖；另一方面王朝通过对地方宗族、祭祀、礼仪的确认与控制，将闽南文化整合到整个大一统文化秩序之中，清朝台湾人的国家认同不是显性的，而是内化在作为大中华文化一部分的地方认同之中。

许倬云先生说过：郑成功及其部下，娴熟于边缘社会的庶民文化，一旦与中原的精英文化脐带切断，庶民文化便不容易再有机会茁长为新的精英文化。[1]这个"切断"，便是1895年日本的占领台湾，郑鸿生的爷爷一代成为了前清遗老。日据时代的统治者压抑大中华精英文化，代之以日本近代的文明教育，但容忍台湾本土的庶民文化。郑鸿生家里保存的当年家族老照片中，接受了日式近代化教育的父亲一代器宇轩昂地穿着洋装，但祖父、祖母们依然一身唐装，顽强地保持着中华文化的认同，但这个认同，与其说是国家的，不如说是地方的——对地方化的中华文化之认同。而台湾进步知识分子们就不一样了，蒋渭水、林献堂建立台湾文化协会，

---

〔1〕　许倬云：《台湾四百年》，杭州，浙江人民出版社，36页，2013。

从文化上反抗日本的殖民化，他们要求台湾自决的文化资源不是别的，正是精英传统的汉文化。庶民文化可以与不同的精英文化相安无事，因为庶民文化只是与地方认同有关，但精英文化的认同却与国族有关，当年能够与日本殖民文化抗衡的，唯有来自中原的中华文化。

日据时代的台湾不曾经历过"五四"新文化运动的启蒙，汉字的中华文化仅仅象征逝去的传统，而日语的殖民文化却代表着文明的现代。郑鸿生的父亲一代在接受皇民化殖民教育的同时，也受到了日式的现代化文明洗礼。郑鸿生回忆说：父亲这一代"是台湾的第一代现代化人，他们对周遭事物与文化的判断标准为是否现代化，追求的是现代化的产品，对传统文化则比较轻视，例如他们要听西方音乐，而不看台湾传统戏曲歌仔戏，这些地方民俗对他们而言代表着落伍"[1]。日语代替了过去的汉文化，成为日据一代台湾精英共享的上层文化。今年（2014 年）台湾电影的票房冠军、魏德圣拍的《CANO》，讲的是日据时代嘉义一支由汉人、日本人和少数民族组成的少年棒球队如何卧薪尝胆，一路突围，打进全日本甲子园决赛的故事。影片试图超越族群的区隔，建构台湾的本土认同，但球队的日本教练向队员们灌输的，却是近代日本的武士道精神。于是，超越族群的台湾意识背后，游荡着以"现代"面貌出现的日本灵魂。

等到 1945 年台湾光复之后，最早接受日式现代化启蒙的父亲一代人，却陷入了丧失母语的尴尬，他们为下一代人看不起，被认为是受日本殖民文化洗脑、精神备受屈辱的一代，"内在的自主性在这一代即将成为台湾社会中坚之士的心中被剥夺殆尽，欠缺这个自主性，只剩下精神的臣服，传统父权也就失去了内在的坚实基础，空有其表了"[2]。他们

---

〔1〕 郑鸿生：《寻找大范男孩》前言第 4 页，北京，生活・读书・新知三联书店，2013。
〔2〕 同上书，第 144 页。

的认同无所依傍，在失势与失语的双重压抑之下，很多台湾男性的发泄渠道只能表现在每次选举时投党外候选人一票，而不管那位党外人士的人格与知识水平如何。倒是没有受到日式文字教育的女性，相对于失语的男性，她们反而是多话的，因为她们的认同来源于民俗的庶民文化。上层的精英文化几度被颠覆，但底层的闽南文化却经祖母、母亲几代女性口口相传，蔓延不绝。

到了郑鸿生这一代民国青年，汉文化在台湾又重新回到了中心地位，又经历了从小到大、无所不在的大中华民族主义教育，他们的自我认同毋庸置疑地定位在"我是一个中国人"，这个身份对于他们来说，就像呼吸空气那样自然。战后的台湾年轻一代，在 20 世纪五六十年代经受了一场由雷震、殷海光、柏杨、李敖为旗手的启蒙运动之补课，台湾的批判知识分子接上了 1949 年之前大陆的自由主义传统，激发起对国民党的批判意识。70 年代初的保钓运动，既是一场民族主义的全面动员，同时又拉开了年轻一代与国民党的政治距离，抽象的"国"与现实中的"政府"发生了断裂。随之而来的尼克松访问大陆、台湾被联合国驱逐、各国纷纷与台湾断交，台湾在国际舞台上失去了代表中国的法理地位，这一切如同雪崩一般冲击着战后一代台湾人的心灵。在过去，"台湾就是中国"，而今，台湾成为了被国际社会抛弃的、身份暧昧的孤儿，台湾人究竟意味着什么？在这一认同焦虑的背景之下，乡土文学运动开始萌动，试图从台湾的本土文化中寻找自身的认同之根，继之本土的民粹运动打着民主的旗号，在"美丽岛事件"之后迅速崛起，建立了反对党。民粹运动与民主运动合流，势头很快压过自由主义，到了 90 年代在李登辉纵容之下，本土的民粹运动转化为台独的政治诉求。

前清遗老、日本皇民和民国青年，三代台湾人之后，到了世纪之交，出现了第四代台湾年轻人，他们的年龄断层类似大陆的"八〇后"、"九〇后"，是全球化和"去中国化"双重背景下成长起来的台湾"新人类"。

如同民国青年一代曾经看不起日本皇民一代那样，如今当了父亲的50、60年代生人，轮到被自己的儿辈看不起了。年初的"太阳花学运"，从某种意义上说，是一场年轻人反抗老一代的青年运动。这代年轻人是全球产品、资讯和知识高度流动的产物，没有父亲那代人强烈的大中华民族主义意识，而在李登辉和陈水扁两代"总统"的"去中国化"政治操纵之下，他们对大陆中国的心灵距离渐行渐远，文化上的疏离感日趋强化。他们对父亲一代在身份认同上的纠结与矛盾颇为不屑，直认自己就是"台湾人"。李敖60年代大声呼吁要"老年人交出棒子"，如今占领"立法院"的"太阳花"学子们也不满父亲一代（无论是国民党还是民进党）对政治的把持，要通过更激烈的公民运动直接参与两岸事务。

台湾从一开始就是全球化的产物，16世纪地理的大发现，东南亚海上贸易的兴起，使得台湾被西洋海盗与东亚倭寇拖进历史。20世纪60年代之后，台湾的经济起飞，成为亚洲"四小龙"，最重要的原因是沾了全球化的光，以价廉物美的"台湾制造"拥有了全球的市场。90年代之后，当大陆向全球开放，经济进入高速轨道的时候，台湾的资本、人才、技术和文化对大陆的发展起了不可替代的引领作用，因为同文同宗，没有语言与文化的隔阂，台湾成为大陆的最佳示范，是"内在的他者"。在许多人看来，台湾的今天，就是大陆的明天。如果说，在东亚全球化大格局之中，过去是台湾引领大陆的话，那么，到了2008年之后，随着大陆的强劲崛起和台湾经济对大陆的高度依赖，大陆与台湾在全球化中的位置发生了倒错，过去的边陲成为了中心，而原来的中心沦落为边陲。

一位台湾学者如此分析近二十年来两岸关系的基本态势：经贸跃进、政治僵持、社会疏离。[1]的确，如今两岸的经贸愈走愈近，但心的

---

[1] 吴介民：《第三种中国想象》，见吴介民：《秩序缤纷的年代：1990—2010》，台北，左岸出版公司，2012。

距离越来越遥远。社会疏离的原因何在？制度的差异固然是一个原因，长期的对抗和隔阂也造成彼此之间的不信任感，然而，两岸在全球化中的位置颠倒绝对是一个不容忽视的因素。自 80 年代开始的这波全球化，是财富急剧膨胀的时代，也是地区之间、国家之间和阶层之间的资源、收入重新分配的过程。在全球财富地图之中，整个世界被分为两个板块，一个是全球化的得益者，另一个是全球化的失势者，如今大陆与美国一起，牢牢占据了全球化的核心利益，而台湾逐渐沦为边缘。两岸之间短短二十年便乾坤颠倒，这给不少台湾年轻人的心理造成巨大冲击，大陆的强势让他们感到害怕，担心随着两岸经贸来往的深入，会进一步让台湾成为大陆的附庸，"反大陆"情绪由此而生。

从 90 年代末开始，我每一两年都会访问台湾，去得最多的城市是台北。90 年代的台北，给我的感觉似乎还是一个杂乱的都会，但这十年来台北给我留下的印象，却是越来越安宁、悠闲与文明。我好奇地问一位台湾朋友究竟是什么原因？他半开玩笑地告诉我："热衷折腾的台湾人都去上海了，而喜欢安静的都留在台北了！"今日的台湾如同欧洲、日本的一些地区一样，已经过了"爱拼才能赢"的社会达尔文主义阶段，台湾人对什么是幸福、什么是美好生活，有了新的理解，这是一面。但另一面则是长期的经济滞胀，大学生的起点工资十年停留在 22k（2.2 万台币），台北的房价继续高位，许多学生毕业即失业，很难在台湾找到职位，这些现实生活的压力又使得许多台湾年轻人潇洒、悠闲不起来，生活的理念与现实的困境之间所产生的巨大落差，使得他们对两岸经贸协议产生了强烈的怀疑，认为两岸的发展最终得益的，只是少数"政商集团"，而多数台湾民众将成为这波全球化的受害者。从这个意义上说，台湾青年学生占领"立法院"，与美国年轻人"占领华尔街"同样具有深刻的"反全球化"背景，他们反对的不是全球化本身，而是伴随全球化而来的巨大的阶层分化和社会断裂。

　　台湾与大陆不同，她是一个没有腹地的海岛，是浩瀚太平洋中的舢板小船。台湾人具有深刻的海岛心态，她得益于开放，也很容易在开放中受到伤害，因而激发走向封闭的反弹。台湾作家胡晴舫写过一篇《想象一座岛屿》，深得李欧梵教授赞赏，她将台湾人的矛盾和复杂的海岛性格刻画得淋漓尽致："岛屿，向来是世界的边缘。唯有在渴望遗世独立之际，人们才会想象一座岛屿。""在这个高科技传媒发达的全球化经济时代里，岛屿早已不是那般与世隔绝，但是岛民却依然比许多其他地区的人民多了份地点偏僻的好处，让他们得以被世界遗忘。""十年来，台湾却越活越像一块悬挂于世界边缘的小岛。我们原本就不是世界的中心，现在我们根本不跟世界站在同一块平台上。""如果遗世独立的代价是能够建立自己喜爱的社会，就算贫穷一点，那又怎么样。谁说台湾一定要加入全球化运动。那，担忧边缘化的恐惧又从何而来？"[1]孤岛上的岛民，是倔强的，又是脆弱的；是封闭的，又渴望被接纳。个中的委婉曲折，生活在大陆的同胞，是否可以理解这位既有悲情身世，又不无孤僻性格的亚细亚孤儿？

　　台湾年轻一代出生和成长的时代，与他们的父辈不一样，台湾变成了一个暧昧的所在，自以为是国家，却不再有国际公认的主权；被认为是中国的一部分，却有独立完整的治权。于是，台湾人的身份认同之中，最纠缠、最难以道明的，便是一个nationality。妾身未明，这是台湾百年殖民历史留下的内心创伤。两蒋时代国民党带给台湾的大中华民族意识，是以压抑台湾的本土意识为前提的，正如郑鸿生所说："中华民族思想变成一个孤悬在上、没能落实到台湾乡土／本土的东西。这里可以看到，国民政府对台湾本土文化的压抑，并非是如今一般所想的'中国'对'台湾'的压迫，而其实是粗糙单面的现代民族主义对地

---

[1]　胡晴舫：《想象一座岛屿》，《中时电子报》2007年9月17日。

方传统与本土多样性的压迫。"[1]清朝在台湾所建立的国家认同，内在于台湾人的地方认同——闽南庶民文化——的风俗礼仪之中，然而，在两蒋时期为了防止台独，中华民族主义与台湾本土文化却成为对抗性的存在，等到蒋经国晚年政治控制松动的时候，台湾本土意识就发生了报复性的反弹。台湾的本土化运动，历史上的第一波以"反日"的形态出现（日据时期），第二波以"反美"的形态出现（20世纪70年代的保钓运动），这两波的台湾意识都是中国意识的一部分，然而，80年代之后出现的第三波本土化运动，却是以"去中国化"的"反中"形态出现，从本土的文化意识，最后发展为政治上的台独。[2]

　　本土化运动也好，台独运动也好，最喜欢讲的是台湾主体意识。究竟何为台湾主体意识？我曾经分析过近代中国的民族主义是"一个巨大而空洞的符号"，而台湾的主体意识，基本也是如此。本尼迪克特·安德森的《想象的共同体》将民族主义视为从无到有的想象性建构，这本书给台独运动很大的理论鼓舞，试图在台湾也想象出一个拥有独立主权的国家共同体。然而，台湾百年殖民的历史之中，其主体文化是被掏空的，这些年台湾史的书写，所谓的台湾本土文化认同，基本建立在太平洋岛屿的少数民族文化和郑成功之后的闽南庶民文化两条脉络之上。一种历史记忆的发掘，意味着另一种历史的遗忘，这个遗忘，就是排斥来自中原文化的大传统，这是另一种对抗。两蒋时期的国民党用大中华民族主义压抑台湾本土文化，而如今的"去中国化"，同样用本土小文化传统抗拒历史和现实之中所真实存在的中华大文化。当对抗性的思维主导台湾主体意识的时候，其历史与文化的真实内涵被掏空了，剩下的只是抵抗的坚定与勇敢。主体

---

〔1〕　郑鸿生：《台湾人如何再作中国人：超克分断体制下的身份难题》，载《台湾社会研究季刊》，第74期，2009。

〔2〕　参见陈昭瑛：《论台湾的本土化运动：一个文化史的考察》，载《中外文学》（台北），23卷9期，1995。

意识的暧昧，需要一个敌对的他者。于是，台湾主体这个"自我"无法自圆其说，严重依赖于"敌人"的存在。没有了"敌人"，便没有了"自我"，这是殖民历史带给台湾的文化困境，至今无法摆脱。

　　作为靠近欧亚大陆的太平洋海岛，台湾开埠以来的四百多年，承受了两种不同的文化季风，一种是来自大陆的中华文明，另一种是来自海洋的东洋、西洋文明，这两种文明都在台湾的历史与现实当中内化了，成为台湾本土文化不可分离的一部分。假如剥离这些外来文明，台湾将什么也不是，何况文化不是一件外衣，不能想穿就穿，想脱就脱。事实上，中华文化对于台湾来说，已经是自身的一部分，无论是作为大传统的汉字精英文化，还是作为小传统的闽南庶民文化。杨儒宾教授指出："'中华文化'和'台湾文化'已是互纽互渗的关系。即使不论四百年来台湾汉文化与中华文化的实质关系，单单从光复后，尤其是1949年的渡海大迁移以来，'中华民国'此政治实体所渗透的'中华文化'已是台湾文化的实质因素。"[1]大陆文明就像海洋文明一样，已经渗透入台湾人的血肉与灵魂之中。究竟是庄周梦蝶，还是蝶变庄周？中华文化与本土文化，在台湾早已是水乳交融，你中有我，我中有你。

　　亚细亚的孤儿，四代台湾人的认同迷惘。台湾身在大陆文明与海洋文明交汇之处，两大板块的夹缝之际，这是台湾的不幸，也是她的大运。假如能够走出"去中国化"的迷思，像过去那样全方位拥抱八面来风，谁说台湾不是一座永不沉没的美丽岛？

（原载《读书》2014 年第 10 期）

---

[1]　杨儒宾：《在台湾谈中华文化》，载《思想》（台北），第 25 期，2014。

一个非批评家的

文化批评

希望的春天与绝望的冬天

1995年，对于评论界来说，是空前活跃的一年，又是多少有点无聊的一年。尖锐的批评终于出现了，随之而来的却是一场热热闹闹的混战；问题依然是人文精神讨论的延续，但有深度的回应却甚少。

这是一个让人无比兴奋，又充满着遗憾的一年。

一　90年代的精神背景

1990年伊始，评论界一度陷入沉寂。1992年邓小平南巡讲话，中国经济的高速起飞，使得整个社会迅速世俗化、实利化，原先以崇高使命为己任的知识阶层开始走向分化，然而，在现实生存的逼迫之下，无论是被迫坚守文化岗位的，还是匆匆扑向市场的，都显得有点匆忙应对，来不及进行深入的思考。可以说当时各种知识分子的选择都缺乏理性的自觉，只是一种本能的反应而已。经过两年的震荡、分化和改组，知识界新的格局初步形成。另一方面，在90年代初期的沉默状态期间，伴随着对80年代文化热的反省，许多知识分子都开始重新调整自己的知识结构，暂时处于某种过渡性的"失语"状态。几年的闭门读书和潜心思考，使得大多数人重新找到了自己的话语方式，开始亮出旗帜，尝试表达自己新的思想理念。

这样，自1993年秋后，随着结构分化的形成和知识范式的调整到位，评论界走出"失语"的阴影，开始了日趋激烈的思想交锋。先是关于王朔、《废都》和顾城的争论，随后是1994年而始的人文精神以及后现代／后殖民文化的大讨论。尤其是人文精神的讨论，使得一度零散的评论界重新找到了众所瞩目的公共话题，其中涉及面之广，争论之热烈，足以与80年代文化热期间的公共话题"传统与现代化"讨论媲美。这自然与90年代知识分子面临的语境有关。在市场经济背景下文化人如何自处，如何找到自身的安身立命之处，如何看待这个变化了的世界，这些问题成为90年代中国知识分子所面对的公共境遇，早已分化的不同群体具有截然不同的看法，一旦找到人文精神这一冲突焦点，自然掀起争论的狂澜。

1995年知识圈的精神活动就是在这样的背景下继续展开的。严格说起来，1995年的评论界并没有出现什么新的话题，小说、散文、影视乏善可陈，缺乏闪光的兴奋点。话题的焦点继续停留在人文精神上。然而，讨论不是往问题的深度开掘，而是横向拓展开去，牵出一连串的人与事，从而带有表面热热闹闹、骨子里空空洞洞的戏剧化色彩。

在1995年的文坛上，比任何戏剧、影视和小说更引人注目的，莫过于关于"二王"（王蒙、王朔）、"二张"（张承志、张炜）的争论了。这一争论的中心话题可以说是人文精神讨论的续集，即在日益世俗化的社会背景下，如何看待现世主义和理想主义的问题。因为"二王"和"二张"这几年异常活跃的言论和引人瞩目的姿态，于是被世人分别视作现世主义和理想主义的人格象征。1995年的文化论争一反以往的"问题中心"方式，而更多地聚焦在对具体人物的评价上，尤其是"二王"和"二张"身上。

二　批评规则的匮乏

以人物为中心展开争论，自然有其便利之处。中国知识分子90年代以来的大分化，如果从世俗和精神这两极来说，"二王"和"二张"无疑有其代表性。以一种风格异常鲜明的感性主张或人格形象作为批评的文本，容易将问题挑得比较鲜明，但也有可能纠缠于具体人物的个人人格、品质的得失，反而遮蔽了真正的、有深度的普遍性问题。

1995 年的文化批评有一个显著的变化，就是许多批评不再躲躲藏藏、闪烁其词，不管批评的对象是文坛泰斗，还是无名小卒，大多直呼其名，拎到前台。如此具有针对性的批评可以说是中国文坛近十年来所未见。以前在历次运动中有"点名"的说法，那是政治策略中的威慑伎俩。而如今的点名批评基本不具有政治的、权势的背景，属于在没有外在压力的语境下知识分子内部自由讨论的性质。比起 80 年代以来形成的那种"某人""某说"之类照顾情面、闪闪烁烁的批评，当然要真诚坦荡得多。不过，在自由的批评环境下，也产生了一系列新的问题，其中最主要的，也许是如何构建文化批评的游戏规则。

文化批评，是知识分子之间最直接的思想沟通。沟通的行动，总是通过一定的对话方式进行的。尽管在思想多元的时代，我们已经无法找到一种超越于所有不同话语之上、提供相互交流最一般基础的"元话语"，但这并不意味着就不可能建立对话和沟通的形式化的元规则。哈贝马斯的"三真（正）原则"无疑也是文化批评应当遵守的最低限度的元规则。

也许是自由批评刚刚开始，我们的批评家还没有来得及意识到批评规则的重要性——就像市场经济刚刚开始起步时，商人们也顾不上起码的市场规范一样——偷换概念、故意曲解、混淆问题、带球撞人等现象几乎成为当前文化争论中不无普遍性的时弊。

由于批评多针对具体的人与事，所以在一些批评家那里弥漫着一股相当浓郁的道德气味，无论是对"二张"的颂扬，还是对"二王"的抨击，更多的兴趣不是以一种理性的智慧解读对象，而是从道德的立场出发作春秋褒贬。文化批评自然不同于学术研究，可以有批评者自身鲜明的道德立场，人们要求文学或文化批评能够承担一部分道德说教、人文教化的使命。然而，道德的批评并不意味着可以不要批评的道德，这一道德按照理查德·罗蒂的话说是"容忍、尊敬别人的观点，乐于倾听，依赖于说服而不是压服"〔1〕。

1995 年文坛争论最激烈的话题之一是所谓"不宽容"问题，即对社会的某些现象是否要持一种必须普遍遵守的"不宽容"立场。本来，讨论这一问题，在思想预设层面也许必须厘清两个区分：其一是价值与道德的区分。在前现代社会中，社会的价值观与道德观是合二为一的，有价值的东西必定也是道德的。但在现代多元社会，由于价值观的多元化，二者发生了分化，有些问题（比如文人经商）是一个价值观的问题，并非道德层面的问题。价值的问题只有通过平等的对话加以讨论，而不能用道德审判的方式加以解决。其二是美德与正当的区分。即使在道德领域，也有高调与低调之分。正当问题涉及人的基本道德义务，比如不能欺骗、伤害别人，尊重别人的隐私权、财产权以及遵守各种游戏规则等，这些低调的义务是每一个现代人都必须普遍履行的。而美德问题比如乐于助人、富有教养、反抗邪恶等可以是个人自勉的高调理想，而不能作为苛求他人的道德律令。可惜的是，在关于"不宽容"的争论中，这些区分虽然已有论者涉及，但并没有引起各方面足够的注意。持有激烈的道德理想主义立场的张承志、张炜和王彬彬等人一再发生"道德观念的误置"，将本来属于价值观或美德领域的问题作为基本的正当问题加以讨伐。由于道德审判对象的扩大化，反而放过了真正应当谴责的邪恶势力和不正当行为。文化批评中"道德观念的误置"屡屡发生，

〔1〕（美）理查德·罗蒂:《后哲学文化》，黄勇译，18页，上海，上海译文出版社，1992。

表明一部分中国知识分子的思维模式和思想预设仍然受控于前现代一元化知识结构，而远远不能适应变化了的现代多元社会。

三　效果意识压倒清明理性

中国文人的宗派问题一向是难以治愈的顽症，在 1995 年的文坛之争中又一次暴露无遗。由于众多的批评明显地指名道姓，而且针对具体的人与事，使得本来就隐性存在的宗派矛盾表面化。某一圈子的盟主受到了批评，圈内的兄弟哥们儿会齐心协力，拔刀相助；某青年学者在论战中发表了一篇观点平和的分析文章，就有人猜测作者貌似中庸，本意在为某某解围；人文精神的讨论首先由上海发起，于是上海的学者、评论家似乎都被认为是"人文精神派"，而且还要妄猜背后究竟谁是盟主……如此做派颇类似过去的袍哥会党或"阶级分析"路数，最关心的不是是非对错，而是究竟属于敌、我、友何方阵营。一些批评者不是严肃地探讨问题本身，而是以一种"打擂台"的狭隘心理介入论争，唯恐别人占据了话语的中心。本来，知识分子最要紧的是独立的人格和精神的自由，他首先是作为个人的存在，而非依附于哪个地域、哪个帮派或哪个利益集团。然而，一旦宗派的情绪在论战中占据了上风，就会使正常的文化批评染上非理性的、情绪化的色彩，从而更显得庸俗无聊。

批评界的无聊化趋势，同媒介与出版业的推波助澜不无关系。这几年大量报刊的创办、改版，电子媒介对社会文化领域的扩张以及图书市场在 1995 年的复苏，使得文化消费的需求被大大刺激和释放出来。本来纯粹属于精英圈内部的文化批评，在 90 年代的语境下突然具有了某种市场消费的价值，可以满足知识大众观赏的欲望，提供他们茶余饭后以助消化的谈资。多元化的文化市场的确是一头温柔而又厉害的怪物，它可以容纳任何激烈的、偏激的声音，使之在市场上成为某种畅销的文化消费对象，从而消解它们的批判性内容，变为无伤大雅的高级牢骚。

以"精神圣徒"形象出现的张承志在 1995 年的命运就是如此。尽管他一再地自我放逐，远离俗世，宣称"反正今天比昨天更使我明白：我只有一小批读者"[1]，然而具有讽刺意义的是，他与另一位以反抗媚俗自居的张炜一起，成为 1995 年图书市场上最具卖点的作家之一，他们所有的作品几乎无一例外地成为大红大紫的畅销书。命运就是如此残酷地捉弄着他们：当他们还是自己的时候，他们并不为公众所了解，而一旦为市场所接受，他们就不再是自己。拥有一册"二张"的书，谈谈"反抗媚俗""抵抗投降"，竟然成为 1995 年中国知识大众群体中最为时尚的媚俗。"走近张承志"的含义是那样暧昧，以至于其真实的内涵不过是"消费张承志"而已。在 90 年代的语境之下，一个知识分子假如不甘寂寞，希望参与社会，反抗时弊，只要他取得些微的成功，都有可能是一种异化的胜利，最终沦为所反抗的对象本身。

应该说，这样的结局并非当事人的初衷，但市场的逻辑却远远强于他们自身的意志。一些传媒编辑和出版界的策划人，为吸引读者和观众，不惜小题大做，故意制造焦点、热点和卖点，热衷于组织论战，制造出一种"阿庆嫂和沙老太婆打起来了"的戏剧化氛围，从中坐收商人之利。而一些文化人为赢得市场的效果，也不惜放弃理性的原则，专挑刺激的、煽情的和尖刻的字眼做成标题，编织文章。一时间，什么"抵抗投降""学会憎恨""文化冒险主义""时代内部的敌人"等一类久违的概念、术语，再度在文坛复兴。文化批评的概念工具是否真的已经如此匮乏，以至于不得不借助于这样的语言才能流畅地表达，不能不令人疑窦丛生。热衷于这类话语的批评者不是看中了它们的市场价值，就是自己的文化思维方式还不曾"清洁"，依然残留着某种污痕。

由于圈内圈外过于注重批评的市场效果，以至于在 1995 年的文坛

---

〔1〕 张承志:《金草地》，前言，4 页，海口，海南出版社，1994。

上形成了这样一种奇怪的逻辑，似乎谁的姿态最鲜明，观点最尖锐，语言最煽情，谁就拥有最多的听众，成为最红的文化明星。在1995年的文坛上，替代严谨的、具体的理性分析的，是一种卷土重来的机械化思维模式。类似这几年时兴的激进／保守分类方法，一些批评家以所谓的理想主义／现世主义、人文精神／痞子精神等二元式的思维模式将复杂的知识群体简单地分类排队，似乎非黑即白，非此即彼。不赞同"二张"的必定属"二王"一党，呼吁人文精神的就统统等同于张承志式的"神学询唤"或道德理想主义，甚至还张冠李戴，将余秋雨也列入"抵抗投降"的"文学英雄"行列，令人啼笑皆非。

　　一个不重思想、只重立场的时代似乎重新降临。人们所偏好的多是那些立场分外坚定，而思想相形见绌的文化明星。而许多无论对"二王"还是"二张"都保持着一定的思想距离，在理想主义与现世主义之间执着地探索着中间立场的自由知识分子，因为他们持论比较理性平和，态度不那么极端固执，因而受到人们的忽视和冷遇，甚至面临着为对立的双方都不能理解和容忍的尴尬局面。公平地说，这些仍然保持着清明理性的、在"夹缝中奋斗"的自由知识分子，比起那些风头十足的对阵双方，往往具有更多的真知灼见。他们充分理解市场经济对于中国现代化的历史意义，但对工具理性在生活世界的扩张保持着一份警惕；他们反对以道德理想主义粗暴地解读这一日趋复杂的世俗社会，又积极希望以多元的、开放的文化阐释赋予生活世界人文的意义。不过，在中国的历史上，类似这些非常个人化的、具有独立性格的自由知识分子，注定不为公众所理解，注定为对立的双方所误读，注定了寂寞的、边缘的人生命运。而那些立场极端的知识分子倒从来不曾边缘化过，无论在政治舞台上，还是文化市场中，都是万众瞩目的中心角色，不是出演悲剧，就是出演喜剧。1995年的文坛不幸又一次重现了这一被时间反复验证的历史景观。

上海《文汇报》记者在评述 1995 年文化批评的专稿中，用了一耐人寻味的标题：《外行看热闹，内行看门道》。不过，热闹是热闹了，大大满足了看客们的消费欲望，却让"内行"们越看越糊涂，不知道论争的门道究竟在哪儿。这一年留下了许多热闹的话题，却没有留下一个真正值得深思的问题；这一年太多才子气十足的急就篇章，却甚少深思熟虑、真正有分量、经得起时间玩味的心血之作。也许，用老狄更斯在《双城记》篇首的一段话来形容中国 1995 年的文化批评是再合适不过的了：

> 那是最好的年月，那是最坏的年月；那是智慧的时代，那是愚蠢的时代；那是信仰的新纪元，那是怀疑的新纪元；那是光明的季节，那是黑暗的季节；那是希望的春天，那是绝望的冬天；我们将拥有一切，我们将一无所有；我们直接上天堂，我们直接下地狱。

未来又会如何呢？真的不敢抱太多的奢望。

（1996 年）

虚妄的都市批判

　　说起来，《废都》只是一部名作家写的通俗小说而已，书商们为扩大销路，搞一点商业噱头亦无不可。偏偏有评论界人士出来说它是当代的《金瓶梅》《红楼梦》，是继《围城》以后写知识分子最好的小说云云，遂引起了一段不大不小的公案。

　　作为一个圈外人士，本来对此大可作壁上观，也来个□□□□□（作者删去123字）之类的表态。然而我注意到，在这场文坛游戏中，无论是书商、读者，还是煞有介事的书评家，多少都清醒地自觉是那种轻轻松松的顽主角色，唯独作者本人玩得最认真、最沉重。我相信，贾平凹那句"在生命的苦难中又唯一能安妥我破碎了的灵魂"的自白，决非矫饰之言。作者向以写黄土地题材的商州系列著称，《废都》是他的第一部关于"城的小说"。也就是说，他的所有痛苦、哀怨和倾诉都与"城"相关。从这个角度去解读《废都》，要比透过□□□□□找一个性压抑者或性放纵者更有意义，也更接近作者苦心经营的本意。

一

　　《废都》的情节简单之极：在一个文化古城中，一个文化名人的毁灭史。小说虽然号称写古都四大文化名人，但实际的人物只有一个：大作家庄之蝶。其余三个仅是无血无肉的陪衬而已，而且在作者的笔下，后者与社会闲杂也难分伯仲，"合时则合，分时则分"，吃喝嫖赌，无所不能。独有"第四个名人"庄之蝶，天性善良，"活得清清静静"。然而，就是这样一个有德行、有才气的文学巨匠，竟然像其他三个名人一般，颓废了！毁灭了！

可敬可爱的庄之蝶究竟毁于谁之手？是毁于一场莫名其妙的官司吗？是毁于几个难以割爱的女人吗？实际上，在卷入那场桃色官司之前，庄的危机已经潜伏。这不是什么小人谗言、怀才不遇之类的外在危机，而是源于生命根底的内在精神危机。以文字为生的庄之蝶隐隐约约地感到，自己正在失去写作能力。是的，没有比这个更糟的了，就像音乐家失去了乐感、美食家失去了味觉一样，作家丧失了写作能力，也就等于被剥夺了精神之生命。那么，这悲剧般的一切究竟是如何发生的？

作者明明白白地告诉我们，个中的罪魁祸首就是"城"。可谓成也萧何，败也萧何。庄的成功缘于这个"城"，最终也毁在这个"城"里。

庄原本不过是一个如周敏一般小地方出生的土秀才。十多年前，当这个颇具野心的年轻人初入京城，看到那座金碧辉煌的钟楼，就像司汤达笔下的于连一样，发誓要征服这座城市，"活出个名堂来"。一番卧薪尝胆的奋斗之后，果然功成名就，挤入"老少皆知"的名人行列。但当庄之蝶得到了梦寐以求的一切以后，却沮丧地发现自己除了一个虚名以外，什么也没有了！他想写自己满意的文章，却怎么也写不出来。他为显赫的声名所累，为官场的、家庭的、朋友的、情人的各种纠纷所累，也为自己的情欲所累。

在作者的笔下，庄之蝶的所有困惑几乎都来自都市，也可以说是患了一种都市综合征。在未入城之前和入城之初，庄是一个单纯、朴实的青年，他与最早的情人景雪荫相爱时，始终保持着柏拉图式的肉体纯洁。以至于后人揶揄他"在对待妇人上是一个十足的呆子"，如果当初他强暴了她，她今天就不敢到法院去告他了。不过，近墨者黑，久而久之，庄也感染上种种可恶的都市病：周旋于各种无聊的场合，卷入官场的权力争斗，乘人之危廉价收买朋友的名画，为打赢官司将自己的女佣兼情妇柳月送给市长的瘸腿儿子做媳妇，还利用自己的影响让作家、学者、教授们做伪证。而女人们呢，如今大作家也有了充分的魅力和手段，让她们一个个乖乖地投入自己的怀抱。

庄之蝶意识到自己的堕落，却又理不胜情，情不胜欲，久久不能自拔。在书中，主人公躺在情妇唐宛儿怀里，有一段发自肺腑的感慨："苦苦巴巴奋斗得出人头地了，谁知道现在却活得这么不轻松！我常常想，这么大个京城，于我又有什么关系呢？这里的什么真正是属于我的？只有庄之蝶这三个字吧。可名字是我的，用得最多的却是别人！"

他觉得自己在京城实实在在地被什么东西异化了，所做的并非是自己所愿的，而所愿的又非自己所能做的，只得行尸走肉般地活着，终日靠发泄情欲、在女人的肉体慰藉下度日。在都市的氛围中，庄从生理到心理都患上了阳痿，肉体的阳痿要靠乡村女子的温情来拯救，而精神的阳痿——失去写作能力，又只能通过躲到乡下远离都市，才得以暂时的功能恢复。

城，这个令庄之蝶着迷而又困惑的城，也成为作者本人难以逾越的迷津。

二

综观全篇，有关主人公的一切，无论是喜怒哀乐，还是高尚堕落，都渗透了作者的一腔血泪同情。虽然我们不敢冒昧地将《废都》完全认作贾本人的自传，但只要对照一下后记与正文所透出的那异常同构的心绪，正像主角的名字一样，你还真难辨别究竟是庄周变蝴蝶了呢，还是蝴蝶变了庄周。

不过，贾平凹毕竟不等于庄之蝶。庄作为一个当局者已经迷糊到不知其然和所以然的地步，因而作者必须安排一个清醒的旁观者，代作者立言。这就是书中一个寓言般的角色：一头不会说话，但能像"哲学家"一样思考的奶牛。这牛与庄之蝶可谓难兄难弟，唇齿相依。它是托了庄的福来到西京，走街串巷挤卖牛奶。而庄不喝这头牛的奶据说也活不顺畅，写作都有障碍。而且堂堂京城大作家喝奶时仍然不改先前的乡村本色：钻到牛的肚皮底下就着奶头吮。

这头富有哲理、思考深邃的牛像庄一样，"虽然来到这个古都为时不短，但对于这都市的一切依然陌生"。借助旁观者的特殊身份，它以一种超越人世的独特目光，发现了连庄都未能察觉的都市种种病症。在它看来，城市不过是"一堆水泥"，"人建造了城市，而城市却将他们的种族退化：心胸自私，度量狭小，指甲软弱只能掏掏耳屎，肠子也缩短了，一截成为没用的盲肠"。

牛忆起早年在终南山的欢乐时光，那起着蓝雾的山头上的梢林和河畔水草丛里的新鲜空气，它很后悔到这个城市里来了。当初在众牛中被选中出线时，招来了多少同伴的妒忌目光！如今才发现这份荣耀实际是最大的惩罚。它恨自己不能说话，否则它要大声疾呼："让我纯粹去吃草吧！去喝生水吧！我宁愿在山地里饿死，或者宁愿让可怕的牛虻叮死，我不愿再在这里，这城市不是牛能呆（待）的！"

显然，作者在这里借助牛的声音直抒胸臆。这样的声音我们并不陌生。在现代化的历史进程中，都市的每一步发展，都意味着对原先乡村田园生活的深刻颠覆。都市中形成的新的人际关系、新的道德价值观、新的生活方式无论其合理与否，都会在传统知识分子的心理中引起激烈的抵抗。为了充实对都市批判的合法化依据，他们往往有意或无意地将传统的乡村田野生活加以诗意的美化。这种现象在俄国的民粹主义者、印度的泰戈尔和中国的章太炎、梁漱溟等人那里早已是屡见不鲜。

　　贾平凹在《废都》里再次透出一个乡村保守主义者对都市化的满腹疑虑。在小说中，我们不难发现思想史上那种令人眼熟的都市与乡村的两极化比较模式，不过，这次并非以理念的形式，而是以人物的文学造型出现的。小说的主角们，除了男主人公之外，就是那些围绕在其身边的女人们。大致说来，她们可以分为两类。一类是都市上层女性，如景雪荫、夏捷，还包括被都市逐渐改造了思想、最后成为市长儿媳和舞厅名模的乡下姑娘柳月。另一类是从乡村和小镇上来的，或始终是城市边缘人的底层女性，如唐宛儿、阿灿，也包括商场售货员出身的汪希眠老婆。在作者的笔下，第一类女性大多心胸狭窄、德行低劣、相貌平平，偶尔漂亮如柳月，也是一个命中要克男人的"白虎煞星"。第二类女性虽然无甚文化，却悟性颇高，而且具有城里人所不具的纯情、善良，个个生得如花似玉、性感可人。

　　这两类女性可以说都是某种符号，分别象征了都市和乡村。庄之蝶对她们的态度也是颇为微妙的。在乡村女子面前，庄有着绝对的精神优越感，俨然她们天生的献身偶像和精神主宰。同时，庄也是借着她们才得以在都市里维持自己那份脆弱的心理平衡的。他离不开她们，就像婴儿离不开母亲的乳头一样。正因为如此，庄一直对她们怀有一种说不清道不明的负疚感，常常作忏悔之举。这使我们很容易联想起民粹派知识分子对农民弟兄的那种异常复杂的理念和情感。

　　在都市女性面前，庄常常会陷于手足无措的窘迫境地，这反映了他内心深处深刻的矛盾心理。庄对都市女性怀有天生的敬畏和崇拜之情，总是幻想占有和得到她们，但无奈精神的怯懦而不敢越雷池一步。这种自卑发展到极致，爱便演化为恨，演化为一缕报复之情。输了官司之后，庄吃了一碗放有鸦片的削面汤，恍恍惚惚做了一番颇值玩味的想象。他觉得自己越来越爱景雪荫，又写了一封信给景表示爱意。景这次让庄如了愿，同意与他完婚。婚礼进行途中，庄在洞房里尽情地玩弄了一番景的肉体之后，得意扬扬地当众宣布与景立即解除婚约。众人惊愕怎么刚结婚又离婚了，庄哈哈大笑："我完成我的任务了！"

是的，这番匪夷所思的想入非非，满足了庄之蝶藏在内心多少年的双重渴望：既占有了景，又侮辱了景。我们不妨将之视作一个隐晦的象征，象征着这个从乡村底层爬上来的于连式人物在幻境中对都市的赤裸裸的占有和征服。

三

不过，这仅仅是庄某人一厢情愿的白日梦而已，无情的现实却是被景雪荫击败，庄提起皮箱走路。

在此之前，庄的败象已露，那头与他相濡以沫的奶牛已先他一步而病倒，不知生了什么病，或许是思乡病，或许是对都市水土不服，或许两者兼有。最后当庄之蝶去看它时，牛已经奄奄一息。势利的主人当着庄的面一刀宰了牛，取出了那块值钱的牛黄。

牛死了，庄走了。他们莫非真的是被都市戕害的吗？好像是，好像又不是，有过都市阅历的读者都不难觉察到，书中的人物所置身的那种氛围与其说是都市，不如说是小镇，或者更精确地说是都市里的村庄。你看，那种人文景观、人物心态、人际关系，包括每一个人的语气口吻、举止做派、生活习惯，何尝有一丝一毫的大都市气息！所谓四大文化名人，说他们是都市知识分子，倒不如说是一群传统风雅名士。

最让人惊讶的是在这个古都里文化名人受宠的程度。大作家庄之蝶无论走到哪里，都会遇上一大群疯疯癫癫的发烧友，从市长、县长、街道主任、厂长、经理，到大街上指挥红绿灯的警察、黑社会头子、摆摊干小买卖的、大字不识几个的家庭妇女，凡一听到庄之蝶的大名，个个如雷贯耳，毕恭毕敬，对之崇拜得五体投地。尤其是痴迷的女人们，争先恐后地向大作家献出自己贞洁的肉体。此类近乎天方夜谭的神话，或许一度出现在浩瀚历史长卷的某一页里，比如原始部落中众人对唯一掌握着知识权力的巫师的膜拜、一个偏僻封闭的小山村里乡民对一百年才出一个的大秀才的敬仰，但绝非是满街流传着《十等人》民谣的当代都市景观。

倘若书中没有那些民谣、高跟鞋、法院、人大等道具包装出一个当代社会，读者还真以为是在读一本描写古代文人的作品。当然，《废都》说的是一个行将没落的古都西京，我们也不必否认种种匪夷所思的情节中的确有作者本人经验性的感受。但总体说来，由于作者过于刻意模仿《红楼梦》《金瓶梅》，以至于每每读到紧要关头，总让人觉得像一篇拙劣的仿作；另一方面，因为作者的阅历、心态等限制，写到顺畅的时候，常常不经意地"错把西京当商州"，以至于他的第一部"城"的小说仍然缺乏城的气息，时常散发出令人可疑的乡土味。

正因为如此，作者所刻意布下的那种都市与乡村的色彩反差就显得一片苍白。当小说的人物情节不堪负担都市批判的使命时，只能将一头来自终南山的神牛拉上舞台，借助畜生的口吻表达作者的理念。不过，批判的对象是那么地失真，那么地若有若无，也就削弱了批判本身应有的力度和深度。

更重要的是，《废都》的乡村情结与都市批判意识又是极其不彻底和不真诚的。当庄之蝶在都市中大败，落荒而逃时，他不是回到田园，回到乡村，或者回到有着农村般氛围的小镇，而是"去南方"，奔向真正的现代大都市，去展开另一幕冒险的生涯。这没有什么可以奇怪的，庄的智慧、善性和精神寄托固然来源于乡村，但他的活动舞台永远在"城"里。只有都市才能给他提供出人头地的空间，只有都市才有机会满足他永无止境的欲望和野心。庄一方面为声名所累，另一方面又离不开那些声名，他早已习惯了掌声、阿谀声，习惯了自动送上门的女性柔软的胴体。那些声名一旦失去，就会变得一无所有，从市长的特殊关照、众人的巴结讨好到女人的无私奉献，统统消失殆尽。也就是说，当庄之蝶不再是"庄之蝶"时，他就失去了在这个都市的生存之地。

倘若庄之蝶像牛一般真诚地盼望回到终南山，他就超越了都市，超越了世俗，也超越了自己。可惜他从来没有发出过"我宁愿在山地里饿死"的吁求，甚至压根儿都没想过。乡村之于他只是暂时的避风港、韬光养晦之地、蜜蜂采蜜的花坛、精神所寄的伊甸园。他的人生战场仍然在都市，在那个令他又烦恼又刺激、难以割舍的名利场。

不难想见，当庄之蝶在西京身败名裂之后，除了奔向南方还能往哪儿呢？不过，难道他在南下的途中还会重温当年从潼关到西京的旧梦？难道他真的相信在南方可以再现辉煌？这个连"都市里的村庄"也适应不了的大作家，一旦置身于真正的大都市，岂非会将他逼出绝念！我们还真为无知而狂妄的主人公捏着一把汗呢。

聪明的作者最后为读者留下的是一个开放性的结尾：庄之蝶"双目翻白，嘴歪在一边"。死耶？活耶？谁也不知道。然而不管结局如何，这位乡村的精神恋儿却死活要与"城"黏在一块，就像那头怀恋终南山的牛死了之后，一张皮非要被人拿去做鼓皮，"悬挂在北城门楼上，让它永远把声音留在这个城市"一样。

我相信，作为都市与乡村之间尴尬的夹缝中人和双重叛逆者，他将命里注定，永远难以安妥破碎了的灵魂。

（1993 年）

俗世中的时尚

在中国传统的话语系统中，痞子这一符号所代表的意象是极其明确的，这是一个带贬义的骂人的字眼，不用说骄傲的士大夫阶层，连一般的平民百姓也不屑为之。看不懂的是到 20 世纪末，在中国知识阶层中却出现了一种"痞子热"，痞子成为相当一部分新生代知识分子热烈追求的时尚。

究其原因，我想首先是痞子这一符号的指向如今已大大地泛化了。细细辨来，大约有三种意思。第一种是社会学意义上的痞子，它与中国传统话语中的原意比较接近，指这样一种边缘性人物，他们以无道德为道德，以无秩序为秩序，以无规则为规则，其处世逻辑颇有"我是流氓我怕谁"的味道。第二种是文化学意义上的痞子，它是指一种人生态度或人生哲学，你叫它消费人生、游戏人生、玩世主义都行，如今成为时尚的就是这种有文化的痞子。第三种是语言学意义上的痞子，它是说一个人说话行文油腔滑调、反讽调侃，一点正经没有，让人把握不住他是什么意思，所谓"京油子"指的就是这号人。

这三类痞子，尽管有其相通的发生学上的背景，比如评论界已经分析得比较多的道德价值失范、社会秩序松弛等，但就其各自的性质来说还是有着相当大的区别，需要分门别类地进行检讨。限于个人的兴趣，我将集中从社会和文化的层面透视第一、二种痞子，至于第三种痞子，留待语言学家和文学史家去研究吧。

一　以痞子化实现世俗化？

不久前我去海南，一个刚刚下海的知识界朋友感慨地对我说："下海经商要有'四气'：勇气、才气、霸气和匪气。前面'三气'都好说，唯独这最后一个'匪气'最难煞人，但没有它又成不了大事。"这个"匪气"就是社会学意义上的痞子。

为什么没有痞子气就成不了大事？为什么知识分子下海经商一定要脱胎换骨，经历痞子化的思想改造？这要从痞子的本来出身追究起。社会学意义上的痞子在中国文化传统中可谓历史悠久、源远流长。中国文化的多元成分里头始终有一种破坏力极强的痞子文化，它往往寄生于无正当职业的游士、游民和流氓无产者中间。在社会秩序比较整合、主流文化仍然具有充足的合法性资源时，痞子文化只能作为一种隐而不显的边缘性亚文化而存在。一旦礼崩乐坏，天下大乱，社会处于道德价值转型期时，痞子文化就会借助一定的社会边缘群体和知识阶层中价值迷失状态而浮上表面，泛滥成灾，甚至大有取代主流文化之势。不过，当边缘人物真的占据了权力中心，痞子们为了巩固来之不易的胜利果实，也要讲一点统治秩序，讲一点礼义廉耻，于是痞子文化被主流文化整合，只待下一轮的边缘人物来革它的命了。这是中国过去千年循环的历史，足见痞子文化在中国拥有充分的社会和历史资源。

不过，以往的痞子文化纵然大兴，也大多发生在非主流的流民、游士中间，从来没有进入士大夫阶层，因为儒家文化的主流地位是不可动摇的，即使文人经商、文人带兵也以儒商、儒将标榜。然而当今中国正处于一个前所未有的社会世俗化转型期，旧的道德资源无论是传统的儒家伦理，还是一度起到社会整合作用的新意识形态都失去了规范能力。在一个多元社会，知识分子不再具有统一的信仰，而多元价值观的整合规则和对话基础又远远没有建立。中国知识分子世俗化的历史性转变，就是在这样的伦理失范背景下开始的。

　　倘若我们将西方人的世俗化过程作一个历史的横向比较，这个问题会看得更加清楚。按照韦伯《新教伦理与资本主义精神》里的经典分析，新教徒转向世俗化，从事工商实业活动，最初的动力并非是功利的、世俗的，而是具有神圣的使命感，以自己的现实努力证明自己是上帝最好的选民。以后责任伦理才渐渐地从信念伦理中独立分化出来。但此时新教伦理已经化为制度化的法律和规则，完成世俗化的西方人可以不再具有天职信念，但他必须遵守世俗的游戏规则。先有伦理，后有法律，痞子精神在西方世界虽然也有，但始终难以成大气候。

　　反观中国的世俗化过程，当社会价值系统处于强势时，它并不容忍世俗社会的发育。而当人们从神圣世界里走向俗世时，原先的价值系统已经轰然崩溃，人们是在没有任何普遍伦理制约下走向市场的，而市场的最基本竞争规则又远远没有形成。整个社会既缺乏作为立法基础的信念伦理，又没有基于个人主义的责任伦理；西方人的世俗化是从信念到责任，而中国人的世俗化是既无信念也无责任，甚至干脆消解了伦理价值本身。于是那种痞子文化就乘虚而入，在世俗领域大行其道。当整个社会处于无序化的残酷竞争时，知识阶层中不用说下海的那部分，就是留在岸边的也会发现没有一点痞子气护身，在这个社会简直难以生存。并非夸大其词，当代中国知识分子确实有被逼向痞子化的危险。

　　一旦知识分子以一种痞子化的方式完成向世俗化的转型，中国现代化又将是如何一幅图景呢，按照顾炎武的说法，那就是"仁义充塞，而至于率兽食人，人将相食，谓之亡天下"了。

二 "玩世"与"游世"

如果说社会学意义上的痞子是一种社会转型过程中颇具中国特色的传统现象的话，那么文化学意义上的痞子可是中国开天辟地以来的新生事物，是一种"后现代社会"的景观。当代中国社会就是这样地错综复杂，前现代的、现代的、后现代的问题都纠缠在一块了。

现代化在都市的飞速发展造就了一个"后现代"的消费社会，也培养了 90 年代一代新痞子。他们的人生宗旨是潇洒走一回、玩的就是心跳、过把瘾就死之类。这代人看穿了上几代理想主义者（不论他们怀有什么样式的理想）的虚妄，怀疑一切绝对的、普遍的东西，他们嘲笑一切严肃的人生，嘲笑活得太沉重的人们，用现在很流行的一种说法，他们决心"换一种活法"，不仅要消费物质和文化，而且还要消费自己的人生，以一种潇潇洒洒、从从容容的态度娱乐人生。

从表面来看，这种新痞子与 20 世纪 30 年代的闲适文人周作人、林语堂、梁实秋等人似乎是同类同科。不过只要我们稍加比较，就会发现他们之间是形似神不似，尽管外在风貌相似，但内在精神气质和文化底蕴差之千里。

近代的闲适文人都是一些具有深厚人文关怀和知识背景的知识分子。他们虽然也不屑与打着神圣旗号的群体事业为伍，但并不因此而多走一步，否定人类世界确实存在超越的精神价值。作为近代的人文主义者，他们具有强烈的精英意识，自觉追求超越于大众社会之上的个人风格、精神个性和文化品位。然而新痞子们却是以媚俗为个性特征的。因为他们消解了一切价值，也就最终消解了作为个体存在的精神合法性。终极既然被取消，那么一切都成为碎片，无论是社会还是个人，都无法以一个独立的完整的意义而存在。一切变得那么地飘忽不定，什么都是无可无不可，没法为它作确切的定位。如果一定要定位的话，既不是造物主，也不是自我，而是大众社会。游移不定的大众口味成为不断翻新的时尚，决定了他们多变的性格。大卫·理斯曼指出的后现代社会里那种"他人导向型人格"，就是对新痞子们的绝妙定性。

新痞子的人生哲学是"玩世"，而周作人等人的处世之道则是"游世"。尽管"玩世"与"游世"仅一字之差，但其中的意蕴却迥异。我在以前的文章中曾经分析过，周作人的"游世"之中包含着两个层次，其一是睥睨一切的"傲世"，其二是乐天知命的"顺世"，合起来为一个互补的"游世"，其精义为"外化内不化""顺人不失己""内直而外曲"。[1]但是新痞子们"玩世"有"顺世"的成分，却缺了一层最要紧的"傲世"。岂止如此，他们还集中火力对精神贵族的"傲世"大加嘲弄，以平民化、卑贱者自我标榜，以一种小市民的机智把玩现实，把玩人生。好像也在以调侃反讽的方式批判现实，但仅止于渲染人间的滑稽状，博人一笑而已。在"玩世"的人生哲学中，无论是欢乐还是痛苦、歌颂还是嘲弄，界限都变得模糊不清，通通失去了形而上的意义，只剩下明白又无奈，故意浑浑噩噩，斩断一切时间与空间，一心追求当下快感的把玩。

三　莫把痞子错当"垮掉的一代"

海内外的一些评论者将中国近年来出现的新痞子理解为类似美国20世纪50年代的 The Beat Generation（垮掉的一代），这是一个极大的误读。尽管两者产生的文化历史背景以及行为表现有某种相似性，但本质上完全不是一码事。

"垮掉的一代"之所以产生于50年代，乃是当时美国的物质进步发展很快，消费主义开始流行，资本主义的科技理性在社会中逐渐占

〔1〕 许纪霖：《读一读周作人罢》，载《读书》，1988（3）。

主导地位，但是在文化上中产阶级的价值观却显得死气沉沉，个人的生命原创力受到严重的压抑。以金斯堡和凯鲁亚克为先驱的青年文化不满工业社会这种对人性的扭曲和异化，以一种充满生命感性的力量和真诚的荒诞虚无体验向板块化的工业文明体制发起冲击。这是另一种精神的超越，但这次不是像古典人文主义那样以理性的方式实现的，而是通过直接诉诸感性、诉诸自我的扩张和个性的张扬实现人的精神形而上的突破。

如果说"垮掉的一代"是一种向上突破的话，那么我们可以有趣地发现中国的新痞子们虽然也想挣脱现存体制和意识形态的牢笼，但他们的突破口是向下的，不是超脱于世俗之上，反抗金钱与权力的压迫，而是从天上回到尘世，一头扎进市场经济的汪洋大海。那种为许多人称道的"玩世"，并非在世俗之上玩，倒是陷在名利场中玩，整个处世态度看似潇洒，实际上功利得很，用一位评论者十分确切的话说，叫作"玩世现实主义"。他们利用世俗又嘲笑世俗再与世俗握手言和，开一些无伤大雅的玩笑以显示自己的智慧，但绝不作越轨之举，无论是行为上的还是精神上的。这只是一批机灵的有文化的俗人而已，最拿手的好戏就是化俗为雅，化雅为俗，玩的是俗事，但又把俗事玩得极雅。

我们可以发现无论是西洋的"垮掉的一代"，还是中国 20 世纪 30 年代的闲适文人，或者再往前推先秦的庄子、魏晋的名士，都无一例外将个性的自由和自我的价值放在第一位，在个性和自我的背后都有一份他们各自独特的精神关怀和文化追求。唯独我们这个时代的新痞子们力图解构一切文化和精神的要素，以至于将最要紧的自我也一起解构了。王朔半真半假地说过：咱们比洋人棋高一着的就是会拿自己开涮（大意如此）。他的小说中的一个人物说得更直截了当："只要你不把自个当人就没人拿你当人找你的麻烦你也就痛快了没有迈不过去的坎儿。"这种故意开涮自我，泯灭自我，不打自倒以永远立于不败之地的伎俩，恐怕是继承了阿 Q 的光荣传统，也算是中国文化的一绝。

如果一定要在当代中国寻找 The Beat Generation 的对应物，也许崔健的摇滚乐、现代主义艺术、先锋派文学才像一点，而绝对轮不上新痞子，这一点连王朔本人也看得明明白白。"垮掉的一代"是对一个充分世俗化社会的精神反叛，我们这里的痞子们却是从一个过于意识形态化的社会里脱胎而来，刚刚进入世俗化过程；他们洋人是科技理性过于发达，物质欲望吞噬了人的个性，所以要借助感性的生命在精神上自我超越、自我解放；我们这里做了几十年的清教徒，物欲的潘多拉魔盒刚刚打开，消费浪潮就把一批最新潮的痞子赶下了俗世。他们不惜将自我抵押给魔鬼，以追求时尚，追逐伪潇洒，追逐没有过去没有未来也没有梦想的现实游戏。

这种与"后现代"消费社会相伴而来的游戏人生，当然也是一种活法，只要不妨碍社会和他人，自然有不可剥夺的存在权利。但是这种否定绝对、崇尚相对的人生观并不有利于多元价值社会的建构。因为一个多元价值的社会，不是老死不相往来的各种亚群体的机械组合，不同价值群的人们需要相互沟通，并需要沟通所必需的统一的对话规则。但新痞子们在解构大一统价值系统时，连沟通和对话的规则也一并解构了，他们的反绝对也走到了绝对的极端，凡是一提到与之相左的价值观、人生观，他们就毫不留情地大加嘲弄，连起码的对话规则也不屑遵守。这是在反绝对的借口下建立的另一种解构的绝对——玩世的绝对。如果照此解构下去，这世界是否又会建立一种以时尚和市场权力做后盾的新的话语霸权呢？

（1994 年）

优美是否离我们远去?

——关于"张爱玲热"的断想

一

　　如今的上海城,即使在空气里面,我们也可以感觉到弥漫着一股文化怀旧的气氛,这是对过去的辉煌景观一往情深的历史缅怀,是对以往的都市风采迫不及待的精神渴望。就在这一派类似陈酒开启的怀旧氛围之中,一个曾经被尘封了半个世纪的作家被重新发现了,这就是张爱玲。

　　张爱玲,这位 40 年代的奇女,如今在上海滩是大红大紫,风头正盛。她的小说、散文一版再版,而且被海峡两岸暨香港的制作商、艺术家竞相改编成影视片和戏剧。她的被发现,不仅仅具有文学史的意义(如果要说文学史,张爱玲早在 80 年代就随着夏志清《中国现代小说史》的引荐而为专业圈人士所熟悉),更重要的是具有更广泛的文化象征意蕴。如果在 80 年代上海文化传统的人格符号是鲁迅、巴金的话,那么到 90 年代他们已经为张爱玲所替代。一个在混混沌沌、纸醉金迷的沦陷气氛下横空出世的天才,一个仅仅表现市民趣味、都市情怀的女作家,竟然成为上海文化精神传统的最新象征。

　　这一切的变化是那样意味深长,远远不是文学史的解释就能胜任。它实际上意味着一个时代的更替,意味着从神圣社会向世俗社会的转型。而这样的转型实现于中国经济大跨步起飞的 90 年代,伴随着市民文化对精英文化的全面取代，自然也包含着对上海文化精神象征的颠覆性重构。

二

"五四"新文化运动尽管伴随着一场文学的革命，而且这场革命又以白话文作为旗帜，象征着平民文学对贵族文学的宣战，然而从本质上说，新文化运动根本不是一场真正的市民文化的革命，而只不过是现代的知识分子打着民众的旗号，所进行的一场对传统士大夫的文化讨伐。而取代后者的仍然是一种精英文化，更确切地说是另一种西化了的精英文化。因此，"五四"以后中国的主流话语是完全知识分子化的，它表现为一种关于现代性的宏大叙事（grand narrative）。按照法国后现代思想家利奥塔的说法，这样的宏大叙事有两套合法化的神话：其一是以法国革命为代表的对于自由解放的承诺；其二是以黑格尔为代表的对于思辨真理的承诺。[1]前者构成了现代性话语的社会政治层面，而后者构成了现代性话语的哲学／文化层面。无疑，"五四"以后中国知识分子从西方所移植过来的主要就是这两套宏大叙事，它们不仅主宰着学术和意识形态的话语类型，而且也操纵着文学的意义系统。什么话语是崇高的、有意义的，什么话语是无聊的、空虚的，一切都必须放到现代性这一叙事结构里面加以裁决：如果既没有提供关于民族解放、个人自由的正确途径，也没有内蕴形而上真理的深度模式，就势必被排斥在以现代化为主题的叙事史之外。尽管关于解放、真理的话语内容在不断地更替、变化，但这一叙事的主题却牢固地占据着20世纪中国话语的中心位置。

这样的话语自然是一种知识分子的精英话语，而与一般的市民阶层

---

〔1〕 王岳川：《后现代主义文化研究》，187～188页，北京，北京大学出版社，1992。

无涉。这是以革命、解放、自由、平等为主旨的神圣社会的普遍精神特征。即使在上海这个市民阶层最为成熟、市民意识最为深厚的都市，在这样的时代氛围笼罩之下，它的主流话语和文化精神依然属于表述着宏大叙事的知识分子，而不是具有市民意识的通俗文人。于是我们就可以理解为什么鲁迅这个代表着中国知识分子良心的 30 年代作家会长久地成为上海文化的精神化身。而在 80 年代的文化热之中，巴金这个更具个人意识、自由色彩和忏悔精神的当代作家，也荣幸地成为上海文化的人格象征。他们虽然讲述着不同的话语，持有相异的信念，但他们毕竟都是知识分子，他们的精神关怀无论是社会性的，还是个人性的，都毕竟与自由、解放的宏大叙事有关，都是现代性公共话语的不同表述。

　　而到 90 年代，一切似乎都颠倒过来了。中国历史的巨大车轮以一种极具戏剧性效果的突变方式将社会迅速推进到世俗化的深处。原来笼罩在国家阴影之下的自利性市民社会，在市场经济的发酵下逐渐形成。市民社会作为一种私人利益交换和交往的公共场所，它具有自己的公共话语，这种话语与知识分子所擅长的宏大叙事截然不同，它不再关心与个人利益无关的形而上的"主义"，不再将超越性的价值作为普遍的、必然的东西加以认真地对待和考虑；相反地，它更注重个人的实际生活，注重个人物质或情感领域的具体问题。上海早在 20 世纪上半叶就有着市民社会的历史传统，尽管 40 年的计划经济模式从结构层面将市民社会摧毁殆尽，但即使在知识分子的宏大叙事拥有话语霸权的时代，市民社会的意识形态——市民意识作为一种历史记忆和文化传统，也以隐性的方式顽强地保存下来。而一旦社会世俗化的过程迅速展开，处于边缘地位的市民文化在市场经济的发酵下，在社会中急剧膨胀，成为社会生活的主流。

　　于是，充溢着现代市民精神的张爱玲再度横空出世，而且替代鲁迅、巴金成为上海都市文化的新偶像。

三

鲁迅、巴金所代表的知识分子精英话语与张爱玲所体现的现代都市的市民话语构成了当代社会话语谱系的两大类型。如果说前者是一种关于群体解放、个人自由或思辨真理的宏大叙事的话，那么后者仅仅是有关个人的、生活的、感性的琐碎絮语。这两种风格，我们可以以"崇高"和"优美"分别命名之。

美国当代思想家罗蒂曾经谈道："知识分子作为知识分子，本来就具有特殊而奇异的需求——希求不可名状，希求崇高，希求超越限制，希求完全自由地应用语言，不受制于社会制度。"[1]知识分子作为思想的前卫，他是为自己所向往的形而上理念或乌托邦的理想而活着的。他为他所追求的理想而呐喊、而奋斗、而痛苦，他的生存姿态永远是先锋的、前倾的，因而也是崇高的。

然而，正如罗蒂接下去所指出的："当他实现这种需求时，我们不应当认为他是在为某一社会目标服务。正如哈贝马斯所说，社会目标应该以合乎和谐化的兴趣的优美方式来达成，而不是远离别人的兴趣，以崇高的方式来达成。"[2]这就意味着，知识分子崇高话语的所有意义仅仅在形而上的乌托邦理想层面，只是为社会的自我反省和批判提供一种精神的参照。我们不能将知识分子"渴望崇高"的特殊需求视作整个社会的普遍需求，并以此替代社会生活的内容本身。对于社会生活本身来说，它应该是以合乎每一个生活主体个人的兴趣、合乎人际交往的和谐化原则的优美方式而存在的，而非命定是那种壮烈的受难的崇高方式。

---

〔1〕（美）理查德·罗蒂：《哈贝马斯与利奥塔论后现代》，见王岳川、尚水编：《后现代主义文化与美学》，71 页，北京，北京大学出版社，1992。

〔2〕同上。

"渴望崇高的人，追求的是后现代形式的知识生活。渴望优美的人，则追求后现代形式的社会生活。"[1]

现代都市的市民话语，正是一种"渴望优美"的生活话语。

四

在中国现代作家之中，在我看来，张爱玲的话语再恰当不过地体现了"渴望优美"的现代市民情趣。

在张爱玲的小说和散文之中，所体现的都是一些小人物的生活琐事。她天然地拒绝那些与"崇高"有关的重大题材或宏大叙事。她批评"五四"以来"弄文学的人向来是注重人生飞扬的一面，而忽视人生安稳的一面……好的作品，还是在于它是以人生的安稳做底子来描写人生的飞扬的。没有这底子，飞扬只能是浮沫"。然而"许多作品里的力的成分大于美的成分"。她自称她不喜欢壮烈，"壮烈只有力，没有美，似乎缺少人性"。[2]对"壮烈""飞扬""崇高"一类知识分子话语的否定，同对"安稳""优美""和谐"一类市民话语的赞颂，在张爱玲那里形成色彩鲜明的对比。

同样是对宏大叙事的拒斥，张爱玲与周作人的情趣迥然不同。后者的情趣是文人式的，他的全部智慧和乐趣都来自书本，来自印刷的知识。而张爱玲不同，她的灵感大半来自都市生活，来自对那些琐琐碎碎的都市生活的玩味。周作人代表着京派士大夫的情趣，在知识中体味人生；而张爱玲则是海派的风格，习惯在生活中享受人生。张爱玲不仅与儒家的救世情怀无涉，而且与道家所钟情的自然山水也相去甚远。她的

---

[1]（美）理查德·罗蒂：《哈贝马斯与利奥塔论后现代》，见王岳川、尚水编：《后现代主义文化与美学》，72页。

[2]　张爱玲：《自己的文章》，见《张爱玲文集》，第4卷，173～174页，合肥，安徽人民出版社，1992。

情趣始终是市民的，喜欢闻汽油味，习惯于在电车的叮当声中安睡……她在现代中国作家之中是最有都市感觉的，是一个在霓虹灯下长大的现代都市人。她营造的是一种合乎人性的、合乎个人趣味的优美的生活话语。

但是，市民的情趣并非必然是"优美的"，它可以很平庸、很枯乏，甚至恶俗。张爱玲的本领在于将市民情趣演绎为一种文化，一种复杂的、参差的情调。从骨子里面说，张爱玲对人生看得很空、很"苍凉"，她对那个捉摸不定、变化无常的时代有着比常人更加敏锐的把握，"时代是仓促的，已经在破坏中，还有更大的破坏要来……如果我最常用的字是'荒凉'，那是因为思想背景里有这惘惘的威胁"[1]。但她并不因此想为时代承担什么，去追求"人生的飞扬"，而是去发掘人生中"安稳"的、"优美"的一面，在乱世中充分享受人生。她的人生哲学是："有一天我们的文明，不论是升华还是浮华，都要成为过去。然而现在还是清如水明如镜的秋天，我应当是快乐的。"[2]于是，她在平庸中发现乐趣，在世俗中开掘优美，化俗为雅，化雅为俗，俗雅参差，雅俗共赏。

张爱玲悟透了人性中的荒谬和虚骄，但偏偏不像鲁迅那样以激烈的方式将之表现出来。如果说中国知识分子通常喜欢扮演大众的精神救世主的话，那么张爱玲似乎更习惯将自己视作都市市民中的一员。她在看透他们的同时，愿意更多地给他们一份理解和宽容，"用参差的对照的手法写出现代人的虚伪之中有真实，浮华之中有素朴"[3]。正如夏志清所说："人生的虚妄是她的题材，可是她对于一般人正常的要求——适当

---

〔1〕 张爱玲：《〈传奇〉再版序》，见《张爱玲文集》，第 4 卷，135 页。

〔2〕 柯灵：《遥寄张爱玲》，见静思编：《张爱玲与苏青》，134 页，合肥，安徽人民出版社，1994。

〔3〕《张爱玲文集》，第 4 卷，176 页。

限度内的追求名利和幸福，她是宽容的，或者甚至可以说是赞同的。"[1]

对独立于政治内容的个人自由的向往，对平庸而优美的都市日常生活的玩味，构成了张爱玲话语的基本特色。而这些精致化、贵族化和审美化的市民情趣，正成为一个国际大都会市民们所向往、所肯定的精神气质。于是，我们就可以理解为什么在社会世俗化过程加速的 90 年代，在都市市民空间重构的今天，会出现对三四十年代的怀旧热，会出现经久不衰的"张爱玲热"。

五

怀旧之风吹起来了，张爱玲也热起来了，优美的市民话语是否将随之而再现？我们是否可以重新营造一个三四十年代，是否可以重新相遇一两个世纪末的"张爱玲"？

文化的变迁不一定必然与社会生活的发展同步。话语的颠覆也不一定意味着新话语的诞生。当世俗化的生活图景在现实中呈现以后，都市生活的文化叙述并非因此而轻易浮现；知识分子的"崇高"话语被逐出叙述的中心以后，所替代的也并非必然是张爱玲式的"优美"话语。事实上，正如我们已经看到的，如今所呈现的更多是一种仿"优美"的肤浅文字，无文化的平庸叙述。

市民情趣的表达并非市民自身的叙述，也非市民生活的真实还原。它总是要通过市民阶层中比较有闲、有文化的那部分人，调动自身素质中所有的文明积累和知识素养，对市民生活加以理解、阐释，方能够化腐朽为神奇，变大俗为大雅，提炼成审美性的、观赏性的和趣味性的都市市民文化。这一文化尽管不是所有都市市民能够企及的，却是他们中的大部分人所向往、认为应当是那样的，这才成为一个都市

---

[1]　夏志清：《中国现代小说史》，见《张爱玲与苏青》，128 页。

的文化象征。

于是，能够进行这样文化创作的人就非一般的凡夫俗子，势必要求能够像张爱玲那样对中国的古典遗产和西方的文化精品有过全方位的涉猎和不俗的品位，才能够在小事情中显出大气象。然而，90年代的人们在文化上却是无根的，我们或是对民族的古典遗产惘然无知，或是对西方的文化传统一知半解。当作家患了极度的文化贫血症时，我们又怎么能够指望他们表现对日常生活诗意的理解呢？ 90年代的人们不是从贫困中脱身忙于奔向小康，就是不满于小康而眼巴巴地期盼着暴富。人的心灵充斥着物质性的欲望，生活的步伐是那样地匆匆，根本无暇对人生和世界作细细的品味。在机械复制的技术性时代，连生活趣味也可以批量化复制，供附庸风雅的人们作一次性的文化消费。连张爱玲本人也被糟蹋为市民消费中的一道快餐，这倒真是说不清道不明的一种奇观了。

即使有张爱玲的真正崇拜者，也处于"东施效颦"的无奈境地。先天的天分不足和后天的文化贫血，使得他们对生活的观察总是停留于肤浅的表层，无法进入人性的深度。他们只看到了张爱玲把玩市民情趣的一面，而全然不懂得在其把玩背后有她对人性的十分老练的洞察。正如夏志清所分析的，张爱玲不同于一般的顾影自怜、神经质的青年女作家，她既能享受人生，对人生小小的乐趣都不放过，又对人生热情的荒谬与无聊怀有非个人的深刻悲哀。正是两种性质的混合，使她成为中国文坛上独一无二的人物。[1]这样的立场正是一个优秀的作家所必须具备的双重立场：既是一个热情的参与者，又是一个冷静的观察者。对市民生活而言，张爱玲是既在世俗又超越世俗，所以她能够欣赏市民的乐趣，而且将日常平庸的生活演绎得极其优美，因此又与一般的小市民在

---

〔1〕 夏志清：《中国现代小说史》，见《张爱玲与苏青》，107页。

精神气质上（而非生活模式上）区别开来，成为市民文化的精神象征。

　　然而，当今追求"优美"话语的人们一旦进入市民生活，也就失去了自身所有的独立性，只剩下一个可怜的参与者角色，而缺乏张爱玲那样冷静而犀利的洞察。于是平庸再也演化不成优雅，世俗也不再闪现知性的光华。在急功近利的逼迫、文化底蕴的匮乏、想象力的贫困和感性生活的机械化等多重语境的挤压下，他们表现出的只是无聊的滥情和低劣的做作。

　　在告别"崇高"之后，"优美"是否又离我们远去，而"张爱玲"已经与我们永别？难道在这个日益物欲化、技术化的世纪之末，张爱玲作为上海文化的精神象征，真的成为了一缕永不复返的怀旧之梦？

（1995 年）

无奈中的美丽神话

《廊桥遗梦》与现代人的情感困境

甚至连那个名不见经传的作者沃勒先生也不曾想到，一册薄薄的《廊桥遗梦》，会在全世界风靡一时，成为不同肤色、不同文化背景的男男女女们争相传阅的畅销书。而由大牌明星伊斯特伍德和斯特里普主演的同名电影，更是推波助澜，在全球刮起了第二波"廊桥"旋风。有趣的是，美国的评论界对这本书却无甚好感，不是不屑一顾，就是冷嘲热讽。尽管如此，评论界的声音仍然被淹没在市场的一片叫好声之中。这一情形颇类似半个世纪以前的那本毁誉参半的《飘》。一部畅销书或热门电影，如果在艺术上价值平平而又得到市场的青睐，往往有其社会 / 文化心理层面的缘由。

严格地说起来，《廊桥遗梦》诉说的不过是一个老掉牙的爱情故事，一段缠绵动人的婚外恋情。这样的故事在我们的阅读视野中本来早已是司空见惯、数不胜数。而且，就艺术手法、故事情节而言，它也并非一流之作。不过，既然《廊桥遗梦》能够脱颖而出，引起轰动，可见其总有超凡脱俗、胜人一筹之处。在我看来，个中的奥秘不在于小说本身，而是触及了现代人情感生活的若干微妙之处。面对情感生活中的尴尬和无奈，《廊桥遗梦》聪明地营造了一个蓝色的、优美的、感伤的神话，以此慰藉了千千万万个依然对爱情一往情深、幻想不灭的痴情男女。

在《廊桥遗梦》之中，流浪摄影家罗伯特·金凯与浪漫村妇弗朗西斯卡合演的是一阕集古典与现代精神合二为一的爱情变奏曲。从邂逅的第一刻起，他们似乎就双双坠入了情网。这种一见钟情式的相爱从古至今，早已是屡见不鲜，但值得注意的是男主人公金凯在销魂时刻对弗朗西斯卡说的一段话：

> 我要你记住：在一个充满混沌不清的宇宙中，这样明确的事只能出现一次，不论你活几生几世，以后永不会再现。

在金凯的理念之中，真正的爱是一种一次性的、永不能再现的内心激情。现代社会性观念的解放和性关系的开放，使得性像纸币一样严重地通货膨胀，成为一种唾手可得的廉价消费。传统的性爱观念被解构了，性与爱、肉欲与情感不再彼此相连，分裂成截然不同的两半。在一个崇尚感官享受、肉欲泛滥成灾的时代之中，爱的激情反而成了可遇而不可求的稀缺资源。许多人风流了一辈子，与无数的异性有过无数次肉体的交往，却从来不曾体验过那种"刻骨铭心，永志不忘"的心灵震撼。爱的情感为性的欲望所遮蔽，现代人可以随意找到满足肉体快乐的性伙伴，唯独缺少的就是那种古典式的、出自灵魂深处的生命激情。爱的情感一旦为性的欲望所遮蔽，生命也就找不到其真正的意义。可不是嘛，罗伯特·金凯在遇见弗朗西斯卡之前，既有过失败的婚姻，也有过融洽的性伴侣，但正如那个经常与他幽会的女导演所承认的：她们都不能激发起他内心深处所埋藏的那个隐秘的生命、那种令人陶醉的激情。这是金凯的悲哀，也是现代人的悲哀。

我们的男主人公毕竟是幸运的，上帝让他在麦迪逊县的罗斯曼桥下遇见了热情洋溢的意大利女人弗朗西斯卡。作为现代人，虽然从一开始他们彼此的好感中都有明显的性的成分，但与他人不同的是，他们透过性所感受到的是那种并非经常出现的、无比强烈的心灵激情。它的意义是如此地辉煌，以至于金凯会这样认为：不论活几生几世，这样明确无误的爱只可能出现一次。这"明确的一次"，并非意味着你真正所爱的人在偌大的地球上只有他或她——如果真是这样，在概率上几乎等于零，就像茫茫宇宙之中两片小小的尘埃希冀相撞一样——而是对于一个人来说，那样如火如荼的激情在一生之中只可能发生一次，仅仅的一次。至于由谁来承受这样的激情也许并不重要，重要的是自己的内心感觉、自己的情感体验。无疑地，有没有这样的激情体验，而且坚信是"唯一的一次"，是古典式爱情的独特标志。当现代人被越来越多的性自由折腾得疲倦不堪，而日益丧失对真实的、专一的激情的感受能力时，当他们发现《廊桥遗梦》中那种久违了的、古典式的爱情神话时，又怎么能不油然而生羡慕之情呢？毕竟，任何一种对象的魅力都是由自身生活的缺憾造成的。

不过《廊桥遗梦》之所以有魅力，又不仅仅是古典的。倘若是那样，现代人未必对它有足够的亲近感。我们不妨将它与哀婉动人的爱情故事《魂断蓝桥》略作比较。同样是一见钟情、刻骨铭心，《魂断蓝桥》所通向的是教堂，故事中的所有悲剧都与婚姻的能否实现有关；而《廊桥遗梦》却放弃了对婚纱的向往，它指向的是婚外恋情这条漫漫的永无尽头之路。爱情与婚姻的分离，业已成为现代人情感生活的新时尚。婚姻作为爱情的法律和世俗的合法性保障，人们本来是期望在这座两人城堡之中白头偕老、相爱终身的。然而，对于一个成功的婚姻来说，情爱仅仅是它的必要条件，而非充分条件。尽管没有爱万万不能，但爱毕竟不是万能的。支撑婚姻的元素很多很多，性爱仅仅是其中的一个部分。日常生活中那些乏味的、毫无情调可言的琐琐碎碎，磨损了、消耗了我们太多的生命激情，以至于婚后的生活变得味同嚼蜡、如食鸡肋，与婚前的浪漫形成了令人伤感的反差。而且，一种刻骨铭心的情感总是要靠激情维持的，而激情又总是与某种空间上的距离或审美上的神秘感相连。当两个人终日厮守在同一个屋檐底下，无论是精神还是肉体对于双方都毫无秘密可言，相互之间的默契和交流已经到了无须借助任何语言、任何符号的时候，又何以寻求激情的源泉？

于是，现代人恐惧婚姻，恐惧那种太有保障、太过于稳定的东西。婚姻成了爱情的滑铁卢。在《廊桥遗梦》之中，作者多次暗示了这层社会／心理背景，描述了现代人婚姻的尴尬之处：弗朗西斯卡的两个儿女都在婚变之中挣扎，她也经常与他们讨论维持成功的婚姻有多么艰难这类问题……婚姻的令人失望，是否有可能通过婚变的方式加以改善？结论同样是令人沮丧。婚变有可能改善生活的质量，但并不能从根底上改变无激情的状况。最好的结局也只是高水平的重复，区别仅仅在于你是否愿意接受。现代社会的法律制度、物质经济条件和文化价值观念已经提供了婚变的基本可能性，然而人们之所以依然愿意维持原状，仅仅是内心的恐惧，对新瓶装旧酒的恐惧。

许多评论者都注意到弗朗西斯卡割舍心爱的牛仔是考虑到家庭的责任，而在我看来，恐怕这还不是主要的，最重要的因素大约还是对与金凯的结合有所顾忌。她毕竟是一个婚姻的过来人，她明明白白地知道"所有的婚姻、所有的固定的关系都有可能陷入生活的惰性"，而这，正是这位仍然不乏浪漫情调的意大利女人最不能忍受的。那么，谁又能保证与金凯的婚姻不再产生类似的惰性，永远保持洗澡喝冰啤酒、在厨房中翩翩起舞的罗曼蒂克？而且，即使从爱护金凯的立场来说，她也不能跟他走，因为她会成为他人生的累赘，会使这个习惯于浪迹天涯的"最后的牛仔"受到爱情的约束，以至于将"这个野性的、无比漂亮的动物杀死"，他的力量"也就随之消亡"。一个男人一旦失去了力量，那么男女之间的爱还会剩下点什么呢？弗朗西斯卡看得实在是太明白，太透彻了。

正是这样的无奈和绝望，使得这对中年恋人选择了另一条道路，一条漫长而无尽头的婚外恋苦行。婚外恋，这一在现代社会中已经越来越普遍的精神现象，尽管在当代文学和影视作品中获得了审美的意义，也得到了社会有限度的默许，但在道德领域毕竟还有所禁忌。有意思的是，恰恰是某种禁忌系统的存在，使得婚外的恋情得到了畸形的升华。因为在禁忌的语境之中，爱不再具有功利的目的（比如婚姻，比如繁衍后代，等等），而是以纯粹的形式展现自身。唯其不完满、有缺陷，反而具有格外的悲剧价值，反面显得格外地悱恻动人。经济学的一条铁律似乎在这里也同样适用：高收益总是与高风险呈正比例的函数关系。情感的风险系数越大，它的内在含金量似乎也就越高。

不过，以婚外恋的方式保鲜爱情，也并非万无一失。且不说它属于一种最不稳定的人际关系，极易为变动的生活所颠覆，即使能够维持下去，总有激情退潮的时刻。爱情往往是一种无限的承诺和兑现，但作为个人，其秉性总是有限的，让有限的凡人去承担爱的无限欲望，总有幻灭的一刻。恋人间的每一步接近、每一次的心灵探索，都会减少几分对象的神秘。在一次次的幽会和灵肉狂欢之中，距离不知不觉地消失了，爱的魅力也随之同步递减。婚外的恋情就像婚姻一样，在实现爱的永恒上可能同样是苍白无力的。

倘若爱情真是金凯所说的那样只有"明确的一次"，那么它应该具有永恒的价值。然而如何实现爱的永恒性却是一个千古的难题。这是一个斯芬克斯之谜，一个让人欢乐又让人痛苦的永恒问号。在这方面，现代人的所有苦恼在于，一方面他继续希冀爱情的不朽，追求爱的无限和永恒，另一方面又充分意识到，人作为爱的承担者毕竟是有限的。无限的爱欲与有限的人性之间的冲突和紧张，构成了现代人情感生活中的虚无感和荒谬感。你可以营造一个爱的乌托邦，你可以毕生不懈地追求它，却不可能一劳永逸地占有它、得到它。这种现代的虚无感和荒谬感虽然在《廊桥遗梦》中不曾直接体现或若隐若现（这也是该书的浅薄之处），但在我看来，却是影响男女主人公行为选择的巨大时代背景和心理阴影，也是理解他们天各一方相爱模式的关键所在。

　　既然人类的情感是那样地脆弱，经受不起凡俗世界的时间洗礼，既然激情总是与审美上的空间距离发生着关联，那么令爱情永恒的最聪明办法莫过于《廊桥遗梦》式的：将激情冻结在时间的回忆和空间的隔离之中，以守护它的永恒意义。一个活生生的人总是有其有限的一面，总是与无限的乌托邦理想隔着一道不可跨越的鸿沟。但记忆和想象就不是这样，回忆可以滤去以往历史的杂质，而独独留下最为闪光、最激动人心的一刻。想象也可以将自身的理想和寄托加以人格化，诗意般地赋予所钟爱的对象。一个现实世界的人可能会令你失望乃至绝望，但一个仅仅存在于记忆或想象之河中的情人是不可能受到伤害的，反而会随着思念之网的不断编织，变得越来越至亲至爱。于是，我们就可以理解，为什么爱的激情在金凯与弗朗西斯卡之间那无尽的思念之中会得以延续，绵绵不绝。为什么那短暂的四天，那美妙的瞬间也因此获得了永恒，具有了超越时空的无限意义。

　　这就是伟大的金凯／弗朗西斯卡之爱，爱得那样热烈、那样执着，又那样悲壮、那样凄凉。为了抗拒无所不在的爱的虚无，为了呵护爱的纯洁和无限，他们不惜承受常人难以想象的思念的折磨，在世俗的生活中为自己留下一片精神的净土，留下一段永不消逝的美好激情。这样的爱情传奇在现代人群中实在太珍贵，这样抵抗虚无在当今俗世里实在太壮烈，远非一般凡夫俗子所能仿效。于是，《廊桥遗梦》就成为现代人情感困境中的古典绝唱，就化为无奈语境中的美丽神话。生活总是有缺陷的，但神话又总是不可或缺的，唯有神话才能支持一些想象中的反抗，提供常人难以企及的超越境界。当现代人的情感世界变得越来越贫乏的时候，当那种刻骨铭心的精神苦恋越来越稀罕的时候，我们有什么理由不让人们去喜欢那座充满着浪漫之情的"廊桥"，去继续演绎优美而感伤的爱情"遗梦"呢？

（1996 年）